改长兴为长安，并进一步加以扩建

阎立本绘《秦府十八学士图》「初唐四杰」的时代

大雁塔始建

吴道子因画艺超群而被玄宗皇帝召入禁中

唐玄宗改组大乐署

白居易诞生

诗圣杜甫诞生

小雁塔始建

诗仙李白诞生

建佛光寺

李商隐诞生

杜牧诞生

乐山佛竣工

803 年

813 年

827 年—835 年

在华夏审美文化发展的漫长岁月中，唐王朝贡献了一场轰轰烈烈的重头大戏。

对于以后的各朝各代来说，盛唐都是一个令人神往而不可企及的高峰。

大美中国 ｜ 唐代卷

万国衣冠拜冕旒

陈炎　主编
陈炎　　著

上海古籍出版社

图书在版编目（CIP）数据

万国衣冠拜冕旒：唐代卷 / 陈炎主编；陈炎著.
—上海：上海古籍出版社，2017.9（2019.3重印）
（大美中国）
ISBN 978-7-5325-8542-7

Ⅰ.①万…　Ⅱ.①陈…　Ⅲ.①文化史—中国—唐代
Ⅳ.①K242.03

中国版本图书馆CIP数据核字（2017）第174188号

大美中国　唐代卷

万国衣冠拜冕旒

陈　炎　主编

陈　炎　著

上海古籍出版社出版、发行

（上海瑞金二路 272 号　邮政编码 200020）

（1）网址：www.guji.com.cn
（2）E-mail：gujil@guji.com.cn
（3）易文网网址：www.ewen.co

上海中华商务联合印刷有限公司印刷

开本 787×1092　1/32　印张 15.25　插页 13　字数 215,000
2017 年 9 月第 1 版　2019 年 3 月第 3 次印刷
印数：5,151—8,450
ISBN 978-7-5325-8542-7

G·663　定价：62.00 元

如有质量问题，请与承印公司联系

前　言

在华夏审美文化发展的漫长岁月中，唐王朝贡献了一场轰轰烈烈的重头大戏。在这一时期，诗歌、辞赋、散文、小说、音乐、舞蹈、书法、绘画、雕塑、建筑等都以成熟而完美的姿态出现，流派纷呈，大师频现。对于以后的各朝各代来说，盛唐都是一个令人神往而不可企及的高峰。

经过唐初的积蓄和准备，社会的物质财富大大充盈，周边的邻邦小国纷纷服膺。一个富足、美满、和谐、充裕的时代慢慢展开，这是过去不曾有过，以后也未曾再现的太平盛世。与此同时以儒、释、道三教并立的多元意识形态渐渐形成，一种蓬勃向上、自由豪放、兼容并包而又从容典雅的审美趣尚强势登上历史舞台。

然而文化的发展不会没有曲折，"安史之乱"就是大唐王朝的转折点，但千仞高峰并不会在瞬间跌入万丈底谷，有唐一代的人们绝不会轻而易举地放弃他们历经一个世纪所建立起来的抱负和理想。倘若心无杂念，方能够修成正果，那么他们做到了。由于信念未泯、真气犹在，审美文化的创造反倒因时代的激变而酝酿出了耀眼的光芒，向我们展示了一个临危不乱、沉郁雄强的大唐。

不能忽视的是，当时社会无法解决的矛盾，还是在此后一一暴露出来，并且愈演愈烈。历史的车轮不可逆转，从中人们看到了这个王朝无法挽回的结局。与此同时，审美主题也发生了深刻的裂变，人们纷纷在动荡的年代里寻找独特的价值归属和精神寄托，然而这并不是一件简单的事情。在这一时期，我们可以看到每个流派的大家作品都在为无处安顿的漂泊寻找归宿。可惜的是，这时候任何一家思想都无法独立承载起这个社会的世道人心，一种在融合中不分彼此、

共同消沉的姿态成为了文化主流。我们从中可以聆听
到感伤的旋律、动人的乐章遗世而绝响。但无论如何，
华夏审美文化不会忘怀唐王朝这颗曾经行走中天、普
照万物的红日。

目　录

初唐：万象更新

在中国审美文化的漫长岁月中，我们可以将379年间的隋、唐、五代看成是一个相对完整的历史时段。这期间，长达289年的唐代自然是一场轰轰烈烈的重头大戏，而短仅37年的隋朝和53年的五代则只是这出"大戏"的"序幕"和"尾声"而已。拉开沉重的历史帷幕，我们将看到，在这个辉煌壮阔的"舞台"上，尽管没有留下几部大气磅礴的美学著作，却创造了无数绚丽多彩的艺术珍品。在这一时期里，诗歌、辞赋、散文、小说、音乐、舞蹈、书法、绘画、雕塑、建筑都以成熟而完美的姿态出现了，其中每个领域内都出现了不同的艺术流派，每个流派中都产生了第一流的艺术大师，而每个艺术大师又都成就了空前绝后的艺术杰作。面对如此丰富多彩的文化现象，为了使这场好戏井然有序地上演下去，我们暂且按照初、盛、中、晚的分期方法，将其分为四章或四幕。

历史上，将唐代艺术分为初、盛、中、晚四个阶段的说法，定型于明初高棅的《唐诗品汇》，即以唐初至玄宗开元为初唐，开元至代宗大历为盛唐，大历至文宗大和为中唐，大和至唐末为晚唐。除此之外,后人对"四唐"的断限亦多有修正,长期以来难成定论。显然,"四唐"的说法只能是一种大略的分期,事实上,要对文学艺术的发展进行纯科学的定量分析,往往是一件吃力不讨好的事情。正像我们可以将 6 月 21 日定为"夏至"一样,我们也可以将开元十五年定为"盛唐"的起始日。但是,正如夏季的天气是一天一天热起来的一样,盛唐气象也不是一日之内出现的。因此,为了方便起见,本书在沿用"四唐"分期的同时也做了两点必要的修正:第一,在整体时段上作放大处理,即将作为"序幕"和"尾声"的隋朝和五代分别并入"初唐"和"晚唐",不另设专章。第二,在具体时段上作模糊处理,即以某些帝王的统治为大致界限,而不做细致的划分。

有人将"四唐"的分期比做一年四季的变化:初唐如春水,清澈而明丽;盛唐像暑雨,充沛而壮观;中唐若秋草,茂密而摇曳;晚唐似冬雪,含蓄而凄凉。也有人将"四唐"的分期比做人生的变化:初唐如少年,天真而稚气;盛唐像青年,朝气而蓬勃;中唐若中年,成熟而深刻；晚唐似老年，迟缓而睿智。这些说法都很有道理，也很有意思。如果用四句话来概括"四唐"之特点，那么我们只能说"万象更新的初唐""恢弘壮阔的盛唐""五光十色的中唐""夕阳西下的晚唐"了。

在本章中，我们将谈及隋代的文帝、炀帝、恭帝和唐代的高祖、太宗、高宗、武后、中宗、睿宗执政期间大约一百三十年历史中的审美文化现象。

『不睹皇居壮，安知天子尊』

建筑、雕塑

如果从朝代演变、政治沿革的角度上看，中国古代文化系统可说是确立于秦、汉，成熟于隋、唐。而且，这两段历史的发展进程在形式上又有着极为相似的地方，即都是由一个变革剧烈而又短命的王朝和一个变革适度而又强盛的王朝共同完成的。范文澜曾经指出："秦始皇创秦制，为汉以后各朝所沿袭；隋文帝创隋制，为唐以后各朝所遵循。秦隋两朝都有巨大的贡献，不能因为历年短促，忽视它们在历史上的作用。"[1]

战国末年，论物产不能夸富于齐，论疆域难以称雄于楚的秦国之所以能够完成横扫六合的历史任务，靠的是积极主动的政治变革。在江山一统的基础上，秦始皇继续其大胆的政治变革，废"分封"而立"郡县"，建立起君主专制的中央集权国家，并以这一政权形式维护和确立了在战国时代即已出现的新的生产关系，使历史有了一个大的飞跃。然而，也正是由于这一变革过于迅猛，再加上秦朝在文化问题上的倒行逆施、在基本建设上的劳民伤财、在法律实施上的暴虐残忍、在开边扩土上的穷兵黩武，因而在动乱中得不到被否定了的家族血缘和地方势力等传统的政治运作能力的支持，遂运祚不远，短命而亡。

为了不再重蹈秦朝的覆辙，后起的汉代便不得不对旧势力进行适当的让步，在名义上恢复了分封制。但是汉代的分封不同于周代的分封，王侯领地的行政事务都是由朝廷委派的官吏去主管的，法令也是由国家统一制定的，因而受封的王侯实际上只是大地主而不是领主。这就是说，汉朝是在修正的形式下继承和延续了秦朝的政治变革，从而使新的生产关系和政治制度得以巩固。但是，也正是由于汉朝统治者对旧的政治势力做出了部分的让步和妥协，致使地方割据势力和门阀士族阶层仍然具有很大的影响。因此，清除这一影响的历史任务便留给了隋、唐两代。

与秦朝的历史功绩一样，隋朝所进行的事业也不仅仅是领土的统一。在结束南北分裂的基础上，隋朝进行了大胆的政治改革。首先，在政体上，隋朝正式确立了三省六部制度，以便于巩固中央集权统治。其次，在官制上，隋朝改变了汉、魏以来地方长官可自任僚佐的旧制，实行了县佐须出他郡、授官全在吏部的新制。最后，在用人上，隋朝继续并发展了北周的政策，正式下令废除推行了三百余年的"九品中正制"，用科举取士的方法而为中小地主阶级走上政治舞台开辟了道路。然而，隋朝不仅在社会变革的贡献上可以同秦朝相媲美，而且在历史发展的命运上亦

可与之相仿佛。隋朝好大喜功的运河开凿和秦朝
耗费民力的长城修建一样，在战乱刚刚平定之际
严重地损害了其有限的国力；隋朝征伐高丽的军
事行为和秦朝穷兵黩武的外交政策一样，未能给
疲惫不堪的民众以休养生息的机会；隋朝滥用酷
刑的行政管理和秦朝施行苛政的社会风气一样，
在政权尚未稳固之时人为地激化了固有的矛盾；
甚至隋文帝和隋炀帝父子的个人素质也与秦始皇
和秦二世两人有着某种相似之处，其雄才大略与
残酷暴虐相混合的复杂性格均难以承担如此重大
的历史使命。最终，当这些矛盾全面爆发之际，
那些原先在政治变革中被剥夺了既得利益的门阀
士族和地方势力便借机卷土重来，加剧了社会的
离心倾向。

　　如果说，隋朝是在更高的层次上扮演了秦朝
的角色，那么，唐朝则是在更深的意义上完成了
汉朝的事业。和汉朝一样，唐朝统治者不得不在
某些问题上对旧势力做出一些让步与妥协。这包
括给地方官员以更多的自主权，重用节度使；在
肯定皇室的前提下承认门阀士族的优越地位，重
修《氏族志》等。然而，在政体、官制、用人等

重大问题上，唐朝则基本上保留了隋朝变革的历史成果，并因此而创造了新的辉煌。

这样看来，中国古代社会的发展过程本身就是革命与改良、斗争与妥协的辩证统一。没有秦、隋二朝的革命与斗争，汉、唐两代的改良与妥协也就失去了条件；反之，没有汉、唐两代的改良与妥协，秦、隋二朝的革命和斗争也就得不到巩固。尽管秦、隋的革命内容在汉、唐的巩固和发展中已失去了其原有的锋芒，但其毕竟在某种貌似妥协的外在形式下保持了历史前进的内在趋势。这就是历史前进的辩证法。

秦、汉与隋、唐不仅在社会变革的意义上可以相提并论，而且在审美文化的风貌上亦能相互媲美。人们常用"汉唐气象"来概括这两个不同的时代，以言其开阔的视野、昂扬的气势、鲜明的色彩、刚健的力度。然而，历史只能反复，却不会重复。正如隋、唐的政治文化是在"更高的层面上"实现了向秦、汉的复归一样，隋、唐的审美文化也是在"更深的意义上"完成了对秦、汉的重现。这种复归和重现是以否定之否定的形式进行的：如果说浩大繁盛、刚健壮阔的秦、汉是这一发展的"肯定"阶段，而素朴自然、阴柔细腻的两晋、南北朝是这一发展的"否定"阶段，那么雍容典雅、气势开张的隋、唐则是这一发展的"否定之否定阶段"。因此，这第三阶段不是简单地"抛弃"了第二个阶段的历史成果，而是在"扬弃"其外在形式的过程中保留了许多内在的要素。于是，除了上述的共同点之外，经过两晋、南北朝的发展和过渡，隋、唐的审美文化较之秦、汉就更为丰富，也更为复杂了。

在隋朝所实行的重大政治变革的基础上，唐代很快建立起一整套较为完善的政治经济体系。政治上的统一、安定，给了人们休养生息、恢复生产的可能；经济上的均田制、租庸调法，维护了农民生产的独立性和积极性；军事上的府兵制，则减少了加在人们头上的军费开支。因此，在建朝只有十几年的世间里，唐朝就出现了著名的"贞观之治"。接下去，武则天、唐玄宗继承和发展了太宗的政治路线，把"贞观之治"推向"开元之治"。随着政治文化的步步走高，审美文化也日趋繁盛，一种蓬勃的、向上的、自由的、开放的、万象更新而又日益宏大的审美热潮一浪高过一浪。

在这片兵甲强盛、风行万里的土地上，最能体现其大国气象者，莫过于建筑艺术了。我们知道，建筑是一种古老的、与人类生活密切相关的艺术形式，它以砖石竹木为语言，在建筑人类栖居环境的过程中诉说着自己的情感、展现着自己的才智、表达着自己的信仰。然而遗憾的是，由于我们的古人在建筑材料上更偏爱木材而不是石料，因而许许多多宝贵的艺术经典没有能够保存下来。在西方，今天的人们不仅可以去雅典瞻仰帕台农神庙的废墟、到罗马去观看斗兽场的残骸，而且可以看到古罗马时代保存下来的完好无损的万神庙、中世纪遗留下来的刻满时代烙印的巴黎圣母院，以及文艺复兴时代的艺术巨匠亲手营造的富于传奇色彩的圣彼得大教堂。可是在中国，不仅雄伟壮丽的阿房宫毁于项羽的一把大火，而且气势恢弘的未央宫也早已灰飞烟灭了。

顺着时代的足迹往上追索，我们今天所能看到的最早的木制建筑的经典之作，恐怕要算是中晚唐时代建筑在佛教圣地五台山上的南禅寺和佛光寺这两座殿堂了。尤其是始建于大和年间、重建于大中十一年的佛光寺，是现存中国古建筑中斗拱挑出层数最多、距离最远，从而也最能体现木制建筑审美特征的艺术精品。熟悉建筑艺术的人都知道，西方建筑以石柱为首要的艺术语言，重在体现其指向上苍的宗教意识；中国建筑则以屋檐为重要的表现手段，重在体现其横向展开的世俗气息。这样一来，支撑在屋檐下面的木制斗拱便具有了超出力学之外的美学意义。作为梁柱和屋檐之间的中介环节，斗拱的意义即在于运用斗形木块和拱形曲木的有机组合而将立柱纵向的托力横向地传达、扩展开去。有了它，屋檐才能够探出，才能够上挑，从而使木制的建筑不至于机械、呆板、毫无生气。而斗拱本身那章法严谨、错落有序的层层叠加，也充分体现了等级社会的世俗旨趣。从佛光寺的建筑来看，由于斗拱的巧妙运用，使得横向展开的巨大殿堂并不显得压抑、沉重，从而在有限的高度中显出几分轻灵，在威严的气氛中透出一缕生机。

或许，中、晚唐时代的佛光殿还残存着初、盛唐时代的几许身影，文献记载和考古遗迹都表明，无论是在规模上，还是在气势上，以前的含元殿和麟德殿都曾远胜于此。那是一个何等伟大而豪迈的建筑时代啊！遗憾的是，我们今天的人们只能借助于佛光殿的身影并通过想象而向前追索了。

长安与洛阳

隋朝虽然运祚短暂，但却是一个极具魄力的封建王朝。在短短三十几年的时间里，它不仅开凿了闻名于世的大运河，兴建了规模浩大的大兴城、洛阳城，而且还留下了世界上最为出色的敞肩石拱桥。在此基础上，初唐统治者更是大兴土木，不仅把大兴城和洛阳城改建成为更加完美的东、西两都，建造了以昭陵、乾陵为代表的一系列帝王陵墓，而且还留下了诸多的佛塔、寺庙等宗教建筑。尽管大兴——长安这一隋、唐建筑的典型代表已不复存在，但是，当今天的人们航行于大运河中、伫立在赵州桥畔，或是瞻仰于大雁塔下、拜谒于乾陵墓前，仍不得不肃然起敬，为其精美的工艺和浩大的气势所感染。

从某种意义上讲，一个国家的首都可被视为其精神风貌的缩影。隋文帝建国之初，以西汉的故都长安为首府，位置在今西安西北的汉城一带。开皇二年，因此城规模狭小、布局零乱，水质咸卤等诸多原因，而无法适应大国都城的发展需要，隋文帝遂命著名的政治家高颍和杰出的建筑大师宇文恺等人在该城东南的龙首原上主持重建新都。因杨坚在后周受封大兴公，故取名为大兴城。公元618年，隋灭唐兴，改大兴名为长安，并进一步加以扩建。

"那是一个需要巨人并产生了巨人的时代。"恩格斯的这句名言常常使我们想起达·芬奇、拉斐尔、米开朗琪罗等欧洲文艺复兴时期的艺术大师，却很少有人知道隋代的工艺巨匠宇文恺在人类建筑史上所做的贡献。宇文恺出身于显赫的豪门之家，父亲和兄长都曾是北周重臣。

然而与父兄的志向不同，"恺独好学，博览书记，解属文，多伎艺"（《隋书》本传）。这一兴趣不仅使他在改朝换代的政治变革中保全了性命，而且使其在江山一统的政治局面中获得了机遇。在世界建筑史上，很少有人像宇文恺那样，一生能有机会在开凿广通渠、决渭水达黄河，乃至营建东都洛阳等一系列重大的建筑工程中起到至关重要的作用，而大兴——长安城的总体设计，见**唐长安城复原图纸**（001），则无疑是这位"有巧思，多技艺"的贵族建筑师毕生智慧的高度结晶。

根据对长安城的多次考古发掘，现已基本弄清其规划布局。它不仅大大超过了罗马、拜占庭的面积，而且比明清时代的北京城还要大。因此，在相当长的历史时期里，它以无与伦比的规模享有"天下第一城"的美誉。根据唐代的制度，全国设26关，其中6座上关和6座中关均设在长安周围。这12关以长安为中心，形成辐条式的车马道路，因而像西欧是条条大路通罗马一样，中国是条条大路通长安了。清人顾炎武在《日知录》中指出："予见天下州之为唐旧治者，

东西长9 721米，南北宽8 651米，周长
36.7公里，面积84平方公里，相当于10
个今日规模的西安城。

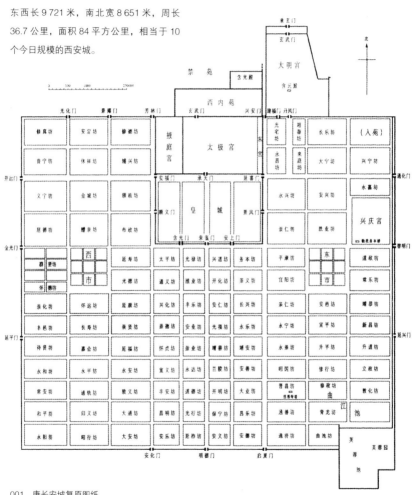

001　唐长安城复原图纸

其城郭必皆宽广，街道毕皆正直。廨舍之为唐旧创者，其基址必皆宏敞。宋以下所置，时弥近者制弥陋。"可以想象，在当时东依灞、浐，北临渭水的龙首平原上，这座拔地而起的浩大建筑是多么的伟岸、壮观！

长安城不仅气势浩大，而且布局考究。城的基本结构为正方形，由宫城、皇城、郭城三部分组成。宫城位于全城北部的正中，以示坐北朝南、统摄天下的帝王气象。宫城的正中是皇帝起居、听政的太极宫，两侧则分别是太子居住的东宫和嫔妃居住的掖庭宫，其面积大约四平方公里，相当于明清紫禁城的六倍。宫城的南部比邻，是与其形状和面积相似的皇城。皇城内设有宗庙社稷、官署衙门，是文武百官办理政务的所在。宫城与皇城之间，有一个宽441米的街形广场，是皇帝检阅士兵和接受外国使节朝贺的地方。宫城的承天门与皇城的朱雀门，直至郭城的明德门遥相对应，并以150米宽的朱雀大街将全城分为东西两部分。城内有东西大街14条，南北大街11条，把全城分隔为108个排列整齐的坊里，为居民的居住区和商业区。城内有东、西两大集市，各为 1.1 平方公里，分别划成九九见方的"井"字格局，供各行各业的商人进行买卖交易。城内有 81 座僧寺、28 座尼寺、30 座道观、6 座女观、2 座波斯庙、4 座胡祆祠，以及戏场、教坊、园林数处，整齐的槐树和飘逸的垂柳掩映着金招银幌、绿瓦红墙。外围的城墙厚约 12 米，每面各设 3 门。真可谓雄观虎视、气象万千。

太宗李世民执政后，在长安城北龙首原高地上修建大明宫，为太上皇李渊做避暑之用。高宗李治和武则天继位之后，又进一步加以扩建，使之成为唐代帝王处理朝政的真正重地，取代了太极宫的显赫地位。此处居高临下，俯瞰全城，形如龙首，易守难攻，是皇家居住和执政的理想所在。经过太宗、高宗、武后等朝的建设，大明宫形成了以含元殿、麟德殿、太液池为三大主体的建筑群。

含元殿（002）是大明宫的正殿，也是唐代最为雄伟壮观的建筑群体。正所谓："左翔鸾而右栖凤，翘两阙而为翼，环阿阁以周墀，向龙行之曲直。"（李华《含元殿赋》）

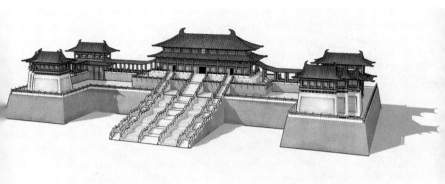

002　含元殿复原图

大殿前面两侧构成双臂环绕式的翔鸾、栖凤二阁，以足够的跨度形成开张的气势；殿、阁均建于高台之上，以足够的高度来显示皇家的威严；伟岸的主殿与高耸的双阁之间以曲尺飞廊遥相连接，使整个建筑浑然一体。

与含元殿开张的气势相比，**麟德殿**（003）的规模更为宏大。尽管昔日的麟德殿已不复存在，但仅从今日的复原图中，我们也不难发现其"九天阊阖开宫殿，万国衣冠拜冕旒"（王维《和贾舍人早朝大明宫之作》）的盛大气象。

太液池位于大明宫的中后部，以波光船影、碧水红花的园林建筑与巍峨的含元殿和雄浑的麟德殿遥相呼应，并在地理上形成三角关系。如果说含元殿以气势开张的姿态显示着国家的威严，麟德殿以

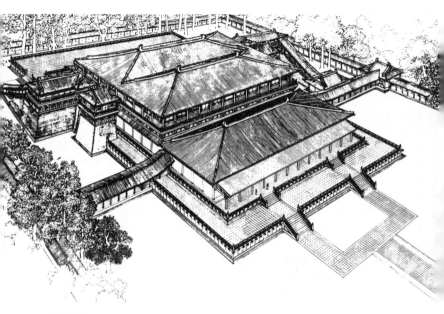

003　麟德殿复原图

大殿的台基宽77米，长130米，总面积相当于明清太和殿的三倍。此殿主要是皇帝接见外宾、宴赐群臣的地方。大殿取前后相连的三重式建筑形式，面阔11间，进深17间，给人以浑厚、博大、深不可测之感。

博大雄浑的气势显示着帝王的高贵，太液池则以富丽堂皇的景象显示了皇家的奢华。池水阔达18万平方米，池中有蓬莱仙岛，环池有亭台楼阁，因地制宜、因势利导地将自然的景象与人工的建筑结合起来，不追求对称严整而追求道法自然。据考古发掘的资料统计，仅太液池畔的兴庆宫所留下的莲花瓦当就有73种，可见其富丽堂皇到了何种程度。

作为一座具有典范意义的都城，长安既体现了尊卑有序的儒家思想，又融会了道法自然的道家精神。因而既成为当时周边地区和国家学习和摹仿的范本，又成为后来各朝各代虽心驰神往却又不敢望其项背的楷模。据考证，当时我国东北建立的地方政权渤海国之上京龙泉府，在规划上便完全袭用了长安的格式；日本的平城京（今奈良市）、平安京（今京都市）也都是其具体而微的摹本。时至今日，我们在明、清两代留下的北京城，以及故宫、北海的建筑和设计上，都不难发现长安城、含元殿和太液池的历史投影。只是这些后来的摹拟之作，无论是在规模上还是在气势上，都无法与隋、唐的原作相媲美了。

上述景象，很容易使人们联想起骆宾王的那首《帝京篇》：

> 山河千里国，城阙九重门。不睹皇居壮，安知天子尊？皇居帝里崤函谷，鹑野龙山侯甸服。五纬连影集星躔，八水分流横地轴。秦塞重关一百二，汉家离宫

三十六。桂殿阴岑对玉楼，椒房窈窕连金屋。三条九陌
丽城隈，万户千门平旦开。复道斜通鸤鹊观，交衢直指
凤凰台。剑履南宫入，簪缨北阙来。声明冠寰宇，文物
象昭回……

除大兴——长安城外，东都洛阳也是隋、唐
两代在建筑史上留下的杰出作品。我们知道，地
处伊洛盆地的洛阳自古就是东周、东汉、曹魏、
西晋、北魏等政权的首府。隋朝初年，曾为东
都，后来炀帝迁都于此，大兴反成了陪都。经过
宇文恺、封德彝等人的扩建，尤其是大运河开通
之后，洛阳的地位日渐重要。唐初，洛阳仍为东
都，并得到了进一步的发展。武则天一度称帝时
期，便以洛阳为神都。公元 9 世纪末，唐终于自
长安迁都洛阳。洛阳的布局亦如长安，突出宫
城、皇城的至尊地位，整个城市也成近似的正方
形，只是根据地形的特点在具体的建设上略有不
同。洛阳城的规模比长安略小，但更加奢华。其
具体建筑也颇具特色，如武则天执政时曾两度建
造的明堂，高 294 尺，方 300 尺，上下 3 层，并
根据四时变化的特点而分布颜色，以追求"天人
合一"的审美理想；又如经隋、唐两代营造的西

苑（又称神都苑），周二百余里，内为十余里的湖泊，有蓬莱、方丈、瀛洲诸山，集自然景观与人文景观为一体，堪称是古代园林艺术的杰作。

对于隋、唐的东、西二都，历来文人墨客称颂不已，懿宗时代的李庾曾效仿汉代的班固、张衡作了著名的《两都赋》：

> 拥乾体，正坤仪，平两曜，据北辰。斥咸阳而会龙首，右社稷而左宗庙。……日出东荣，月沉西轩。依九嵏之下麓，涵太液之清澜。龙道双回，凤门五开。烟笼凝碧，风静蓬莱。……赤县神州，与京比俦。径山东之贡赋，扼关外之诸侯。直齐、梁而驾辂，引淮、汴而通舟。太行枕甸，发趾崇垓。覃怀镇封，上干昭回。凿门导伊，两阜屏开。育仁颐智，堂奥庭隈。尔其左掖通东，右掖洞西。笼故地之铜驼，抱旧里之玉鸡。御沟接瓜，苑树通隈。抗凤楼于内庭，矗端门于天街。上阳别宫，丹粉多状。鸳瓦鳞翠，虹梁叠壮。横延百堵，高量十丈。出地标图，临流写障。……开元太平，海波不惊。乃驾神都，东人夸荣。时则辚辚其车，殷殷其徒。行者不赏，衣食委衢。冠冕之夫，绮罗之妇。百室连歌，千筵接舞。高楼大观，陈宾宴侣。金堂玉户，丝哇管语。……

不难想象，那宽阔的街衢、豪华的府邸、鳞次栉
比的店铺、金碧辉煌的庙宇，再加上举止娴雅的
文官、气宇轩昂的武士、服色各异的商人、花团
锦簇的妇女……无疑构成了一幅气势开张的初唐
景象。

大雁塔与小雁塔

如果说气势浩大的城市和富丽堂皇
的宫殿是世俗建筑的杰出代表，那
么金碧辉煌的庙宇和高耸入云的墓
塔则是宗教建筑的光辉典范。隋、
唐两朝佛、道大兴。隋文帝在夺取政权的过程
中曾得到女尼智仙的帮助，因而在立国后不仅
恢复了被北周武帝禁毁过的佛、道信仰，而且
曾多次下诏兴建寺庙，把佛教作为国教来加以
供奉。而李世民不仅在夺取政权的过程中得到
过道教势力的支持，而且为了与门阀士族相抗
衡，他便自称为老子的后裔，以此来抬高皇族
的身份，故而在保留佛教信仰的同时突出道教

的地位。及至武后当政，为了夺取李氏皇族打下的江山，又特意抬高佛教来制约道教，大肆建造寺庙和佛窟。在这样的社会氛围下，隋及唐初的宗教建筑便有了长足的发展。据统计，隋朝在各地兴建的佛教寺院多达三千六百余处；而玄宗以前的初唐时期，寺庙又多了大约一倍。与此同时，道观亦随处可见。

由于历史的久远，这一时期的佛教建筑已罕有遗存。但从历史文献和古代壁画中可知，当时的寺庙已基本形成了对称组合的庭院式格局。其常见的形式为，整个建筑群以四合院为主体，包括山门、天王殿、大雄宝殿、法堂、藏经阁在内的主要建筑均处在南北中轴线的位置上。东西两厢设伽蓝殿、祖师殿、观音殿、药师殿、罗汉殿、护法殿等次要建筑。此外在一些大的寺庙中还设有若干庭院、花园和客房。所有这些都突出了中国佛教世俗化、生活化、秩序化的特点，不仅与指向苍穹的基督教堂和幽闭清冷的清真寺庙迥然有别，而且与突出佛塔和宝殿而轻视生活建筑的印度寺庙亦形成鲜明对比。

在全部佛教建筑中，最具有宗教意味的要数佛塔了。然而这个原本是用于埋藏佛骨、祭奠亡灵的墓塔，在进入中国以后也越来越生活化、世俗化、审美化。首先，与南北朝时的情况不同，塔到了隋、唐已不再是寺庙的中心了。其次，塔的造型也因观赏、游览的需要而逐渐向阁楼化过渡。

山东省历城县神通寺的**四门塔**（004）建于隋代大业七年，是中国现存最早的单层佛

塔身平面为正方形，全部用青砖砌成。塔内中央有方形塔心石柱，除塔刹略有装饰性雕刻外，通体朴实无华。

004　四门塔（山东历城）

005　大雁塔（陕西西安）

现塔共有七层，高64米，底边各长25米。塔身自第二层开始，每层明显向内收缩，形成稳定的方锥体。

塔之一。此一建筑尚介于信仰和世俗之间，既没有过多的神秘气息，也没有浓郁的审美装饰。

而到了初唐时期的**大雁塔**（005），情况就有了明显的变化。该塔建于陕西省西安市慈恩寺内，据《大慈恩寺三藏法师传》记载，古印度摩揭陀国曾有众僧掩埋坠雁并建造灵塔的事，坠雁被视为菩萨的化身，雁塔便由此得名。大雁塔始建于高宗永徽三年，当时玄奘为保存由印度带回来的梵文佛经，在慈恩寺内修建了一个五层砖塔，但不久便坍塌。武则天长安年间重建，高至十层，后经战乱破坏，只剩七层。五代后唐又加以修缮。明代再次破坏，万历年间以砖维护，是为今塔。与四门塔相比，大雁塔虽然仍保留了简洁庄严的基本特征，但内外结构均有了明显的变化。远远望去，端庄雄伟、古朴大方。塔内设有木梯楼板，可逐级而上，攀登至顶，并可于每层四周的拱形塔窗举目眺望，因而具有了旅游观光的功能。塔底层的四面券门均有青石雕刻的门楣、门框，尤以西面门楣上反映唐代佛殿形象的"说法图"最为珍贵。南面券门外两侧的佛龛内，嵌有初唐大书法家褚遂良书写的石碑，一块碑文是太宗李世民撰写的《大唐三藏圣教序》，另一块则是高宗李治撰写的《大唐三藏圣教序记》。于是，书法与雕刻等艺术成分与帝文和塔名等文化因素相得益彰，使该塔已不仅具有了宗教的意味，同时还具备了审美的功能。唐代有所谓举子登科、雁塔题诗的风尚。时至今日，门内两侧仍嵌有明、清两代西安地区考中举人者的题名石刻。除"雁塔题诗"之外，当时的人有"重阳登高"的风俗。每逢"九九重阳"，长安的市民便结伴出游，登高远望。而皇帝本人也常常在这一天率众亲临大雁塔，以眺望"河山天外出，城阙树中分"（李恒《奉和九月九日登慈恩寺浮图应制》）的长安景色。

或许，从考古学的意义上讲，作为"阁楼式"佛塔的早期代表，坐落于西安南郊兴教寺内的玄奘塔比大雁塔更多地保持了唐代的原貌。该塔是高宗总章二年为玄奘迁葬时所建，保留至今。其格式与大雁塔相仿佛，只是规模和名气略小而已。其他如建造于开耀九年的香积寺塔，亦为这一时期阁楼式佛塔的艺术杰作。

小雁塔（006）位于西安城南的荐福寺内，与大雁塔东西相望，因其体量比大雁塔小，故此得名。从佛塔建筑的角度上讲，如果说大雁塔是"阁楼式"的典范，小雁塔则是"密檐式"的代表。与"阁楼式"相比，"密檐式"宝塔亦呈多层格局，但除了第一层有较大的高度之外，以上各层的间距都很小。层檐之间或设小窗，更多的则采用通风、采光的小孔。塔檐用叠涩法探出，层层重叠，浑然一体。作为中国早期的"密檐

建于唐中宗景龙年间，塔的平面
亦成正方形，底层每面长 11 米，
原有 15 层，高 46 米，后因明代
地震，顶部两层坍塌，现余 13
层，高 34.9 米。

006 小雁塔（陕西西安）

式"建筑，小雁塔的魅力主要体现在塔身所构成
的"弧度"上。塔的下面五层逐渐内缩的弧度较
小，而六层以上急剧收缩，从而在视觉上造成一
种外抛式的弧线，给人以流畅、秀美之感。有人
将大雁塔比做体魄强健的伟丈夫，而将小雁塔喻
为风姿绰约的俏女子，其动人之处可想而知。与
大雁塔相似，南北券门上的雕刻也具有极高的艺
术价值。塔内设有木制楼梯，亦可拾级而上。值
得一提的是，该塔不仅基本上保留了唐代的原
貌，而且与经明代重建的荐福寺相配，仍显得浑
然一体。寺中悬有金明昌三年（1192）铸就的大
钟一口，每日金声玉振，便是名扬遐迩的"雁塔
晨钟"了。

昭陵与乾陵

既然原来用于埋葬佛骨的墓塔建
筑在唐代都已经生活化、审美化、
艺术化了，那么当时用于埋葬帝
王的陵墓又将如何呢？正如长安

与洛阳在古代都城建筑史上所具有的开创地位一样，唐代著名的皇陵在古代寝陵建筑史上也具有典范意义。作为唐代皇陵的代表作品，昭陵和乾陵均建造于初唐，并体现了"万象更新"的美学特色。

我们知道，在先秦时代，帝王主要以"覆土封斗"的形式建筑陵墓，虽有大量的珍宝和艺术品埋于地下，但地面上的建筑却非常简陋。汉文帝首创"依山为陵"的建陵方式，并在陵墓的四周绕以环城、建造祭庙，但并未成为整个汉代的定制。魏晋南北朝时期的皇陵，大多采取"依山为陵"的方式，但"不封不树"，地面上也没有什么建筑。隋及唐初，因社会动荡，皇陵的建筑也没有什么显著的特色。隋文帝的太陵、唐高祖的献陵均平地而建，追求高大，以方为贵。直至太宗的昭陵，为了达到"民力省而形式雄"的效果，重又恢复了"依山建陵"的模式，且在规模和布局上与前代有了很大的不同，从而为以后的皇陵提供了范式。昭陵以后的唐代诸陵，除敬宗庄陵、武宗端陵、僖宗靖陵因地处平地而就地起陵外，其余皆依山为陵、凿山为墓，以象征着国运的长久、江山的稳固；在地面的建筑上一般也都包括了献殿、陵墙、四门、角楼、神道，以及石人、石马、石狮等冥物造像，从而将自然景观与人文景观十分巧妙地融汇到一起。在古代，人们受"风水"观念的影响，在选择皇陵的位置上是十分讲究的，这虽然缺乏足够的科学依据，但却不乏审美的趣味和理想，从而营造出神秘而奇特的意象。从科学的意义上，今天的人们自然不再相信什么"风水""命相"之类的东西；但是从美学的意义上，如果我们站在渭河的北岸，遥望着那绵延一百多公里、隐藏着"唐代十八陵"的暮霭缭绕的群山时，仍难免会产生出某种奇妙的遐想和由衷的慨叹。

昭陵是唐太宗李世民的寝陵，由将作大匠阎立德和画家阎立本兄弟设计督造。墓室筑于九峻山南麓的半山腰处，深约250米，前后有5道门。墓门顶部建有神游殿，四周构筑了正方形的陵墙。陵墙的四角各建一楼，四面各开一门。南门为正门，门外筑土阙三对；其余三门外各筑土阙一对。南门内建献殿，北门内建祭坛。祭坛内置 14 尊石雕像，东西庑廊陈放着著名的浮雕**昭陵六骏**（彩图 1）。皇陵的三个侧面有皇子、公主、嫔妃和文臣武将的陪葬墓，现已发现 167 座，形成对皇陵的拱卫之势。昭陵的艺术价值，主要表现在两个方面：一是在建筑布局上为唐代以后的皇陵提供了范式，二是在艺术作品上创作了留传至今的"昭陵六骏"（其中两件于 1914 年被盗，现存于美国费城宾夕法尼亚大学美术馆；其余四件陈列在陕西省历史博物馆）。

我们知道，东汉以后的墓葬艺术即已出现了世俗化、人间化、写实化的审美特征。这一特征不仅表现在地下的冥物造型上，而且表现在地上的雕塑装饰中。雕塑，是古代帝王陵墓的重要组成部分，其题材、主题和表现风格上常常带有纪念碑的性质，以阎立德主持建造的献陵前的**石虎**（007）为例：

> 这里的石虎，是唐代第一代帝王唐高祖李渊献陵前的石兽之一。同样的石虎，在陵周围共有四对，分守四门。另有犀牛两件，置于正门（南门），这与以后

007　献陵前的石虎

各唐陵布局不同，应是当时陵前石刻排列的制度尚未
制定之故。这一石虎高约 2.5 米，作向前行进状，那
机敏觅食的眼神和健劲有力的腿部，都刻画出了虎的
性格特点。整个造型又概括而写实，是唐陵上卓越的
石雕之一。[2]

显然，献陵石虎成功地表现了以李渊为首
的关陇军事集团在血雨腥风中厮杀征战、开边
拓土的创业过程。那么继此之后，同样具有开

国皇帝地位的李世民的昭陵又将如何表现这一主题而又有所创新呢？于是，便有了"昭陵六骏"。这是一组由六匹战马组成的浮雕，取材于李世民在夺取和巩固政权的战役中所乘过的六匹坐骑。从题材的选择上看，"昭陵六骏"比"献陵石虎"更具有真实感，而其寓意也更为丰富：即不仅衬托了唐太宗一生转战南北、出生入死的丰功伟绩，而且也暗示了皇室对那些类似于战马一样的开国功臣的褒奖与追忆，并寄希望他们在死后继续护卫皇陵。从手法的运用上讲，"昭陵六骏"也比"献陵石虎"更为丰富、更加多样：六匹战马体形健美，并且姿态各异，它们或静或动，或奔或行，错落有致，相互衬托。这种巧妙而含蓄的题材、丰富而多样的手法，十分符合陵墓的整体风格，给人以深深的怀念和无尽的遐想，因而成为古代冥物造型中的经典之作。

继太宗的昭陵之后，高宗和武后的乾陵进一步确立了皇陵的规范。自乾陵始，唐代皇陵的地面建筑开始模仿长安城的样子，由类似宫城、皇城、外郭城的三个部分组成，使死者的居所与生前等同。与此同时，乾陵也进一步突出了墓主的个性。这是由唐高宗李治与武则天合葬的陵墓，其个性突出并富有争议者不在高宗而在武氏：一方面，武则天自唐太宗之后继续扶植庶族地主的政治力量，使国运保持了上升的趋势，在历史上构成了由"贞观之治"向"开元之治"过渡的中介环节；另一方面，在重男轻女的封建社会里，这位不让须眉的女子不仅参政、议政，而且独揽大权，一步步由皇后、皇太后直至当上了女皇帝，因而势必招来李氏皇族乃至整个社会的非议和诟病。因此，对于她的陵墓的建造便是一件颇费心计的事情。然而建造者却知难而上，恰恰通过这一特点而构成了陵墓独一无二的风格特征。

首先，或许是由于一种历史性的巧合，陵墓的地点选择得极有特色。整个陵墓建造在陕西省乾县西北海拔一千多米的山梁上。山梁上共有三个峰峦：其中北峰最高，有类人首；南面左右两峰略低而对称，酷似一对直指苍穹的乳房。这样一来，整个山体就像一具女子仰卧的身躯，而长长的甬道便从两座"乳峰"之中

008　乾陵无字碑

穿行而过。这种"以天地为棺椁，以日月为连璧"的气概确乎显示了武则天敢于蔑视人间礼法的雄才伟略，难怪其身为"女"子，却居有"乾"陵呢。

其次，乾陵的雕刻也极具个性，其最有名者，便是那块千秋称颂的**无字碑**（008）。本来，陵墓的建造就是为了给死者树碑立传、歌功颂德的。但是，由于武则天一生复杂的经历和独特的个性，使人们无法用那些既有的套路来撰写她的碑文。再加上她晚年迫于李氏皇族的压力，不得不取消大周国号，还政于唐。在当时的形势下，无人也无法为其撰写碑文。于是，一座将千秋功过留给后人评说的"无字碑"便永远地矗立在乾陵的朱雀门前了。此一无字之碑，既可以解释为无功可表，亦可以解释为无罪可罚；既可以解释为"无有"之心，亦可以解释为"无限"之意。当人们沿着那寂静的山梁，经过那庄严的"乳峰"之后，这块白璧无瑕的无字之碑，便像"国母"那磊落的胸襟一样，一丝不挂地敞现在面前。它将填写的权利留给后人，它将联想的空间留给了后代。

除"无字碑"外，在乾陵的朱雀、玄武、青龙、白虎四门，以及长长的甬道上还布满了精美的石刻作品。至今尚存的，有高宗的述圣纪碑1座、华表1对、翼马1对、鸵鸟1对、鞍马5对、文武侍臣10对、藩王造像61躯，其规模之大、数量之多，在唐代皇陵中可谓首屈一指。其中最具有艺术价值同时也最能体现其时代风貌的，是那对器宇轩昂的"乾陵雄狮"。这对雄狮体魄强健、神态威武，挺胸昂首、端踞雄视，以引而不发、静以待动的造型将外在的体态和内在的力量巧妙而完美地统一在一起，给人以趋而却步、望而生畏之感。如果我们将乾陵的雄狮与献陵的石虎、昭陵的骏马放在一起加以观赏的话，便不难发现，随着时间的推移，"万象更新的初唐"正在一步步地向着"气势恢弘的盛唐"逼近。

与陵墓恢弘壮观的地面建筑相对应，其地下建筑也具有富丽堂皇的皇家景象。然而，正是由于唐代的帝陵过于奢华，所以才引来了络绎不绝的盗墓者。历史上，关中唐代18陵中有17陵被盗，唯乾陵固若金汤，完好无损。据考古学家的探测，乾陵墓道深入山体六十余米，墓道由三千多块石条层层叠砌，石条之间用铁栓板固定，再灌之以熔化了的铁水。所以，就连五代时期以盗墓而闻名的军阀温韬也奈何不得，乾陵才一直保存到今天。

在乾陵的周围，有17座陪葬墓。其中的永泰公主墓、懿德太子墓和章怀太子墓最具有典型意义。尽管这三座墓穴也曾被盗，但仍然保留下近三千件文物，墓室的破坏也较小。通过它们似能大致推测出乾陵的地下状貌。从墓穴的结构来看，三墓均由墓道、甬道和前后墓室组成，并附有数量不等的过洞、天井和小龛。墓穴的造型可说是在汉代基础上的完善化和制度化，其整体构思旨在摹仿地上的宫殿。公主、太子的墓穴尚且如此，国家君主的陵墓就可想而知了。

从墓穴的装饰和随葬的物品来看，三墓中最具有审美价值的是壁画、陶俑和雕刻。如**永泰公主墓**（009）的墓道两侧绘有六组气宇轩昂的仪仗队和腾云驾雾的青龙、白虎，以描写从送葬到升天的"出行"场面；前室墓壁上的

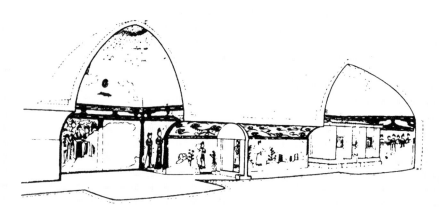

009　永泰公主墓剖面透视图

　　壁画（彩图 2）中的女子长裙曳地、云鬓高悬、举止娴雅、神态安详，人物手中各持玉盘、烛台、食盒、团扇、如意、拂尘、玻璃杯等器皿，显然是职掌衣、食、住、行的宫廷侍女；后室顶部则绘有天象，以造成地下人间的生活幻觉。与之相比，章怀太子墓中的壁画则具有更加浓郁的生活气息。"出行图"反映了皇家成员出行时的场面，其中四十多名扈从头戴幞头，身穿短袍，或抱狗，或架鹰，或持旗，或挟箭，风风火火，浩浩荡荡。"马球图"反映了在当时上层社会中流行的马球运动，其中二十多名骑手左手持鞭，右手持杖，或击球，或断抢，或追赶，或守护，风驰电掣，英姿飒爽。"客使图"则反映了当时王公大臣与国外使者交往的场景，与三位当朝官员相接触的三位使者或光头阔嘴、高鼻深目，或高髻名冠、红领白袍，或皮毛大氅、革带毡靴，显然是来自不同地区的外国使节。与上述壁画可以相提并论的是懿德太子墓中的近千件陶俑和木俑，其中以贴金铠甲骑俑为前导、音声乐舞俑随后的"仪仗俑群"最为珍贵，它生动地再现了当时的皇家仪礼和典章制度。除了壁画和陶俑之外，懿德太子墓的石棺墓门上还保存了一幅精美的石刻，上面的一对命妇凤冠霞帔、玉步金莲、体态娴雅、婀娜多姿，不仅构图比例相当准确，而且雕刻手法也极为娴熟，无疑是珍贵的审美史料。

总之，初唐皇家陵墓的地下建筑和装饰、陪葬物品都延续并发展了后汉以来世俗化、人间化的审美旨趣，并使之更加壮观，也更加精美。

天水泥塑与龙门石雕

如果说，作为雕塑艺术的"昭陵六骏""乾陵雄狮"和懿德太子墓中的墓门雕刻还只是墓葬建筑中的装饰品、附属品，那么散布在全国各地的龛窟造像则是更为集中的雕塑艺术了。

在隋文帝"雕铸灵像，图写真形"的倡导下，隋代的龛窟造像盛极一时，敦煌的**莫高窟**（彩图 3）、永靖的炳灵寺、天水的麦积山、广阳的北石窟、洛阳的龙门窟、邯郸的响堂山、太原的天龙山、历城的千佛山、东平的白佛山、长清的五峰山、益都的云门山和驼山等地均有造像。与佛教的中国化过程相同步，这一时期的佛教造像，正处在由西域的信仰形态向东土的写实形态过渡的中介环节上。最为典型的是**天水麦积山第 13 窟石胎泥塑像**（彩图 4）：16 米高的释迦牟尼端坐中央，13 米高的文殊、普贤侍立两侧，整个造像高大威严，体现出泱泱大国的美学风范。然而细看上去，则人物的造型略嫌呆板，佛像的表情也不够生动，而且释迦牟尼与两位菩萨之间的主从关系还不够突出，文殊与普贤的动作和神态也缺少变化，甚至每座雕像身体的比例结构都不十分准确。从美学趣味上看，它虽然已摆脱了六朝时代"秀骨清像"的模式，但尚未进入唐代"丰肌为体"的艺术佳境。

所有这些缺憾，在唐代雕塑中都得到了一定程度的弥补。最能代表初唐特色的，当属洛阳附近的龙门石窟。该窟开凿于北魏太和年间，历经东魏、西魏、北齐、北周、隋，至唐代贞观以后进入黄金时代。除北魏已有的释迦牟尼佛、弥勒佛、阿弥陀佛和观世音菩萨之外，又出现了卢舍那佛、药师佛、大日如来、宝胜如来、维卫佛、优填王、地藏、业道、西方净土变和历代师祖像等，骑狮子的文殊、跨大象的普贤以及千手千眼的观音等姿态各异的佛教人物，均活灵活现地出现在石壁上。在以佛教造像为主的情况下，佛龛中还奇怪地掺杂了道教中的原始天尊，其丰富的题材反映了唐代佛教派别纷繁林立和佛、道之间的共存共荣。与此同时，造像的规模也体现了有唐一代雄厚的国力和非凡的气度。唐代的造像讲究对称，大多

主尊卢舍那佛高达 17 米，是整个龙门石窟中最大的造像。其体态风韵、容貌端庄，眉宇间显露出超凡脱俗的宁静和智慧，嘴角处则略带有世俗的微笑与自信。

数是一佛为主，左右二弟子、二菩萨、二天王、二力士，以形成辅佐、拱卫之势，主从分明、体制严整。有着用天上之神际关系来暗喻人间之等级制度的意味。除神界形象外，伎乐人和供养人的形象也经常出现在石壁上，其世俗化倾向日趋明显。

在龙门石壁现存的两千一百多个龛窟、十万多具造像中，最令人称道的是唐高宗和武则天时期开凿的**奉先寺大卢舍那佛龛造像**（010）。该龛在垂直的石壁上劈出宽阔的造像场所，显得胸襟博大、气势磅礴。相传，当初的造像者为了讨好即将登基的武则天，便以她的形象为摹本而创造了这尊卢舍那大佛。因而"像"可以被理解为世俗君主的化身，"佛"则可以被看做是彼岸主宰的肉体呈现。或许这种说法并不可靠，然而从中国佛教艺术的发展来看，它恰恰暗示了唐代佛像介于彼岸和此岸之间恰到好处的中介位置。我们知道，魏、晋时期的佛教造像不仅在面部造

型上未能摆脱高鼻深目的西域色彩，而且其
表情也过于严肃、威严，有一种拒人于千里
之外的疏离感，难以引起欣赏者的共鸣；宋、
元以后的佛教造像又过于中国化、世俗化，
过于追求造像与现实之间的相似性，以及人
物本身的个性特征，从而大大削弱了宗教艺
术的神秘色彩；而只有作为这二者过渡时期
的唐代佛像，才恰恰把握住了宗教和艺术、
彼岸和此岸交汇接触的那一点，从而达到一
种神圣而不疏离、亲近而不世俗的审美境界。
这或许就是卢舍那大佛的魅力所在。它稳重、
庄严，却又慈祥、睿智；它高贵、典雅，却
又活泼、明朗；它前额饱满，面部圆润，弯
眉直鼻，嘴角微翘，眼睑下垂，目光俯视，
含蓄而又秀美的双眸给人以深切的关怀和殷
切的期待。它体现了东方艺术高贵的单纯和
静穆的伟大，它代表了初唐时代激扬的热情
和向上的精神……作为一个完整的艺术群体，
奉先寺的造像有着一个主次分明、相得益彰
的多元结构。在主尊佛像的两边，二弟子恭
敬而虔诚地侍奉于左右，二菩萨端庄而矜持

地矗立在两边，二天王脚踏夜叉、威风凛凛，二力士金刚怒目、杀气腾腾。从而在造像间既形成了主从的对比，又造成了文武的反差，在间隔中有对比，于对称中寻变化。故而，一幅万象更新的初唐景象便从坚硬的石壁中呼之欲出了。

〔1〕　《中国通史》第三册，第 4 页，人民出版社，1978 年版。
〔2〕　王子云《中国古代雕塑百图》第 49 页，人民美术出版社，1981 年版。

2

「天女来相试，将花欲染衣」

民俗、服饰

　　隋、唐不仅是政治统一的时代，而且是文化融合的时代。虽然早在南北朝时期，外族文化即已大量流入中国北方地区，但当时文化冲突的一面远重于文化融合的一面。在战乱频仍、南北隔绝的情况下，文化融合的积极效应尚未充分地释放出来。而隋、唐帝国的出现，给这种能量的释放提供了空前广阔的历史空间。

据史家考证，隋、唐皇室均有浓厚的异族血统：隋炀帝杨广、唐高祖李渊的母亲，都出自拓跋鲜卑的独孤氏；唐太宗李世民的生母出自鲜卑族纥豆氏；长孙皇后父母两系皆为鲜卑人，故唐高宗李治的汉族血统只占四分之一。有人据此认为，隋、唐时期的汉族是以汉族为父系、以鲜卑为母系的"新汉族"。[1]

或许，这种"新汉族"的意义主要还不在血缘上，而在文化上。胡、汉文化的融合不仅改变了人民的生活方式，而且改变了人们的精神面貌。长期受礼教熏陶的汉族农业文化中似乎被注入了一种豪侠健爽的强心剂；而长期处于野蛮状态的鲜卑游牧文化中也逐渐被加入了一种文质彬彬的精神内涵。这样一来，那过分儒雅而又有些孱弱的南朝文化和过分刚烈而又有些原始的北朝文化，便通过隋、唐的融合而扬弃了其各自的片面性，一种新的时代面貌出现了。

打马球的男人

这种新的时代面貌表现在男人身上，便形成了文人崇武、儒生慕侠的社会风尚。由于科举制度的建立，使隋、唐社会出现了严格意义上的文官政府。那些意欲治国平天下的有志男儿一般都要走学而优则仕的儒生之路。但是，或许是受异族文化和皇室遗风的影响，唐代儒生的理想人格却并不是那种只会吟诗作画的谦谦君子，而常常是敢于打家劫舍、善于放浪形骸的豪侠之士。

事业上，儒生们出经入史、饱读诗书、文韬武略、目空前人。正像王勃在《上刘右相书》中所说的那样，"伏愿辟东阁，开北堂，待之以上宾，期之以国士，使得披肝胆，布腹心，大论古今之利害，高谈帝王之纲纪"。一副天下英雄，舍我其谁的气概。这种气概，并非王勃所独有，就连"貌柔野、少威仪"而且体弱多病的陈子昂也从小"奇杰过人""驰侠使气"。据载，子昂初到京师，以千缗市胡琴，引起众人惊异。次日集会，他又当众击碎此琴，并趁机散发文稿，"一日之内，声华溢都"。此类行为，恐怕只有唐人做得出来。初唐士子不仅善于炫耀自己的文学才华，而且急于施展自己的政治抱负。为了引起朝廷的重视，他们爱发盛世危言，敢于离经叛道。得志时，他们之中不乏李峤之类竭才尽志、大展宏图的文官；失意时，他们之中也常有骆宾王那样铤而走险、拼死一搏的儒生。因此，在他们的锦绣文章背后，我们总能看到一种风流倜傥、桀骜不驯的气质。这气质，既不同此前的魏晋风度那样多少有些病态，也不像以后的宋人风采那样显得过于老成。它挟带着民族的精华，也掺杂着异域的野性。

生活上，儒生们则骏马宝刀，美酒胡姬，拥抱世界，享受生活。从这一意义上讲，卢照邻的《长安古意》既是一首托古咏今的艺术作品，也是当时士子生活的真实写照："长安大道连狭斜，青牛白马七香车。玉辇纵横过主第，金鞭络绎向侯家。……借问吹箫向紫烟，曾经学舞度芳年。得成比目何辞死，愿作鸳鸯不羡仙。……挟弹飞鹰杜陵北，探丸借客渭桥西。俱邀侠客芙蓉剑，共宿娼家桃李蹊。……专权意气本豪雄，青虬紫燕坐春风。自言歌舞长千载，自谓骄奢凌五公。"

最让士子们得意的是进士及第之后，除了拜谢考官、参谒宰相、结识同年等各种各样的礼仪性活动之外，还有名目繁多的游艺活动，其中最为隆重的是雁塔题诗、曲江宴和杏园探花宴。甚至那些平素见钱眼开、唯利是图的娼家妓院，也为新科进士敞开大门，只需一张"红笺名纸"，就可以"游谒其中"，尽情享乐。从审美文化的角度上讲，这种风气并非只有消极的意义。一方面，文人与妓女的交往，不仅使他们从一个侧面更加了解和接近下层社会，而且常常触发他们的创作激情，写出或赞美其歌舞技艺，或描摹其美貌姿容，或申述其不幸遭遇的文学作品。检阅唐代的文人创作，此类题材并非罕见。另一方面，文人与妓女的交往，不仅提高了她们的审美趣味，而且常常通过她们来消费、传播艺术作品，乃至进行二度创作。翻阅唐代的笔记和野史，此类趣闻亦不胜枚举。

闲暇之时，初唐的男子非常喜爱从事体育活动，而最能体现其刚烈果敢之性格者，当属由西域传来的马球。史载，太宗时，都城中已有西蕃人爱打马球。中宗时，"上好击球，由是风俗相尚"(《资治通鉴》卷二〇九）。当时进京迎接金城公主的吐蕃使者曾在宫中与汉人比赛，中宗派临淄王李隆基（后来的玄宗）等四人与之对阵，"玄宗东西驱突，风回电激，所向无前"(《封氏闻见记》卷六）。可见已有相当高的技艺。沈佺期的《幸梨园亭观打球应制》里有"俯身迎未落，回辔逐傍流"的诗句，以形容人在马上俯仰屈伸、球在身旁流星闪烁的样子。**《唐明皇击球图》**（彩图 5）也可得窥一二。由于这种运动非常适合文人崇武、儒士慕侠的时代风尚，因而很快由宫中传向了社会，成为有唐一代具有代表性的体育运动。

荡秋千的妇女　这种新的时代面貌表现在女人身上，则更是惊艳绝伦、五光十色。我们知道，北朝的鲜卑文化既无悠久的历史，亦无深厚的根基，其间甚至还残存着一些母系社会的流风余韵。北魏三后的

女主专政，便表现了与华夏传统截然不同的文化
特征；而花木兰式的巾帼英雄，也不可能出现在
江南地区。对此，由南入北的颜之推曾作过一番
精彩的比较：

> ……江东妇女，略无交游，其婚姻之家，或十数年
> 间未相识者，唯以信命赠遗致殷勤焉。邺下风俗，专以
> 妇持门户，争讼曲直，造请逢迎，车乘填街衢，绮罗盈
> 府寺，代子求官，为夫诉屈。此乃恒、代之遗风乎？南
> 间贫素，皆事外饰，车乘衣服，必贵整齐；家人妻子，
> 不免饥寒。河北人事，多由内政，绮罗金翠，不可废
> 阙，嬴马悴奴，仅充而已；唱和之礼，或尔汝之。(《颜
> 氏家训·治家篇第五》)

而隋、唐时代妇女的地位和风俗，显然受
到北朝文化的影响。史载，早在李渊自太原起
兵时，其后来被封为平阳公主的第三女儿不仅
支持自己的丈夫柴绍逃离长安，去协助父亲兴
唐反隋，而且还疏散家产，亲自拉起了一支
"娘子军"，与秦王李世民的队伍并肩作战，为
唐朝的建立做出了很大贡献(《旧唐书·柴绍
传·平阳公主》)。按照封建社会的传统观念，

妇女本不应该参与政治的，而隋文帝却"唯妇言是用"（《隋书·帝纪·高祖纪》），唐太宗也喜欢同长孙皇后探讨国家大事。只有在这种特殊的文化环境下，武则天才可能以裙钗压须眉，成为中国历史上唯一的一位女皇帝。除此之外，武则天的女儿太平公主、中宗的皇后韦氏、中宗与韦氏的女儿安乐公主都曾积极地参政议政，后者甚至要做什么"皇太女"，企图名正言顺地继承王位，这在中国上千年的历史上都是未曾有过的事情。

　　妇女政治地位的提高与社会地位的提高往往是同步的，表现在婚姻方面，唐律虽然沿袭古代惯例明确男子废除妻子的"七出"之法，从而保障了男子在婚姻关系中的优越地位，但同时也明确规定了"三不去"的原则："三不去者，一经持舅姑之丧，二娶时贱后贵，三有所受无所归。"（《唐律疏议》）从而也在一定程度上保障了妇女在婚姻关系中的权益。此外，唐代妇女夫死再嫁甚至主动离婚的事例并不罕见，这也从另一方面说明了妇女地位的提高和礼教约束的松弛。

在日常生活中，隋、唐妇女并非谨守深闺，足不出户，她们有单独、公开的社会活动，甚至可以结社。在与异性的交往中，隋、唐妇女不拘礼法，相对自由：后妃女官不避外臣，平民女子也不避男宾。与后来所谓"女子无才便是德"的思想观念不同，唐人是主张女子读书的，上层社会更重视女子的文化教育。除读书习字外，富家女子还普遍学习音律丝竹。隋、唐妇女可以同男人一样骑马、射箭、拔河、打球，还可以荡秋千、斗百草，从事女子所独有的娱乐活动。

每逢良辰美景、佳节丽日，妇女们便浓妆艳抹、三五成群，或赏月，或观灯，或看花，或踏青。《隋书·音乐志》记载，炀帝时代，"每岁正月，万国来朝，留至十五日，于端门外，建国门内，绵亘八里，列为戏场。百官起棚夹路，从昏达旦，以纵观之，至晦而罢。伎人皆衣锦绣缯彩。其歌舞者，多为妇人服，鸣环佩，饰以花毦者，殆三万人"。其时间之长，场面之大，可谓惊人。而武后时代，每逢谷雨前后，通往花都洛阳的道路上，则冠盖盈野，美人如云。赏花者衣袂飘舞，裙带当风；饮酒者春风拂面，举止雍容。真可谓是貌比芍药美，人似牡丹红。她们欣赏着美，她们也在创造着美。其情景之美，效果之佳，空前绝后。

戴幞头的男装

一个时代的民风、民俗，最为集中和外在地表现在人们的衣着、装束上。隋及唐初，正在接近中国封建社会的鼎盛时代。物质资源的丰富、社会风气的开放，都为其服饰文化的发展创造了条件。

相对而言，隋、唐男子的服饰比较简单，一般为幞头、纱帽和圆领袍衫。作为包头的巾帛，**幞头（011）**是东汉、魏、晋以来男子通常使用的首服。到了北周以后，幞头的四角经过了改造，包在脑后，形成飘带状。隋、唐以来，为了增添美学效果，又在幞头里面加入各种衬物，以包出不同的形状。据文献记载和出土的陶俑、壁

011　唐代幞头（沈从文《中国古代服饰研究》插图）

画显示，隋、唐之际幞头顶部较平，即所谓"平
头小样"；到了武后时期，衬物渐高，且中部出
现凹状，即所谓"武家诸王样"；中宗复唐以后，
衬物更高，幞头的顶部出现双球式的装饰，即所

谓"英王踣样"；进入盛唐以后，衬物更高，顶部更尖，即所谓"开元内样"。除幞头外，隋唐时期的官吏在入朝和接待宾客时也戴纱帽，儒生隐士也广泛使用，其样式尚无定制。隋唐的男子通常穿圆领袍衫，唯以颜色的不同，来区分等级的高低。袍衫的纹样以暗花为多，武则天当朝的时候，又颁赐了一种绣袍，即在不同类别的官员袍衫上，绣上不同的图案，文官绣禽，武官绣兽。这对明清以后的官服有所影响。

摘罥罹的女服

最能体现这一时期审美风尚的，当属女装的发展变化。当崛起于关陇地区的军人集团刚刚建立起王朝统治的时候，服饰还比较俭朴，制度也相对严格。自隋炀帝开选女之例，在民间大选宫女之后，华丽之风便逐渐由宫廷波及民间。几千宫女浓妆艳抹、朝红暮绿；不少民女纷纷效尤、日趋考究。于是，自此而及至整个隋、唐，

"宫装"便成了领导服装新潮流的样板。正像后来的王涯在《宫词》中所说的那样，"一丛高鬟绿云光，宫样轻轻淡淡黄。为看九天公主贵，外边争学内家装。"

　　除了宫廷的引导作用之外，妇女地位的提高对女式装束的演变当起着更为直接、重要的作用。这一点，我们可以在唐代妇女头饰的变化中看得十分清楚。《旧唐书·舆服志》云："武德、贞观之时，宫人骑马者，依齐、隋旧制，所着**幂䍠**（012），虽发自戎夷，而全身障蔽，不欲途路窥之。王公之家，亦同此制。永徽之后，皆用帷帽，拖裙

一种用罗纱制成的大块方巾，戴时不仅包裹头部，而且遮蔽全身，既难看清面目，又无美观可言。

012　戴幂䍠的妇女

到颈，渐为浅露。"

　　而随着妇女社会地位的提高，尤其是到了女皇帝当政的时代，这种带有禁欲主义色彩的服饰自然会遭到社会的唾弃。"则天之后，**帷帽**（013）大行，幂䍦渐息。中宗即位，宫禁宽弛。公私妇人，无复幂䍦之制。"（《旧唐书·舆服志》）。从遮蔽全身的幂䍦，到半露姿容的帷帽，是妇女服饰史上的进步，也是审美文化史上的进步。在封建礼教的长期束缚下，广大妇女行不露足，笑不露齿，既不能展现自己的美貌，亦无法表露自己的个性。而初唐服饰的这一变革，显然应归功于这个万象更新的时代。

　　社会是不断前进的，服饰也是不断发展的。帷帽普及以后，唐代妇女又对自己的头饰进行了一次革命，干脆去掉了这层面纱，只用一块皂巾包裹在头的两侧，将全部面庞袒露在外，从而使其美丽的容颜堂而皇之地面对这一美丽的世界了。在著名的**永泰公主墓出土的壁画**（彩图2）中，我们甚至可以看到唐代妇女袒胸露臂式的服装，令人惊叹不已。

　　除头饰之外，初唐妇女的衣着也很开放，以

一种高顶宽檐的笠帽，只在周围或两侧缀
有一层网状的面纱，下垂至颈。戴在头上，
不仅要比幂䍦轻松灵便，而且具有一定的
装饰美观作用。

013 戴帷帽的妇女俑

披肩为例，多在轻薄的纱罗上印有美丽的图案，
先将两米多长的画帛搭在肩上，然后再盘绕于两
臂之间。走路时纱罗随手臂的摆动而上下飘舞，
非常美观。到了盛唐以后，社会上甚至流行起一

种袒领女装，里面不穿内衣，袒胸于外。所谓
"粉胸半掩疑暗雪"，"长留白雪占胸前"，颇似现
代的摩登女郎了。

　　事实上，在当时的长安、洛阳，以及一切能
够体现隋、唐气象的地方，如果只有宽广笔直的
大道、金碧辉煌的庙宇、高耸入云的佛塔，而没
有了仗剑骑马的勇士、醉酒当歌的男儿和凤冠霞
帔的妇人、裙带飘逸的女子，那反而是不可思议
的事情。故而，这是一个男人打马球、女人荡秋
千的时代，这是一个不拘礼法而尚风流的时代，
这是一个万象更新的时代。

〔1〕 王桐龄《中国民族史》第 322 页，北平文化学社，1934 年版。

3

『剑履南宫入，簪缨北阙来』

书法、绘画

　　从区域文化的角度上讲，中国古代东西分别小而南北差异大。以淮河——秦岭为大致界限，可以明显地看出南北两地迥然不同的区域个性与人文特征。"长城饮马、河梁携手，乃北人之气概；江南草长、洞庭始波，乃南人之情怀。北有俊鹘盘云、横绝朔漠之气；南具月明画舫、缓歌慢舞之观。"[1]王国维认为，早在春秋以来，我国即可在道德政治上分为南北两派：北方派是帝王派、近古学派、贵族派、入世派、热情派、国家派，其学说大成于孔子与墨子；南方派是非帝王派、远古学派、平民派、遁世派、冷性派、个人派，其学说大成于老子与庄子。其实，不仅哲学上有北"儒"、南"道"的对立，文学上有北"风"、南"骚"的分野，学术上亦有北"考据"、南"义理"的分歧……正像梁启超在《中国地理大势论》中所说的那样："大而经济、心性、伦理之精，小而金石、刻画、游戏之末，几无一不与地理有密切之关系。"这其中，自然也包含着审美文化上的"刚""柔"之别。

"永嘉之乱"，中原地区成为各少数民族纷争的战场，司马王朝不得不改弦更张，重新组成偏安的南方政府，以后作为华夏正统的宋、齐、梁、陈，也都以南京为都城，因而在文化心理上自然有了南方纤弱、细腻的特点。与此相反，由北魏到北齐、北周所统治的北方地区，由于受游牧民族的影响，原本刚烈、豪放的文化特征便日益加强。于是，南北固有的审美趣

味也进一步拉开了距离："江左宫商发越，贵
于清绮；河朔词义贞刚，重乎气质。气质则理
胜其词，清绮则文过其意。"（魏徵《隋书·文
学传序》）审美趣味的差异绝不仅仅表现在诗
歌和音乐方面，即使在书法这一相当抽象的线
条艺术中也能体现出来。关于这一点，后人看
得明白。

> 盖由隶字变为正书行草，其转移皆在汉末魏晋
> 之间，则正书行草之分为南北两派者，则东晋、宋、
> 齐、梁、陈为南派；赵、燕、魏、齐、周、隋为北派
> 也。……南派乃江左风流，疏放妍妙，长于启牍。……
> 北派则是中原古法，拘谨拙陋，长于碑榜。……两派判
> 若江河。（阮元《南北书派论》）

> 南书温雅，北书雄健。南如袁宏之《牛渚讽咏》，
> 北如斛律金之《敕勒歌》。（刘熙载《艺概·书概》）

随着一统江山的重新出现，隋末唐初，书法领域
中也随之出现了兼顾南北、折衷刚柔的美学追
求，而实现这一历史使命的，便是被誉为"初唐
四家"的虞、欧、褚、薛。

内含刚柔、
君子藏器的虞世南

在上卷中我们说到，中国书法在东晋王羲之、王献之父子那里，进入了一个颇为优美的境界。此后虽有宋之羊欣、齐之王僧虔、梁之萧子云、陶弘景诸家，却仅得羲之、献之柔媚，而无"二王"之萧散。直至陈僧智永，才以王羲之七世孙的身份，将其祖上的笔法继承下来，并"一线单传"似的授给了虞世南。宋人《宣和书谱》云："释智永善书，得王羲之法，世南往师焉。于是专心不懈，妙得其体，晚年正书遂与王羲之相后先。"虞世南的书法之所以能够接近王羲之的境界，一则应归功于他勤学苦练、专心不懈的努力，二来也与他在汉、魏、六朝的碑帖方面有相当好的基础有关。虞世南的真迹所存不多，代表作为《孔子庙堂碑》（014），其他如《汝南公主墓志铭》等，多被认为是后人的翻摹之作。虞世南的特点是能够将内在的骨力隐藏在外在的优美之中，给人以外柔内刚之妙。有人曾将他与同时代的书法家欧阳询作过一番比较，认为"欧之与虞，智均力敌。""虞则内含刚柔，欧则外露筋骨。君子藏器，以虞为优。"（《宣和书谱》）其

014　虞世南《孔子庙堂碑》

　　实，所谓"君子藏器"只不过是一种借口，之所以"以虞为优"，恐怕与当时的社会气氛有关。

　　我们知道，尽管杨、李二朝均为北方军事豪强的代表，但由于六朝时期的南方政府代表了正宗的华夏文明，北方则因长期的战乱和异族的入侵而显得文化凋敝。故而，隋炀帝和唐太宗虽然在组织路线上坚持关陇本位，但在审美趣味上则都自觉或不自觉地表现出爱慕南风的倾向。从个

人经历来看，杨广之妻萧皇后是一个美丽而多才
的江南女子，她的趣味和爱好对炀帝产生了重要
的影响。而早在武德年间，李世民为了与太子争
夺帝位继承权，便延揽了一批江左文士，以扩大
自己的影响，他所开设的"文学馆"内就有七
位江南才子。在文学上，隋炀帝和唐太宗都曾醉
心于作为江南遗风的宫体诗；而在书法上，他们
则以东晋的王羲之为楷模。史载，李世民雅好书
艺，曾亲为《晋书》作《王羲之传论》，而他那
流传至今的《温泉铭》也确实表现出了王书式的
俊美和飘逸。

　　这种情况下，以沿袭"二王"风格为主的虞
世南便必然受到了时代的推崇。据《新唐书·虞
世南传》载："帝每称其五绝：一曰德行，二曰
忠直，三曰博学，四曰文词，五曰书翰。"有一
于此，足为名臣，世南兼之。足见，在唐太宗眼
里，虞世南实为天下文臣的楷模了。不仅唐太宗
对其评价甚高，而且后人也非常推崇他在书法史
上的地位。清人撰写的《承晋斋积闻录·名人书
法论》云："唐虞世南、欧阳询、褚遂良、颜真
卿、柳公权、李邕、徐浩，皆第一等书也。"将

虞世南排在唐代诸书家之首位，可知其具有承前启后的意义。

但是，时代毕竟有了变化，在江山一统的局面下，南方的阴柔俊美虽然占据了主导地位，而北方的阳刚古朴亦不能不产生影响。尤其重要的是，政治中心的北移和国家实力的强盛虽不能立刻演变为艺术趣味，但却对审美风尚的变迁产生着潜在而持续的影响。因此，就连偏爱柔美的李世民也对无"筋"、无"骨"、无"丈夫气"的书法进行了批评，而学步二王的书家亦在其摹仿之中流露出了变革的气息。

外露筋骨、峻于古人的欧阳询

如果说，虞世南的"内含刚柔"还只是一种潜在的变化，那么欧阳询的"外露筋骨"则是一种显在的变革了，详见《**梦奠帖**》(015)。欧阳询比虞世南大一岁，却又比后者多活了三年。在他漫长的一生中，不仅同样经历了由陈入隋、由

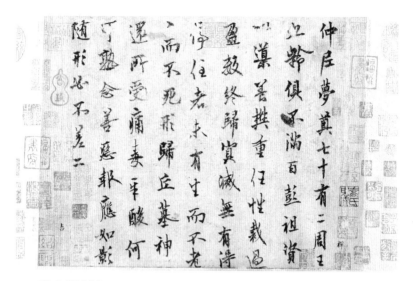

015　欧阳询《梦奠帖》

隋入唐的历史变故，而且在书法创作方面也有着
更为丰硕的成果。唐代张彦远的《书法要录》辑
张怀瓘《书断》云：

> 询八体尽能，笔力劲健，篆体尤精，飞白冠绝，峻
> 于古人，有龙蛇战斗之象，云雾轻笼之势，风旋电儆，
> 掀举若神。真行之书，虽于大令，亦别为一体，森森然
> 若武库矛戟，风神严于智永，润色寡于虞世南。其草书

迭荡流通，视之"二王"，可为动色，然惊奇跳骏，不避危险，伤于清雅之致。

从这段文字可知，在书法创作方面，欧阳询比虞世南更全面，也更有特点。说他更全面，是指他触类旁通、八体尽能；说他更有特点，是指他峻于古人、不避危险。有学者分析："欧阳询的楷书来源，是由汉碑而转入北碑，从而打下良好的楷书基础。《九成宫醴泉铭》包含的成分，就有汉碑→北碑→北齐→晋王右军的风韵。"[2]因而他虽然也取法"二王"，但较之虞世南的书风，却更多了几分险峻劲健的北方色彩。据《旧唐书》本传记载，欧阳询相貌丑陋而身材矮小，可字迹却仿佛堂堂正正的伟丈夫。当时的高丽曾几次派遣使臣慕名到唐朝来求欧阳询的书法作品，高祖叹之曰："不意询之书名，远播夷狄，彼观其迹，固谓其形魁梧耶！"其实，若以盛唐颜真卿、中唐柳公权的标准看，欧阳询的书法还真算不上魁梧，但在初唐人眼里，他那棱角分明、外露筋骨的行、楷之作，已足以"峻于古人"，"可为动色"了。

　　欧阳询不仅在书法实践方面确立了"阳刚"的理想，而且在书法理论方面也开创了"重法"的先河。他在前人基础上总结出来的书法"八诀"充分体现了自己的偏爱：

　　　丶　如高峰之坠石。

　　　乀　似长空之初月。

　　　一　若千里之阵云。

　　　丨　如万岁之枯藤。

　　　乚　劲松倒折，落挂石崖。

　　　乛　如万钧之弩发。

　　　丿　利剑截断犀象之角牙。

　　　乀　一波三过笔。

　　在中国书法美学史上，晋、唐是两个至为重要的阶段。晋书崇尚趣韵，卓尔不群；唐书尊重法度，力透纸背。自欧阳询始，所谓"唐人重法"，便被注入了一种阳刚之气。无论是"高峰之坠石""千里之阵云"，还是"万钧之弩发""犀象之角牙"，都是对朔北雄健之风的憧憬、追求与企盼。也许在当时的人们看来，这种"不避危险""伤于清雅"的书风没有虞世南那杏花春雨、小桥流水般的创作来得温柔、含蓄，但它却进一步显示了北风南渐、阳刚崛起的美学趣味。

字里金生、
行间玉润的褚遂良

如果说，欧阳询和虞世南这两位由陈而入隋、由隋而入唐的书法家尚带有某种由南而至北的过渡色彩，那么褚遂良和薛稷这两位后生晚辈则开始了折衷碑帖、融会南北，从而规范书林、陶铸天下的"立法"运动。据《旧唐书》八十卷记载，唐太宗曾有"虞世南死后，无人可以论书"的慨叹，而精于书法之道的魏徵当即保荐："遂良下笔遒劲，甚得王逸少体。"于是褚遂良便被太宗召见，并被委任为皇帝身边的侍书。

在这里，魏徵的两句评语是耐人寻味的，按理说，王羲之书法的最大特点并不在"遒劲"二字，那么"甚得王逸少体"的褚遂良又是如何体现这种风格的呢？时至今日，故宫博物院仍保留

着褚遂良摹写《兰亭序》（彩图 6）的墨迹，而宋代书法家米芾在其拖尾处题写的"虽临王帖，全是褚法"这八个字便点破了其中的奥秘。事实上，任何艺术家要在审美文化史上占有一席之地，都必须体现其时代的独特风尚，即使是临摹前人，亦须有自己的特点。以时代论，褚遂良比虞、欧二人晚生近四十年，在他出道的时候，唐代已迎来了"贞观之治"，国力的强盛显然有助于书法的"遒劲"。以人格论，褚遂良是继魏徵之后著名的诤臣，其刚正不阿的个性显然也有利于笔下的"遒劲"。

从书法渊源上看，褚遂良既以虞世南为师，又学欧阳询的楷法；在创作道路上，他曾有过一个"由碑入帖"、再"由帖返碑"的过程。我们知道，虞、欧的不同，虽有个人气质的差异，但说到底，还是南、北文化的熏染；而碑、帖的不同，虽有笔法趣味的差异，但说到底，也还是南、北文化的不同。褚遂良的意义，就在于通过博采虞、欧，转折南、北，最终实现了二者的统一，达到了融会贯通的境界。以著名的《倪宽赞》（彩图 7）为例，既有虞书的潇洒，又有欧书的力度；既有南帖的趣味，又有北碑的风范。从字形上看，它方正大气，气势开张；从笔画上看，它又细若游丝、娟秀婉转。真所谓"字里金生，行间玉润"（《唐人书评》）。正是这种似瘠而丰、似刚而柔、似南而北的特点，使其具有了典范的意义，给后人以不同的联想和多样的发展空间。清人王澍云："褚河南书，陶铸有唐一代。稍险劲则为薛曜，稍痛快则为颜真卿，稍坚卓则为柳公权，稍纤媚则为钟绍京，稍腴润则为吕向，稍纵逸则为魏栖梧，步移不失尺寸则为薛稷。"（《虚舟题跋》）

**疏朗似欧、
遒逸似虞的薛稷**

薛稷是名臣魏徵的外孙，家中藏书甚富，其中收有许多名人的手迹，这对他的书法创作产生了良好的影响，详见《**信行禅师碑**》（016）。董逌《跋薛稷碑》云："薛稷于书，得欧、虞、褚、陆遗墨至备，故于法可据。然其师承血脉，则于

016　薛稷《信行禅师碑》

褚为近，至于用笔纤瘦，结字疏通，又自别为一家。"今观其《涅槃经》拓本，其疏朗劲健似欧，遒逸婉转似虞，亦可说是"风"与"骨"的统一、"气"与"韵"的结合、"北"与"南"的渗透。刘熙载《艺概·书概》云："北书以骨胜，南书以韵胜。然北有北之韵，南有南之骨。"初唐书法从虞、欧，发展到褚、薛，已基本达到了这种南北文化相融合的境界，从而为新法度的确立提供了张本。正是由于这一张本具有相同的文化性质，故时人曾有"买褚得薛，不失其节"的说法。

而从欧阳询与虞世南的折衷碑帖，到褚遂良和薛稷的贯穿南北，我们已不难窥出有唐一代法度森严的艺术风范是建立在何等宽阔的社会背景之上了。有趣的是，作为一代女皇帝的武则天，也曾在《升仙太子碑》上为我们留下了极为罕见的飞白遗迹，其刚柔相济、雌雄互补的笔触，既有裙钗之风，又有须眉之气。人们不禁要问，这种两性特征的融汇难道不正是南北风格的统一吗？说到底，新的艺术风范虽取之于南方的灵感，更得之于北方的精神。唯其如此，才有了不同于南北朝的一代书风！

丹青神化、

天下取则的阎立本

自古书画同源。与书法的进展大致相似，绘画在隋及初唐也处在融会南北的转折点上。《历代名画记》载有隋代著名画家展子虔、董伯仁二人由南北相轻到彼此相重的情况，在当时颇具典型意义："初董与展同召入隋室，一自河北，一自江南。初则见轻，后乃采其意。"由于炀帝雅好书画，曾自撰《古今艺术图》五十卷，"既画其形，又说其事"（《历代名画记·述古之秘画珍图》）；并于东都修建"妙楷""宝迹"二台，以收藏书法和名画。加之新建的亭台楼阁需要装饰，于是各路丹青巨匠纷纷汇集洛阳，其中既有杨子华、田僧亮、展子虔、杨契丹等经历北周、北齐的名家，又有董伯仁、郑法士、孙尚子等师承南朝的高手。他们带着各自不同的技法、不同的风格走到一起，乍一接触难免彼此轻视，然而通过相互的观摩和不断的合作，又自然会发现对方的优点，即由相轻到相重，再由相重到相融，从而实现着南北画风的融合。与展、董二人的例证相仿佛，《历代名画记》还记有杨契丹、郑法士这两位南、北画家彼此倾心的故事。有一次，他们与田僧亮一起在京城光明寺小塔作画，"郑图东壁、北壁，田图西壁、南壁，杨画外边四面，是称三绝。杨以簟蔽画处，郑窥视之，谓杨曰：卿画终不可学，何劳障蔽？郑特托以婚姻，有对门之好。又求杨画本，杨引郑至朝堂，指宫阙、衣冠、车马曰：此是吾辈画本也。由是郑叹服"。显然，文化上的融合比血缘上的通婚更有意义。

首先，不同地域画家的交流与沟通有利于扩大绘画的艺术题材。如"田（僧亮）则郊野柴荆为胜，杨（子华）则鞍马人物为胜，（杨）契丹则朝廷簪组为胜，（郑）法士则游宴豪华为胜，董（伯仁）则台阁为胜，展（子虔）则车马为胜，孙（尚子）则美人魑魅为胜"（《历代名画记·叙师资传授南北时代》）。在他们的交流和影响下，人物、动物、山水、台阁、花鸟等各种题材的绘画在隋、唐都有了长足的发展。

其次，不同地域的画家不仅带来了不同的题材，而且带来了不同的风格与技法。以人物绘画为例，南朝的张僧繇是"疏体"的代表，追求神似，手法简洁，富于变化；北齐的曹仲达则是"密体"的代表，追求形似、线条稠密，笔触逼真。这两种迥然不同的风格通过其各自的传人影响着南、北的交流与融汇，在隋、唐均得到了流传和发展，并最终演变为盛唐、中唐时期以吴道子为代表的"吴家样"和以周昉为代表的"周家样"，在新的历史条件下得到了发展和升华。然而遗憾的是，由于时代的久远，隋及初唐的绘画作品所存不多，已很难辨明其详细的发展脉络了。

展子虔的《游春图》是隋代流传下来的最有价值的山水风景画，此图融山水、草木、人物、舟棹于一体，构图缈远，意境开阔，已彻底结束了前此山水画"人大于山，水不容泛"的幼稚状态。在技法上，该图在细线勾描的基础上施以青绿、色泽绚丽、细节逼真，从而对李思训青绿山水一派产生了重要的影响。宋代书法家黄庭坚看了他的作品之后，曾写诗赞曰："人间犹有展生笔，事物苍茫烟景寒。常恐花飞蝴蝶散，明窗一日百回看。"

　　与隋代的山水风景画相比，初唐的政治人物画具有更高的成就，这似乎与唐太宗等人的政治抱负有关。为了显示自己与隋代君王的不同，李世民曾言："沟洫可悦，何必江海之滨乎？麟阁可玩，何必山陵之间乎？忠良可接，何必海上神仙乎？丰镐可游，何必瑶池之上乎？"（《全唐诗》卷一《帝京篇序》）因此，他认为艺术的作用不在于怡情养性，而在于经世致用。他于贞观十七年下诏曰："自古帝王，褒崇勋德，既勒名于钟鼎，又图形于丹青。是以甘露良佐，麟阁著其美；建武功臣，云台纪其迹。"（《全唐文》卷一《图功臣像于凌烟阁诏》）于是早在武德九年（626）即已绘制过《秦府十八学士图》的著名画家阎立本便再次奉诏，将长孙无忌、李孝恭、魏徵、房玄龄、杜如晦等24位开国功臣的形象绘制在凌烟阁之上。这种以现实人物为绘画题材的艺术创作，显然有利于由观念向写实的转变。曾经观赏过凌烟阁壁画的杜甫在《丹青引》一诗中赞美道："良相头上进贤冠，猛将腰间大羽箭。褒公鄂公毛发动，英姿飒爽来酣战。"足见其人物造型的生动传神。遗憾的是，凌烟阁壁画的真迹已不复存在，今们人只能看到传为阎立本所作《历代帝王图》中的 13 位古代帝王的肖像了。

不难看出，阎立本的《**历代帝王图**》(彩图 8) 不仅继承了南派"疏体"画注重写神的风格，而且也吸收了北派"密体"画对于细节的追求。同样，他的名作《步辇图》也显示了融合南、北的美学追求。今存《**步辇图**》(彩图 9) 为宋人摹本，画家以唐太宗接见吐蕃和亲使者禄东赞的事件为题材，成功地表现了太宗的雍容大度和禄东赞的谨慎谦恭。我们知道，六朝时期的人物绘画即已讲究"传神写意"了。但"疏体"画所传之神、所写之意往往是超越环境之外的某种观念和理想。而《步辇图》则借鉴"密体"画的细节处理和环境营造，将人物的形貌与环境的氛围极其巧妙地融汇在一起，加强了绘画的世俗色彩和现实意义。在技法上，该图着色古雅而又凝重，沉着而又富于变化，不仅构图严谨，而且细节生动，因而被誉为"丹青神化""天下取则"，为后来张萱、周昉等人的"密体"人物画开辟了先河。

017　章怀太子墓前室西壁
南侧的《侍女观鸟捕蝉图》

画家将三个衣着华丽的宫廷侍女置于春花烂漫的户外环境，其中一侍女仰首观鸟，一侍女摔袖捕蝉，一侍女拱手伫立，似在怀春。整个构图虽然人物不多，但却姿态各异；人物与环境交相呼应，相得益彰。显然是一幅疏密相间、形神俱备的精品之作。

与《步辇图》相似的还有章怀太子墓前室西壁南侧的《**侍女观鸟捕蝉图**》（017）。我们虽然不能判定这幅壁画的真正作者，但可以肯定其手法是相当高明的。在初唐墓室壁画中，此类作品不止一种，其他如永泰公主墓前室东壁的《宫女图》，也具有相当高的价值。

疏密得法、
不拘一格的尉迟乙僧

大约与阎立本同时，来自于阗国的尉迟乙僧也是人物画的高手，然而或许是受异域文化的影响，其艺术风格却迥然不同。史载，他的作品构图险峻、意象新颖，善于处理复杂多变的画面，"千变万化，实奇踪也"（《唐朝名画录》）。在技巧上，他疏密得法，不拘一格，"小则用笔紧劲，如屈铁盘丝；大则洒落有气概"（《历代名画记》），对盛唐时期的吴道子当有重要的启示。相传，他生前的影响已然很大，一幅扇面竟"值金一万"。朱景玄《唐朝名画录》说他"凡画功德人物、花鸟，皆是外国物象，非中华之威仪"。可惜的是，尉迟乙僧的《外国

018　章怀太子墓前室西壁南侧的《客使图》

人物像》《龟兹舞女图》等大量作品均未能流
传下来。所幸的是，我们可以从章怀太子墓中
的那幅不知名作者的《客使图》（018）上看到
类似的题材和风格。该壁画中的人物不仅衣着
不同，形貌各异，就连神情、举止也显示着不
同的身份、地位和民族特征，真正做到了形神

兼备。

　　除风景、人物之外，隋、唐时代的花鸟画也取得了令人瞩目的成就。中国的花鸟画起源于彩陶、青铜和画像石上的纹样，因而比山水、人物画起步要早。然而直到唐代，花鸟画才成为专门的画科。仅据《历代名画记》和《唐朝名画录》等唐人的著作统计，当时能画花木禽兽的，约有八十余人，其中专攻此道者亦有二十余人。这其间，薛稷的鹤具有开启先河的意义。李白与杜甫这两位大诗人都赞美过薛稷的鹤，前者云："紫顶烟艳，丹眸星皎。昂昂伫眙，霍若惊矫。形留座隅，势出天表。谓长鸣于风霄，终寂立于露晓。"(《金乡薛少府厅画鹤赞》)后者曰："薛公十一鹤，皆写青田真。画色久欲尽，苍然犹出尘。低昂各有意，磊落似长人。"(《通泉县署壁后薛少保画鹤》)可见生动之至。薛稷的鹤不仅形象不俗，而且渐成范式。他的"屏风六扇鹤"，以六只形态各异的仙鹤装饰屏风，成为后代沿袭的样本。

　　总之，隋及初唐的书法和绘画均具有融汇

南北而创立新风的意义。尽管此时的胸襟尚不及盛唐的开阔，此时的色彩尚不及盛唐的绚丽，此时的题材尚不及盛唐的丰富，此时的骨力尚不及盛唐的强劲，然而新的审美风范已然超越了北朝的古朴和南朝的空灵，而向着雍容典雅、恢弘壮阔的盛唐挺进。这一挺进是大胆的、全方位的，是重新建立法则和理想的，因而是"万象更新"的。

〔1〕　　陶礼天《北"风"与南"骚"》第3页，华文出版社，1997年版。

〔2〕　　蒋文光、章觉鹰《初唐四大书法家》第12页，河南美术出版社，1988
　　　　年版。

4

诗歌、骈文

"感时思报国，拔剑起蒿莱"

　　中国被称为"诗的国度"，而诗之盛者莫过于唐。从数量上看，仅《全唐诗》收录的诗作就有四万八千多首，还不算《全唐诗选》《补全唐诗》等各种版本的补遗之作，约为此前诗作总量的三倍，真可谓是蔚为大观！从质量上看，初、盛、中、晚各个阶段都有其各自的特点、各自的流派、各自的名篇，实可说是波澜壮阔！关于唐诗繁荣的原因，学术界有着各种各样的研究：从外部环境看，国家的统一，国力的强盛，为诗歌的发展提供了必要的物质保障和创作动因；从内部规律看，经过六朝的准备而导致的格律诗的成熟，为诗歌的发展提供了飞跃的条件；而除此之外，还有着"南北融合""士庶之变""儒释道三教并举"等多重原因。

就初唐诗风的变化而言，似可分为两个阶段。一是太宗时期，主要延续六朝遗风，因而如何摆脱宫体便成为诗歌发展的必由之路。在这一方面，具有道家思想的王绩和具有佛家倾向的王梵志可谓筚路蓝缕、以启山林，为唐诗的发展开辟着道路。二是武后时代，由具有儒家精神的"初唐四杰"和陈子昂等人继续扫荡文场、激扬文字。由于他们代表了新兴的庶族知识分子的美学倾向，因而真正开启了唐代气象。

从"宫体诗"走向
"上官体"的历史惯性

一种新的审美风尚的形成，总是要有经过一个转换和过渡的环节。隋、唐开国伊始，仍受南朝余绪的影响，就连隋炀帝、唐太宗这两位颇有气度的君王，也醉心于绮丽浮华的艳曲，从而使宫体诗盛行。这种始自南朝宫廷的诗风，以描写妇女的生活和体态为主要内容，兼及抒情咏物、卖弄才学，视野狭窄、格调柔靡，表现出宫廷生活的浮华和空虚。隋末唐初，先有虞世南、李百药等朝廷命官雍容奉制，后有许敬宗、上官仪等侍从文人朝夕献纳，最终把诗歌变成了宫廷的摆设、皇帝的玩偶。其间，尤以精巧细致、柔媚婉转的"上官体"最为著名：

蔡女菱歌移锦缆，燕姬春望上琼钩。新妆漏影浮轻扇，冶袖飘香入浅流。（上官仪《咏画障》）

罗荐已擘鸳鸯被，绮衣复有葡萄带。残红艳粉映帘中，戏蝶流莺聚窗外。（上官仪《八咏应制》）

这类作品对女性的描写仅限于体态、服饰、歌容、笑貌，带有娱乐、游戏、观赏、把玩的性质，而没有些许的真情实感，读之不可能给人带来任何触动。正像闻一多所竭力挖苦和讽刺的那样："宫体诗在唐初，依然是简文帝时那没筋骨，没心肝的宫体诗。不同的只是现在词藻来得更细致，声调更流利，整个的外表显得更乖巧、更酥软罢了。说唐初宫体诗的内容和简文时完全一样，也不对。因为除了搬出那僵尸'横陈'二字外，他们在诗里也并没讲出什么。这又教人疑心这辈子人已失去了积极犯罪的心情。恐怕只是词藻和声调的试验给他们羁縻着一点作这种诗的兴趣（词藻声调与宫体有着先天与历史的联系）。宫体诗在当时可说是一种不自主的，虚伪的存在。原来从虞世南到上官仪是连堕落的诚意都没有了。此真可谓'萎靡不振'！"[1]

其实从艺术自身的发展来看，宫体诗也并非一无是处。即以上面所引的"上官体"来说，其声律的考究、对仗的工整都对以后沈佺期、宋之问等人为律诗的定型做了准备。而由宫体诗迁怒于一代文人，则更有以偏概全之嫌。事实上，杨广和李世民也并非尽如萧纲、萧绎，隋炀帝也写过《早渡淮》《饮马长城窟行示从征群臣》等颇具豪情的作品，而唐太宗反映戎马生涯和抒发政治抱负的诗作亦应在文学史上占有一席之地：

> 慨然抚长剑，济世岂邀名！……登山麾武节，背水
> 纵神兵。在昔戎戈动，今来宇宙平。(《还陕述怀》)

> 昔年怀壮气，提戈初仗节。心随朗日高，志与秋霜
> 洁。移锋惊电起，转战长河决。营碎落星沉，阵卷横云
> 裂。一挥氛沴静，再举鲸鲵灭……(《经破薛举战地》)

**从脂粉绮罗走向
荆钗布裙的王绩**

然而，真正从脂粉绮罗走向荆钗布裙，从帝王将相走向凡夫俗子的，却要数王绩和王梵志这一道一佛二位诗歌奇才。

王绩出身北朝士族，其家不仅历代簪缨，而且以儒学名世。但是生于隋末唐初的王绩却似乎是一个叛逆者。在仕途上，他虽然三次出任下层官员，但意不在江山社稷，实只为美酒三升。在思想上，他虽然钦佩身为大儒的三兄王通，但却自字"无功"，以老、庄为宗。因此，在他弃儒

从道、挂印归田的一生中，写下了一百二十余首山水田园、寄兴感怀之作，体现出独具一格的美学追求。

在艺术内容上，与当时伤于轻艳、柔靡缓若的宫体诗作不同，王绩的诗歌很少写娥眉粉黛，也不爱绮罗金钗，而是将目光从空虚无聊的宫廷台阁转向淳朴生动的乡野田园，在大自然的一山一水一草一木中发现生活的真趣：

> 北场芸藿罢，东皋刈黍归。相逢秋月满，更值夜萤飞。（《秋夜喜遇王处士》）
>
> 石苔应可践，丛枝幸易攀。青溪归路直，乘月夜歌还。（《夜还东溪》）
>
> 促轸乘明月，抽弦对白云。从来山水韵，不使俗人闻。（《山夜调琴》）
>
> 春来日渐长，醉客喜年光。稍觉池亭好，偏宜酒瓮香。（《初春》）

这些诗清新明快、淳朴自然，就像从自家的瓷缸陶瓮中倒出的陈年老酒一样，充满了泥土的芬芳。阅读齐、梁以来的诗歌，恍如纠缠于病态的贵妇丛中，尽管金玉满眼、香脂扑鼻，但其苍白的面色和造作的呻吟总使人感到空虚和倦怠。
跃出六朝的宫墙，来到初唐的草地，不料迎面碰
到一群荆钗布裙的村姑。她们那朴素健康的肤
色、宛若天籁的笑声，一下便攫住了读者的心。
这就是唐代开山诗人王绩给人的最初印象。

在创作形式上，与隋末、唐初的侍从文人不
同，王绩从来不写奉制、应酬之作，也没有无病
呻吟的宫廷气息。用他自己的话说，"题歌赋诗，
以会意为功，不必与夫悠悠闲人相唱和也"（《答
处士冯子华书》）。因此他的诗坦诚、自然、淳
朴、真挚：

> 旅泊多年岁，老去不知回。忽逢门前客，道发故乡
> 来。敛眉俱握手，破涕共衔杯。殷勤访朋旧，屈曲问童
> 孩。衰宗多弟侄，若个赏池台？旧园今在否？新树也应
> 栽？柳行疏密布？茅斋宽窄裁？经移何处竹？别种几株
> 梅？渠当无绝水？石计总生苔？院果谁先熟？林花那后
> 开？羁心祇欲问，为报不须猜。行当驱下泽，去剪故园
> 莱。（《在京思故园见乡人问》）

写这首诗的时候，作者已羁留京城数年之久。
一个"忽"字，表现出异地逢亲的意外和喜悦。

惊喜之余，羁旅的惆怅、人世的感慨、思乡的渴望便一齐涌上心头。"敛眉俱握手，破涕共衔杯"一句，生动地表达出诗人由惊而喜、百感交集的复杂心绪。接下去，诗人不厌其烦地用一连串的询问来打探故园的近况：由亲朋、好友问到庭院、池台，由故园、新树念及柳行、茅斋，由青竹、红梅想到渠水、藓苔，甚至关心果树哪株先熟？林花哪棵后开？这一连串貌似琐细繁杂的询问，没有只言片语涉及"相思"的概念，但其拳拳的怀旧之心、浓浓的思乡之意溢于言表、袒露无疑。问询之后，诗人似乎也感到了自己的唐突，还请乡亲谅解："羁心只欲问，为报不须猜。"这番会晤非但没有化解诗人的思乡之情，反而增添了自己归隐的信念："行当驱下泽，去剪故园菜。"这是一首发自诗人肺腑的诗歌，不修饰，不造作，无拘无束，浑然天成。读之却又使人感到余音绕梁，三日不断。尤其是诗中那一连串的问句，更有脱口而出、一唱三叹之妙。难怪明人谭元春评之曰："只似家书。"（《唐诗归》）放在当时的历史背景上看，只似家书，又何其难哉！

从审美文化史的角度来看，王绩那隐逸高蹈、放浪形骸的诗歌创作，上承陶渊明，下启李白，从而形成了道家、道教美学中的一个重要环节。《论语·子路》云："不得中行而与之，必也狂狷乎？狂者进取，狷者有所不为也。"儒家本身是讲究"中庸之道"的，而道家、道教人士则不然，他们或以反叛者的姿态狂放进取，或者以逃避者的姿态狷介孤洁。如果说，陶渊明是以狷为主，狷中有狂；李白是以狂为主，狂中有狷；那么介于他们二者之间的王绩则恰恰是半狷半狂。狷气来时，他洁身自好；狂气来时，他笑傲王侯。因此，他有的诗酷似陶渊明，有的诗又接近李白。下面是两个相反的例证：

东皋薄暮望，徙倚欲何依。树树皆秋色，山山唯落晖。牧人驱犊返，猎马带禽归。相顾无相识，长歌怀采薇。(《野望》)

百年长扰扰，万事悉悠悠。日光随意落，河水任情流。礼乐囚姬旦，诗书缚孔丘。不如高枕卧，时取醉销愁。(《赠程处士》)

同陶渊明和李白一样，王绩也是著名的酒

徒，他的诗即使不是篇篇言酒，至少也是处处皆醉。酒给他以激情，给他以灵感，给他以摆脱世俗生活的勇气，给他以捣毁陈规陋俗的力量。在《解六合丞还》一诗中，他写道："我家沧海白云边，还将别业对林泉。不用功名喧一世，直取烟霞送百年。彭泽有田惟种黍，步兵从宦岂论钱。但使百年相续醉，何辞夜夜瓮间眠。"或许，这种狂放不羁的酒神状态，并不利于建设，而只适于破坏：在生活上，它破坏着功名利禄；在信仰上，它破坏着修齐治平；在礼法上，它破坏着等级制度；在诗歌上，它破坏着宫体遗风。

由于王绩在初唐文学史上似乎是一个卓尔不群的特例，因而以往的学术界对他的重视不够。事实上，他不仅成为联系陶渊明和李白之间的过渡环节，而且他的田园山水诗对以后的"王孟诗派"也有着深远影响。明人杨慎说："王无功，隋人。入唐，隐节既高，律诗又盛，盖王、杨、卢、骆之滥觞，陈、杜、沈、宋之先鞭也，而人罕知之……古云盖棺事乃定，若此者，千年犹未定也。"（《升庵诗话》卷二）

从帝王将相走向凡夫俗子的王梵志

如果说王绩是初唐诗坛中道家美学的代表，那么王梵志则是此一时期佛家美学的先驱。同王绩一样，王梵志也是一个"千年犹未定也"的人物。不仅历史上对他的记载很少，就连《全唐诗》也没有收录他的作品。直到20世纪初敦煌藏经洞发现了唐、宋之人手抄的"王梵志诗五种"之后，这位比王绩更加边缘、更不被重视的唐代诗人，才受到文学史家的重新肯定。胡适在《白话文学史》中将他放在"初唐白话诗人"的专章中进行系统地论述；郑振铎也对他的诗集进行了校录、编辑和整理。一般认为，王梵志也是跨越隋、唐两代的历史人物，其生活的年代与王绩相仿佛。然而，与王绩不同的是，王梵志的信仰背景不是道家而是佛家，王梵志的写作目的也不是陶冶性情而是教化民众。同王梵志诗风相近的还有寒山、拾得两位诗僧，其生活年代亦未确考，或以为初唐，或以为盛唐，或以为中唐。本书取初唐一说，并将他们与王梵志同算作"化俗诗僧派"。

在艺术内容上，此派诗僧的出现与六朝以后佛教传播的下移有关。隋、唐以来，为适应儒、释、道三教并立的局面，佛教一方面通过各宗派的确立而实现其中国化的过程，一方面借助通俗化的传播而实现其民间化的过程。于是，寻常巷陌、山野田间便出现了一些以诗言佛、托钵化缘的化俗诗僧。同宫体诗人不同，他们不再用诗歌来抒写帝王将相的丰功伟绩，也不再用诗歌来描摹宫苑女性的形容举止，而是用诗歌来传达佛理，用诗歌来开导众生：

> 我有一方便，价值百匹练。相打长伏弱，至死不入县。（王梵志）
>
> 见恶须藏掩，知贤唯赞扬。但能依此语，秘密立身方。（王梵志）
>
> 他人骑大马，我独跨驴子。回顾担柴汉，心下较些子。（王梵志）
>
> 他人马上坐，我且步擎卓。种得果报缘，不须自烦恼。（王梵志）

以上几首小诗都是宣扬佛教精神的：第一首主张人们在行动上要隐忍退让，即使被人打死，也不要去县里告状。第二首告诫人们在言论上要留有"口德"，注意宣扬别人的优点，而不要念叨他人的短处。第三首倡导知足常乐，骑驴的人自然不如骑马的人风光，但是看看担柴汉，心里也就释然了。第四首宣扬因果报应，认为现世的富贵穷达都是前世种下的果实，因此用不着自寻烦恼。有些现代学者认为这些诗作具有反讽意味，其实不然，若以佛家的思想看，这种知足常乐、能忍自安的态度恰恰是一种生存哲学。至于其他进退操守、戒奢去贪、尊重佛法、孝敬父母、结交良善、远离恶人、不赌博、少喝酒等等，都是化俗诗僧津津乐道的内容。显然，这其中有佛学禅理，也有儒教伦常，它们生动地显示了佛教在世俗化、本土化的过程中的转换和变形。如果将这许多诗篇搜罗到一起，真可谓是一部《世俗生活指南》了。从创作动机上讲，化俗诗僧曾明确表达了自己的写作目的："凡读我诗者，心中须护净。悭贪继日廉，谄曲登时正。驱遣除恶业，归依受真性。今日得佛身，急急如律令。"（寒山）就社会效果而言，此类诗歌在当时也确乎起到了教化民众、移风易俗的作用："远近传闻，劝惩令善。贪婪之吏，稍息侵渔；尸禄之官，自当廉谨。各虽愚昧，情极怆然！一遍略寻，三思无忘。纵使大德讲说，不及读此善文。"(《王梵志诗集卷上·原序》)

与那些出入宫廷、朝夕献纳的宫体诗人不同，化俗诗僧"以桦皮为冠，布裘敝屩。或长廊唱咏，或村墅歌啸"(《全唐诗》卷八○六)。由于他们接近下层民众，因而有不少作品反映了民间的疾苦：

> 你道生胜死，我道死胜生。生即苦战死，死即无人征。十六作夫役，二十充府兵。碛里向前走，衣甲困须擎。白日趁食地，每夜悉知更。铁钵淹干饭，同火共纷争。长头饥欲死，肚似破穷坑。(王梵志)

> 生儿拟替翁，长大抛我死。债主暂过来，征我夫妻泪。父母眼干枯，良由我忆你。好去更莫来，门前有煞鬼。(王梵志)

> 带刀拟开杀，逢阵即相刑。将军马上死，兵灭地君营。血流遍荒野，白骨在边庭。去马犹残迹，空留纸上名。关山千万里，影绝故乡城。(王梵志)

与那些无情强咏、无病呻吟的宫体诗完全不同，这是一种发自生活底层的控诉和呐喊，是一个佛教徒对既无神性、也无人性的社会现实的否定和抨击，因而它不仅充实、生动，而且富有力量！

在审美形式上，与那些调弄宫商、参差平仄的宫体诗人不同，化俗诗僧既没有那么高的文化水准，也没有那么大的闲情逸致。他们的诗歌无题无序，却夹杂着生活的泥土气息，语言朴实无华、自然生动，有时甚至还将大量的俗词俚语引入诗歌。在修辞手法上，他们"有工语，有率语，有庄语，有谐语"（《四库提要》卷一四九），不守礼法到了惊世骇俗的地步。

> 只见母怜儿，不见儿怜母。长大取得妻，却嫌父母丑。耶娘不睬睦，专心听妇语。生时不供养，死后祭泥土。（王梵志）
>
> 我住在村乡，无爷亦无娘。无名无姓第，人唤作张王。并无人教我，贫贱也寻常。自怜心的实，坚固等金刚。（寒山）
>
> 世有多解人，愚痴学闲文。不忧当来果，唯知造恶因。见佛不解礼，睹僧倍生嗔。五逆十恶辈，三毒以为邻。死去入地狱，未有出头辰。（拾得）

从某种意义上讲，这是一种不够工整、不够讲究、不够典雅的艺术形式。然而从另一意义上讲，这也未必不是一种矫枉过正的艺术追求：

> 有个王秀才，笑我诗多失。云不识蜂腰，仍不会鹤膝。平侧不解压，凡言取次出。我笑你作诗，如盲徒咏日。（寒山）
>
> 有人笑我诗，我诗合典雅。不烦郑氏笺，岂用毛公解。不恨会人稀，只为知音寡。若遣趁宫商，余病莫能罢。忽遇明眼人，即自流天下。（寒山）
>
> 寒山出此语，复似癫狂汉。有事对面说，所以足人怨。心真出语直，直心无背面。临死度奈何，谁是喽罗汉。冥冥泉台路，被业相拘绊。（寒山）

可见，在这种随随便便、大大咧咧的诗歌背后，亦有其别具匠心的美学追求。吴经熊这样评价王梵志："他将前人的萎靡烦琐的作风击成粉碎，在他无拘无碍的音韵中却含有醒人眼目的异美，我们对他的印象正像惯见千金小姐的三寸金莲的人突然看见一位乡下姑娘的天足！"[2]因此，如果就诗歌内容的人民性而言，初唐化俗僧诗派为盛唐以后的杜甫、元结等人开拓了眼界；那么就诗歌形式的通俗性来说，他们又对中唐以后的元稹、白居易等人产生了深远的影响。

然而，尽管王绩和王梵志等人在反叛宫体遗风的创作中有着功不可没的历史贡献，但在当时的诗坛上却恰如空谷足音，没有产生足够的回响。究其原因，他们都不是新兴的庶族知识分子的代表，因而不可能获得时代的情感共鸣。为了说明这一问题，我们必须回到"士庶之变"的主题上来。

从宫廷台阁走向江山朔漠的"初唐四杰"

"山东之人质，故尚婚娅"；"江左之人文，故尚人物"；"关中之人雄，故尚冠冕"；"代北之人武，故尚贵戚"。《新唐书·柳冲传》中的这段文字把当时几大社会群体的文化特征仅仅归结为地域性的心理习惯，是缺乏历史分析的。事实上，在这些相互摩擦的心理习惯的背后，潜藏着既得利益者和现有实力者的权力斗争。山东地区是汉魏北朝旧门阀的聚集地，故而以"尚婚娅"的门第观念来维系其高贵血统的纯洁性；江左地区是东晋南朝新门阀的聚集地，故而以"重人物"的品评方式维系其"九品中正制"的举荐途径；代北地区多为入主中土的少数民族，故而以"重贵戚"的联姻手段来加强其传统大户的凝聚力。在这种情况下，以杨隋和李唐为代表的这些依靠军事实力而夺取天下的关中豪强，便不得不以"重冠冕"的官阶勋爵而与上述既得利益集团相抗衡了。如果从社会发展的高度来审视这一问题，我们还会发现，在隋唐这一"婚"与"仕"的权力冲突背后，暗含着"士"与"庶"的政治变革。

如上所述，由于汉代的统治者在秦亡之后对传统的血缘和地方势力进行了妥协，致使健全的官吏制度一直没有真正建立起来。魏晋六朝以来，中国的政治权力始终掌握在少数门阀士族的手中，而大批庶族地主根本就没有参与政治的合法途径。这种权力的垄断必然带来政治的腐败，占据社会要职的往往是有门第而无能力的庸人，个别有才学者也常常是谈玄论道、不务时政，从而造成了社会的动荡和民生的凋敝。从这一意义上讲，杨隋和李唐统治者以军功和科举开"重冠冕"之新风，所维护者，便不仅是其家族或集团之少数者的利益了。

然而，冰冻三尺，非一日之寒，要取消传统悠久的门第观念，绝不是一蹴而就的事情。在这个问题上，初唐的统治者是以渐进的方式进行的。如果我们以《氏族志》和《姓氏录》为标志，似可将其分为太宗和武后两大阶段。我们知道，唐太宗在依靠关中军事豪强而夺取天下、继承大统之后，便面临着与传统势力的权力冲突。为了从理论上削弱门阀士族的政治特权，加强本朝政府的合法地位，他便令高士廉、长孙无忌等人实施了一场意义重大的理论变革——重修《氏族志》。但是，由于传统观念的巨大束缚，只有在太宗的亲自干预下，李唐王室和皇后两族才被破例提升为一等与二等；崔民幹等山东旧族虽屈居三等之后，但仍然与三品以上的当朝官员平起平坐，具有显赫的地位。这说明，此一修订虽然体现了"主尊臣贵"的君权思想，但其"欲崇今朝冠冕"的政治意图并没有全部实现。换言之，重新修订的《氏族志》仍然是李唐王朝与门阀势力相互妥协的产物。到了武后时代，随着外戚势力的不断上升和庶族政治的逐渐稳固，进一步修改，乃至更新《氏族志》便再次成为可能，于是才有了更为彻底的《姓氏录》。与《氏族志》相比，《姓氏录》主要实现了三大变革：一是将皇后家族提为一等，与李氏王族相提并论；二是将当朝无官的传统士族干净彻底地排除在外，完全废除了其政治特权；三是将五品以上的当朝官员全部擢为士族，从而提高了大批庶族地主的政治身份。

如果说姓氏制度的观念变革还只是在理论上调整了以往的士庶关系，那么科举制度的实施与普及则是在实践上打破了以往的门第界限。这二者实际上是相为表里、互为前提的。文献显示，有唐以来在继承和推广隋代之科举制度的问题上，也有着一个渐进的过程。太宗在位的23年里，一共取士228人，其数量虽然大大超过了高祖时代，但平均每年也不到 10 人。而到了武后、中宗当政的 58 年中，仅进士一科便取士 1 241人，平均每年 21 人，此外还有名目繁多的制科取士。从考试内容来看，由于进士科在高宗以后以杂文（包括诗、赋、箴、铭、颂、表、论、议等）为主，玄宗以后又以杂文中的诗、赋为主，因而进士取士的繁荣便间接地刺激了有唐一代审美文化的创造。

武后时代之所以成为唐代诗风真正发轫的起点，有两个因素是不容忽视的：

首先，在创作主体上，通过科举和军功而步入政坛的庶族地主不可能再像六朝士族那样以罕关庶务、挥麈谈玄为时尚，因而支配他们的主要思想也已不再是虚玄出世的道家理论，而是积极入世的儒家学说了。历史给了他们前所未有的机遇，使他们能够成为真正意义上的布衣卿相。而他们也要反过来创造历史，去实现祖祖辈辈的儒家学者所未能实现的修身、齐家、治国、平天下的远大理想。因而，他们笔下的诗歌和辞赋，便不再是显露修养、卖弄才华的工具，而是指点江山、言志抒怀的手段。

于是，这些并不起眼的文学创作，便随着时代的脉搏而泛出了殷红的血色。

其次，在艺术形式上，格律诗在此一时期的定型，也是一个不应忽视的原因。唐人元稹《唐故工部员外郎杜君墓志铭并序》云："唐兴，官学大振，历世之文，能者互出。而又沈、宋之流，研练精切，稳顺声势，谓之为'律诗'。由是而后，文变之体极焉。"清人钱木庵《唐音审体》云："律诗始于初唐，至沈、宋而其格始备。"所谓"律诗"，亦为"近体诗"，其主要特征是修辞上的对仗和声调上的平仄。尽管六朝时代文坛之崇尚骈偶与诗界之讲究声律的风习已为律诗的出现做好了准备，但真正意义上的律诗却是在沈佺期、宋之问等武后时代的诗坛名宿手中定型的。从表面上看，律诗在初唐的出现，可能与当时的科举考试有关。然而更为重要的是，此一形式高度凝聚了汉语语音和词汇方面的艺术特点，符合了艺术发展的内在规律，因而是一件了不起的事情。诚然，唐诗的成就绝不限于近体，但格律诗毕竟占有主导和中坚的地位。试想一

① / 昭陵六骏之一白蹄乌

② / 永泰公主墓壁画（局部）

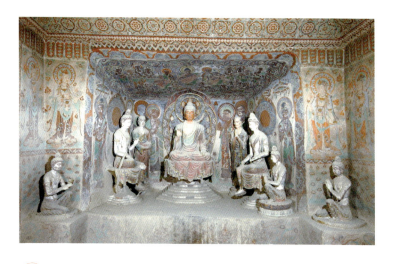

③ / 莫高窟第 328 窟西龛彩塑佛像（初唐）

④ / 麦积山第 13 窟石胎泥塑像

⑤ / 《唐明皇击球图》
（宋，佚名绘）

隨事遷感慨係之矣向
欣俛仰之間以為陳迹猶不
能不以之興懷況脩短隨化終
期於盡古人云死生亦大矣豈
不痛哉每攬昔人興感之由
若合一契未嘗不臨文嗟悼不
能喻之於懷固知一死生為虛
誕齊彭殤為妄作後之視今
亦由今之視昔　悲夫故列
敘時人錄其所述雖世殊事
異所以興懷其致一也後之攬
者亦將有感於斯文

永和九年歲在癸丑暮春之初會
于會稽山陰之蘭亭脩禊事
也羣賢畢至少長咸集此地
有崇山峻領茂林脩竹又有清流激
湍暎帶左右引以為流觴曲水
列坐其次雖無絲竹管弦之
盛一觴一詠亦足以暢敘幽情
是日也天朗氣清惠風和暢仰
觀宇宙之大俯察品類之盛
所以遊目騁懷足以極視聽之
娛信可樂也夫人之相與俯仰
一世或取諸懷抱悟言一室之內
或因寄所託放浪形骸之外雖
趣舍萬殊靜躁不同當其欣

⑥ / 褚遂良
摹本《兰亭序》

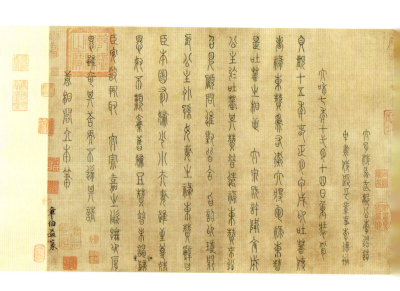

⑦ / 诸遂良
《倪宽赞》

⑧ / 阎立本
《历代帝王图》

⑨ / 阎立本
《步辇图》

下，倘若近体诗未在此时出现，那么唐代能否成为诗的时代并留下如此丰富而灿烂的诗篇呢？

上述双重因素能在这一时期同时出现，或许是偶然的，但二者的最终结合却又是必然的。换言之，尽管王绩和王梵志等人在破除宫体遗风、清除诗坛污垢方面确实做了十分有益的工作，但是前者不可能为唐诗的创作提供新的内容，后者也不可能为唐诗的发展提供新的形式。于是，真正英姿勃起、文采飞扬，并企图扫荡文场、扭转诗风者，还要属高宗、武后时代的王、杨、卢、骆了。

说起诗歌领域中的"初唐四杰"，人们很容易联想起书法领域中的"初唐四家"。其实他们之间有着很大的不同。从出身和地位上看，"初唐四家"都是侍奉于皇帝左右，位及于公卿王侯的显赫人物。而"初唐四杰"则"年少而才高、官小而名大"，代表了那些亟欲跻身政坛、渴望施展抱负的下层知识分子。仕途的波折、命运的坎坷，使得这些是"杰"而非"家"的诗人们不再满足于娱乐皇室、点缀升平的宫体诗，而要用笔墨来抒写其"幽忧孤愤之性""耿介不平之气"：

> 城阙辅三秦，风烟望五津。与君离别意，同是宦游人。海内存知己，天涯若比邻。无为在歧路，儿女共沾巾。（王勃《杜少府之任蜀州》）
>
> 烽火照西京，心中自不平。牙璋辞凤阙，铁骑绕龙城。雪暗凋旗画，风多杂鼓声。宁为百夫长，胜作一书生！（杨炯《从军行》）
>
> 陇阪高无极，征人一望乡。关河别去水，沙塞断归肠。马系千年树，旌悬九月霜。从来共呜咽，皆是为勤王。（卢照邻《陇头水》）
>
> 西陆蝉声唱，南冠客思侵。那堪玄鬓影，来对白头吟。露重飞难进，风多响易沉。无人信高洁，谁为表予心？（骆宾王《在狱咏蝉》）

这里面有仕途的坎坷，但坎坷并非绝望；这里面有命运的悲凉，但悲凉并非消沉；这里面有羁旅的乡愁，但乡愁并非凄凄楚楚；这里面有人生的不平，但不平并非恩恩怨怨。说到底，他们毕竟是"坎坷于唐尧之朝，憔悴于圣明之代"（王勃《夏日诸公见访诗序》）的知识分子，因而可以将毕生的坎坷和内心的悲凉化为一身正气、满腔热忱喷涌出来，为诗篇留下殷红的血色……至此，诗歌才开始大规模地走出宫廷、台阁，重新移向江山、塞漠；至此，麻痹了百余年的情感才开始复苏，重新恢复了创作的活力；至此，真正意义上的唐诗才揭开了六朝的面纱，露出了自己青春的容颜。

作为唐代诗歌的开创者，"四杰"的成就是多方面的。除了清新隽永的五律之外，铺张扬厉的歌行体也具有较高的成就，这后一方面，要首推卢照邻的《长安古意》和骆宾王的《帝京篇》。闻一多认为，卢、骆的歌行体是用铺张的赋法膨胀过了的乐府新曲，而乐府新曲又恰是宫体诗的一种新的发展，所以它们实际上是改造了的宫体诗。这说法能否成立还有待于进一步的研究，但是，其"玉辇纵横过主第，金鞭络绎向侯家"的浪子气度比那些遮遮掩掩的臣妾情怀确有几分潇洒可爱；其"俱邀侠客芙蓉剑，共宿娼家桃李蹊"的任侠风格比那些偷偷摸摸的变态心理确有几分坦荡自如；其"专横意气本豪雄，青虬紫燕坐春风"的得意之状比那些蝇营狗苟的侍从嘴脸确有几分动人之处。此外，还有那"三条九陌丽城隈，万户千门平旦开"的视野，还有那"小堂绮帐三千户，大道青楼十二重"的奢华……总之，这肆无忌惮的语言，这龙腾虎跃的节奏，是此前以往的宫体诗中不曾有过的。"这癫狂中有战栗，堕落中有灵性"[3]。即便说它是宫体诗，也同样显示出了"万象更新的初唐英姿"。

"四杰"不仅是唐代诗歌的奠基人，而且是唐代文学的开创者，其骈文和赋作，绝不比诗歌逊色。我们知道，诗有五、七，文有四、六。起于魏晋、盛于南朝的四六骈体要求文章的句式两两相对，这种对偶句式的大量运用虽有着形式主义的约束和局限，但也充分利用了汉字词素独立、音节均衡的语言特点，以便在跌宕起伏的节奏和旋律之中，形成整一与对称的美学效果。初唐时期，尽管王通、魏徵等人已开始鄙薄六朝文风的繁华，要求建立一种切于实用的散文，但由于近体诗歌刚刚萌生，还不能全面替代骈体文的美学功能，因而四六体余风尚炽，并于此而留下了骈文史上的压卷之作——王勃的《滕王阁序》：

> 南昌故郡，洪都新府，星分翼轸，地接衡庐。襟三江而带五湖，控蛮荆而引瓯越。物华天宝，龙光射牛斗之墟；人杰地灵，徐孺下陈蕃之榻。雄州雾列，俊彩星驰。台隍枕夷夏之交，宾主尽东南之美。……时维九月，序属三秋。潦水尽而寒潭清，烟光凝而暮山紫。……虹销雨霁，彩彻云衢。落霞与孤鹜齐飞，秋水共长天一色。渔舟唱晚，响穷彭蠡之滨；雁阵惊寒，声断衡阳之浦。……天高地迥，觉宇宙之无穷；兴尽悲来，识盈虚之有数。望长安于日下，指吴会于云间。地势极而南溟深，天柱高而北辰远。关山难越，谁悲失路之人；萍水相逢，尽是他乡之客。……呜呼，胜地不常，盛筵难再。兰亭已矣，梓泽丘墟。临别赠言，幸承恩于伟饯；登高作赋，是所望于群公。敢竭鄙诚，恭疏短引。一言均赋，四韵俱成。请洒潘江，各倾陆海云尔：滕王高阁临江渚，佩玉鸣鸾罢歌舞。画栋朝飞南浦云，朱帘暮卷西山雨。闲云潭影日悠悠，物换星移几度秋。阁中帝子今何在，槛外长江空自流。

文章从滕王阁的地理位置、人文环境入

手，将客观的景致与主观的情感巧妙而动人地糅合在一起，感天地之无限，怀思古之悠情。文章用典甚多，但绝无堆砌辞藻之嫌；文章想象丰富，却并非无病呻吟之态。且不论其跌宕起伏的节奏、思绪万千的意象，仅就其脍炙人口的文句便已是一份丰厚的历史文化遗产了："物华天宝""人杰地灵"，"千里逢迎""高朋满座"，"渔舟唱晚""雁阵惊寒"，"关山难越""萍水相逢"，"君子安贫""达人知命"，"老当益壮""穷且益坚"，"东隅已失""桑榆非晚"，"三尺微命""一介书生"，"无路请缨""有怀投笔"……这些至今仍极具生命力的名言成语均直接或间接地出自一篇极其短小的四六骈文，不能不说是文学史上的一个奇迹。须知，如此一唱三叹、余音绕梁的文章，并非朝思暮想、惨淡经营的产品，而是兴之所至、一挥而就的结晶。据《新唐书》记载，25岁的王勃途经南昌去交趾省亲，恰逢洪州都督在滕王阁大宴宾客。贵宾们大都知道都督的本意是要借此机会显示其女婿的才学，所以在席间都不敢接受为该阁写诗作序的邀请。然而，当笔纸传到王勃手中时，这位"雅厌城阙，酷爱江海"的书生却无法抑制内心的激情，遂欣然命笔，即席挥毫。都督心中不悦，佯作更衣，令侍者将王勃所写的文章逐句传报。开头几句尚不以为然，当听到"落霞与孤鹜齐飞，秋水共长天一色"时，也禁不住拍案叫绝，叹为观止，惊呼"真天才也"！这便是"每有一文，海内惊瞻"的王勃。难怪杨炯在《王勃集序》中夸赞他的文章："鼓舞其心，发泄其用。八纮驰骤于思绪，万代出没于毫端。契将往而必融，防未来而先制。动摇文律，宫商有奔命之劳；沃荡词源，河海无息肩之地。以兹伟鉴，取其雄伯，壮而不虚，刚而能润，雕而不碎，按而弥坚，大则用之以时，小则施之有序，徒纵横以取势，非鼓怒以为资。长风一振，众萌自偃。遂使繁综浅术，无藩篱之固；纷绘小才，失金汤之险。积年绮碎，一朝清廓；翰苑豁如，词林增峻。反诸宏博，君之力焉！"其实，不仅王勃的文章体现了"万象更新的初唐英姿"，就是杨炯的评价也自是一篇铿锵作响的四六骈体。

如果说王勃的《滕王阁序》是一篇千古流芳的美文，那么骆宾王的《代徐敬业传檄天下文》也是一部万代绝响的佳作。公元684年，高宗崩，中宗即位，武后临朝，旋即废中宗为庐陵王。徐敬业以匡复唐室、讨伐武氏为己任，发兵传檄，震动朝野。其舆论之功，应首推骆宾王为其撰写的这篇檄文。文章首先历数武后妖媚惑主、阴谋篡位的罪行，指责其"践元后于翚翟，险吾君于聚麀。加以虺蜴为心，豺狼成性。近狎邪僻，残害忠良。杀姊屠兄，弑君鸩母。人神之所共疾，天地之所不容！"继而申述徐敬业起事的合法性："敬业皇唐旧臣，公侯冢子。奉先君之遗训，荷本朝之厚恩。宋微子之兴悲，良有以也；桓君山之流涕，岂徒然哉！是用气愤风云，志安社稷。因天下之失望，顺宇内之推心。"再则渲染起事者的强大："爰举义旗，誓清妖孽。南连百越，北尽山河。铁骑成群，玉轴相接。海陵红粟，仓储之积靡穷；江浦黄旗，匡复之功何远？班声动而北风起，剑气冲而南斗平。喑呜则山岳崩颓，叱咤则风云变色。以此制敌，何敌不摧？以此攻城，何城不克？"接下来进行细心诱导、鼓动宣传："公等或家传汉爵，或地协周亲，或膺重寄于爪牙，或受顾命于宣室。言犹在耳，忠岂忘心？一抔之土未干，六尺之孤何托？"最后以决绝的语气，预示起事的成功："请看今日之域中，竟是谁家之天下？"这真是指点江山，激扬文字，铿锵作响，掷地有声。据说武则天在初读此文时，曾表现出一副不屑一顾的样子，及至"一抔之土未干，六尺之孤何托"两句时便猝然变色，叹道："宰相安得失此人！"一篇文章能令其唾骂的政敌叹为观止，足见其强大的艺术感染力。

总之，尽管"四杰"的文章亦同其诗歌一样，并没有完全摆脱六朝的华美与骈俪，但已不复是那种无病呻吟的把戏和雕虫小技的玩偶。从而，它生动，它具体，它已经跃出了宫墙，它已经投身于战场。于是，它激越，它昂扬，它有淋漓的愤慨，它有由衷的喜悦！因此，尽管"四杰"位沉下僚，命运多舛，王、骆两族被灭，卢、杨均无子嗣，但是，有了《滕王阁序》，有了《王勃集序》，有了《长安古意》，有了《代徐敬业传檄天下文》这些永垂不朽的文字，就不怕传统的偏见和世人的诽谤。正像杜甫在《戏为六绝句》中所说的那样："王杨卢骆当时体，轻薄为文哂未休。尔曹身与名俱灭，不废江河万古流。"

"独上高楼，望断天涯路"的刘希夷、张若虚

初唐诗坛的"万象更新"自然是多方面的。与"四杰"处于同一地位，而又风格迥异的刘希夷、张若虚二人也曾在文学史上留下了浓墨重彩，这便是享誉千秋的《代悲白头翁》和《春江花月夜》：

洛阳城东桃李花，飞来飞去落谁家？洛阳女儿好颜色，坐见落花长叹息。今年花落颜色改，明年花开复谁在？已见松柏摧为薪，更闻桑田变成海。古人无复洛城东，今人还对落花风。年年岁岁花相似，岁岁年年人不同……

春江潮水连海平，海上明月共潮生。滟滟随波千万里，何处春江无月明？江流宛转绕芳甸，月照花林皆似霰。空里流霜不觉飞，汀上白沙看不见。江天一色无纤尘，皎皎空中孤月轮。江畔何人初见月，江月何年初照人？人生代代无穷已，江月年年只相似。不知江月待何人，但见长江送流水。白云一片去悠悠，青枫浦上不胜愁。谁家今夜扁舟子，何处相思明月楼……

《代悲白头翁》是拟古乐府之作，《春江花月夜》则是古乐府《清商曲·吴声歌》的旧题，这两首长诗汲取了民歌清新明丽的格调，一反宫体诗的柔弱萎靡。前者以"花"为中心意象，展现青春的美好与短暂；后者以"月"为隐喻前提，抒写宇宙的神秘与永恒。诗歌语言清新，色泽明丽，"花"容、"月"影，处处生辉，仿佛是不假思索，冲口而出；却胜似千回百转，惨淡经营。全诗笼罩着一种单纯而又迷幻、亮丽而又深邃的青春气息，给人以无限的启迪、无尽的遐想！"在这种诗面前，一切的赞叹都是饶舌。它超越了宫体诗有多少，读者们自己也知道。……更夐绝的宇宙意识！一个更深沉、更寥廓、更宁静的境界！在神奇的永恒面前，作者只有错愕，没有憧憬，没有悲伤！……对于每一个问题，他得到的仿佛是一个更神秘的更渊默的微笑，他更迷惘了，然而也满足了。"[4]"其实，这诗是有憧憬和悲伤的。但它是一种少年时代的憧憬和悲伤，一种'独上高楼，望断天涯路'的憧憬和悲伤。所以，尽管悲伤，仍感轻快，虽然叹息，总是轻盈。它上与魏晋时代人命不如草的沉重哀歌，下与杜甫式的饱经苦难的现实悲痛，都决然不同。它显示的是，少年时代在初次人生展望中所感到的那种轻烟般的莫名惆怅和哀愁。"[5]而这种青春觉醒式的宇宙意识，不正是初唐诗人的精神缩影吗？说它们是"诗中的诗，顶峰上的顶峰"未免有些过誉，但这种初唐的美学趣味之于整个唐代，犹如青春的美好年华之于每个人的一生一样，都是一种既不可多得、亦无法复得的美好记忆，因而便具有了永恒的价值。

**"念天地之悠悠，
独怆然而涕下"的陈子昂**

在初唐的文坛诗苑中，如果我们把"四杰"比做急先锋，把刘、张比做左右偏将，那么这中军主帅，就要属陈子昂了。对于今天的读者来说，陈子昂所提供的艺术文本，或许并不比上述成果更具有直接的鉴赏意义；但是，他在整个唐代审美文化史上的地位，却要比"四杰"和刘、张远为重要。首先，就生活经历而言，"四杰"和刘、张虽已经表达了庶族地主阶级建功立业的激情和抱负，但他们毕竟没有在重大的政治活动中起到重要的社会作用。而官至麟台正字、右拾遗的陈子昂则是一位很有胆略的政治家，他经历坎坷，饱受宠辱，既曾献策于宫廷，也曾杀敌于疆场；既曾被武后垂顾于台阁，也曾被奸佞陷害于牢狱。丰富的政治经验使他的思想更为成熟，而较高的社会地位也使他的观点更受重视。可以说，他是已经成熟的庶族政治家的真正代表。其次，与生活经历相关，在审美创造上，"四杰"和刘、张虽然敢于搅动诗坛、扫荡文场，对扭转六朝遗风起到了不可抹煞的作用，但毕竟属于积极的尝试和朦胧的探索阶段。而陈子昂则不仅有更加自觉的否定精神，而且有更为明确的建设意图。他在《与东方左史虬修竹篇序》一文中写到：

> 东方公足下，文章道弊五百年矣。汉魏风骨，晋宋莫传，然而文献有可征者。仆尝暇时观齐梁间诗，彩丽竟繁，而兴寄都绝，每以永叹。思古人常恐逶迤颓靡，风雅不作，以耿耿也。一昨于解三处见明公《咏孤桐篇》，骨气端翔，音情顿挫，光英朗练，有金石声。遂用洗心饰视，发挥幽郁。不图正始之音，复睹于兹；可使建安作者，相视而笑。

或许，对于陈子昂来说，此文只是随意为之的偶得之作，但在唐代审美文化的历史进程之中，它却有着十分重要的经典意义。我们知道，早在王勃的《上吏部裴侍郎启》、杨炯的《王勃集序》、卢照邻的《乐府诗杂序》等文章中，即已表现出对六朝文风的不满，但还没有像陈子昂这样明确地标举"风骨"、倡导"兴寄"，以回归汉魏的"复古"途径来实现超越晋宋的"革新"目的。而此文一出，则振聋发聩！它既符合了历史的要求，亦明确了前进的方向；既打出了鲜明的旗帜，又设计了可行的策略。因此，陈子昂的这篇短文，一向被视为重新确立唐代诗文风气之"主旋律"的纲领性文献。

陈子昂不仅有自觉的理论，而且有丰富的实践。他的感遇诗雄浑沉郁，对杜甫倡导"风雅"的诗风产生了直接的影响；他的写景诗遒劲爽朗，对李白注重"风骨"的诗风形成了重要的启示；他的边塞诗刚健朴实，为高适倾心"寄兴"的诗风开辟了崭新的途径；他甚至还写过几首清新隽永、颇具禅味的山水诗，很难说没有对后来追求"平淡"的王维产生过影响。

陈子昂不仅以诗著称，而且以文名世。《陈氏别传》赞誉他"尤善属文，雅有子云、相如之风骨"；"洛中传写其书，市肆间巷吟讽相属，乃至转相货鬻，飞驰远迩"。与"四杰"相比，陈子昂的文章题材更为丰富、内容更为充实。尤为重要的是，他的一些政论文章已经自觉地摆脱了四六骈俪的形式束缚，表现出由骈入散的美学倾向，这对于中唐以后的"古文运动"无疑是一种历史性的先导。

或许，陈子昂本人并没有留下第一流的艺术

文本，但盛唐诗歌和中唐古文的所有萌芽似乎都在他这里滋生着、孕育着。因此，评诗的方回将其称为"唐诗之祖"（《瀛奎律髓》）。因此，著文的韩愈对其赞曰"国朝盛文章，子昂始高蹈"（《荐士》）。因此，杜甫写下了《陈拾遗故宅》："有才继骚雅，哲匠不比肩。公生扬马后，名与日月悬。"因此，元好问写下了《论诗三十首》："沈宋横驰翰墨场，风流初不废齐梁。论功若准平吴例，合著黄金铸子昂。"

说陈子昂没有留下第一流的艺术文本，也并不正确。除了《感遇》诗38首、《赠卢居士藏用》7首等名篇之外，他的《登幽州台歌》至今仍被世人传诵不已：

> 前不见古人，后不见来者。念天地之悠悠，独怆然而涕下。

这已经不再是"四杰"式的恃才傲物而慷慨陈词，这已经不再是刘、张式的为赋新诗而独上高楼；经过生活的坎坷和历史的磨难，它深沉了许多、成熟了许多；然而深沉并不意味着衰老，成熟并不意味着畏缩。面对着浩渺的历史和无尽的江河，一种社会的责任感和生命的悲剧意识极其凝重地交织在一起，咏叹着、升华着……这咏叹标志着更有作为的新一代知识分子在人格精神上的成熟，这升华预示着更加伟大的新的艺术创作在美学理想上的确立。于是，正如我们可以通过龙门卢舍那大佛那神秘的微笑而眺望盛唐精神一样，我们也可以借助陈子昂那慷慨的悲歌而展望盛唐气象。

〔1〕 《闻一多全集》第3卷，第13—14页，开明书店版。
〔2〕 《唐诗四季》第12页，辽宁教育出版社，1997年版。
〔3〕 《闻一多全集》第3卷，第14页，三联书店，1982年版。
〔4〕 《闻一多全集》第3卷，第20—21页，开明书店版。
〔5〕 李泽厚《美的历程》第129页，文物出版社，1981年版。

盛唐：恢弘壮阔

自然界有高峰，社会发展也有高峰，对于以后各朝各代的政治家、文学家、艺术家乃至农夫商贾、市井小民来说，盛唐都是一个令人神往并不可企及的高峰。经过贞观、武朝的准备和积蓄，以庶族地主阶级为主的新的政治制度渐渐巩固，以儒、释、道三教并立的多元意识形态渐渐形成，社会的物质财富大大充盈，周边的邻邦小国纷纷服膺。于是，一个比"贞观之治"更为富足、美满、和谐、充裕的"开元之治"出现了。"是时，海内富实，米斗之价钱十三，青、齐之间斗才三钱。绢一匹钱二百。道路列肆，具酒食以待行人；店有驿驴，行千里不持尺兵。"（《新唐书·卷五十一·食货志》）"家给户足，人无苦窳。四夷来同，海内晏然。"（《通典·卷一五·选举典·历代制》）这真是过去不曾有过、以后也未曾再现的太平盛世；它不仅是大唐帝国的黄金时代，而且是整个中国封建社会的鼎盛之年！随着政治文化的步步走高，审美文化也日趋繁盛，于是，一种蓬勃的、向上的、自由的、豪放的、兼收并蓄而又从容典雅的审美思潮一浪高过一浪。

　　按照辩证法的一般规律，任何事物发展到
了极致之后，都必然走向它的反面。毫不例外，
透过盛世之巅的繁荣景象，我们也可以发现那
正在酝酿的危机。公元 754 年，也就是安禄山
反叛的前一年，户部统计全国共有 960 万户，
这与唐初的 300 多万户相比，人口激增了 3 倍。
人口的繁增和土地的兼并，使均田法逐步遭到
了破坏；而均田法的破坏，又必然阻碍着府兵
制和租庸调法的实施。开元十年（722），玄宗
即已不得不将府兵制改为募兵制；开元二十五
年（737），玄宗则宣布在租庸调之外增征资课
并改收变造，开始向两税法过渡。朝廷内部，
在《姓氏录》中跻身于一等士族的外戚势力迅
速膨胀，杨国忠独揽大权，一身兼任四十余职。
朝廷之外，身为平卢、范阳、河东三节度使的
安禄山则利用募兵制招兵买马，对皇位虎视
眈眈。结果，颐指气使的杨国忠与尾大不掉的
安禄山内外斗争、相互猜疑，终于酿成了天宝
十四载（755）的"安史之乱"。

　　尽管"安史之乱"标志着唐代社会的转折，
但是千仞高峰并不会在瞬间便跌入万丈底谷，尤

其是在意识形态领域，人们绝不会轻而易举地放弃他们经一个世纪所建立起来的抱负和理想。毕竟，这代人亲眼得见过那灿烂的峰巅，并随时渴望重建那往日的辉煌！由于信念未泯、真气犹在，因此审美文化的创造反倒因时代的激变而摩擦出耀眼的光芒。于是，在玄宗、肃宗、代宗三位皇帝所统治的 70 年里，我们不仅看到了一个雍容典雅的盛唐，一个色彩斑斓的盛唐，而且看到了一个临危不乱、沉郁雄强的盛唐。在审美文化领域里，尤以雕塑、陶瓷、音乐、舞蹈、书法、绘画、诗歌、辞赋的成就最为突出。

1 『遥看八会所，真气晓氤氲』

雕塑、工艺

　　对于"盛唐气象"的描述和解释，学术界有多种多样，然而与其在概念和范畴中进行反复的辨析和梳理，不如让我们去接近那真正的物像。今天的人们如果有机会到四川去旅游，一定要到乐山市东面岷江、青衣江、大渡河交汇处的栖峦峰去看一看。在这里，面对着湍急的河流、开阔的江面，您不妨找一块巨大的石板躺在上面，去体验一下"郡邑浮前浦，波澜动远空"的境界。此时此刻，您若是无意中抬眼张望，便会发现这身后的峰峦原来竟是一座高大的佛像，而您自己则恰巧躺在大佛的脚趾盖上。面对此情此景，用不着再去解释和辨析，您一定懂得什么叫做"盛唐气象"了。

乐山佛

如果我们把龙门石窟那 17 米高的卢舍那大佛看做是初唐精神的代表，那么乐山栖峦峰这 71 米高的大佛便是盛唐情怀的典范了。这座弥勒坐像开凿于开元元年，由当地著名的和尚海通大师募捐动工，因为工程浩大，海通生前未能完成，继由川西节度使韦皋主持建造，并于贞元十九年竣工，历时整整 90 年。佛像脚踏三江，身负九岭，顶围百尺，目阔二丈，素有"山是一尊佛，佛是一座山"之壮誉，是世界上最大的石刻佛像。与以往的龛窟造像不同，由于任何石窟都不可能容纳如此巨大的佛像，因而石窟反倒成了佛像的陪衬。大佛两侧及临江崖壁上有万余个石刻龛窟，并附之以宽 60 米的 7 层 13 檐楼阁，与大佛本身相映生辉，构成了一个巨大的佛像艺术群。当年佛像开光时曾全身彩绘，与山光水色交相辉映，壮丽无比。唐代诗人司空曙以"百丈全身开翠壁，万龛灯焰隔烟萝"的诗句描绘了当时的情景，足见其场面浩大、气势辉煌！为了一尊佛像，竟然雕刻了近一个世纪的时间，这在其他的时期和朝代恐怕是想也不敢想的事情；为了一尊佛像，竟然雕刻了整整一座山峦，这在其他的国度和地区，恐怕是想做也做不成的事情。试问，若非经济富足、国力强盛、社会稳定、政治开明的大唐盛世，岂能实现这一"前无古人、后无来者"的艺术壮举呢？

莫高窟

提起盛唐雕像，不能不说到闻名遐迩的莫高窟。这座位于今甘肃省敦煌市东南鸣沙山东麓的艺术宝藏虽然开凿于公元 4 世纪中叶，并在北凉、北魏、西魏、北周期间有所发展，但只有到了隋唐时代才真正步入了它的巅峰。对于那些需要乘上几天几夜的火车去寻幽探宝的今人来说，那西北荒凉的戈壁滩上，竟会出现如此之多、如此之美的雕塑和壁画，简直是一件不可思议的事情。然而考察当时的历史，便不难发现，这一奇迹的出现绝非偶然。从政治上讲，杨隋和李唐王朝原本起家于陇右地区，因而都把河西当作"中国之心腹"（《资治通鉴》卷一九六《唐纪十二》）；从经济上讲，汉、晋以来这里一直是"丝绸之路"的重要枢纽，是过往客商互通有无的场所；从文化上讲，这里则是佛教进入中国的重要门户，是各路僧侣讲经说法的地方；甚至从自然条件上讲，当时的敦煌还没有被来自西北的沙漠所侵袭，其相对干燥的气候反而有利于佛像和壁画的保存。正是在这种千载难逢的历史机遇下，敦煌才不仅有了莫高窟的盛誉，而且有了"盛唐气象"的代表作。

　　作为当今世界上石窟数量最多的佛教艺术宝藏，莫高窟至今尚存洞窟 492 个，其中仅隋、唐两代就有 247 个，且精品居多。从佛像的规模来看，由初唐至盛唐，似有越造越大、愈演愈烈的趋势，其中最具有代表性的是第 130 窟的南大像，该像仅头部就高达 7 米，且线条果敢、气宇轩昂，并借助庙宇中的仰视效果显示威严和气度，实为室内艺术中的庞然巨塑。

盛唐的雕塑不仅气势宏大，而且造型生动。随着佛教中国化的进程和笈多风格的传入，此一时期的雕塑已经摆脱了六朝时期排斥肉体的倾向和过于肃穆的气氛，即由彼岸的信仰向此岸的写实过渡。可是此时的写实尚没有落入完全世俗化的状态，而是处在由信仰向写实过渡的那一千载难逢的转折点上，故能恰到好处地在世俗的肉体中保存了神性的尊严，给人以雍容、典雅之感。关于这一点，我们只要将敦煌莫高窟中那不同时期的塑像作一比较，就可以看得十分清楚了。在这一举世闻名的艺术宝库中，盛唐的佛像不仅多，而且好，其中最具美学价值的应属**第 54 窟西龛的系列塑像**（019）。这组塑像正中为释迦牟尼，北侧为迦叶、菩萨、天王，南侧为阿难、菩萨、天王，龛外两侧原来还有力士二尊，已被毁

坏。从现存的七身塑像来看，其布局在对称中寻求变化：不仅具有女性特征的两位菩萨分别处在具有男性特征的弟子和天王的中间，从而产生了刚柔的起伏与变化；而且老成持重的迦叶和聪明智慧的阿难亦形成鲜明的对比，从而制造着性格的多样与反差。仔细看去，每座塑像都体态匀称、面容静穆，尤其是左右两尊菩萨，更是达到了前所未有的艺术水准。从服饰上看，菩萨高髻束冠，颈佩璎珞，花团锦簇的披巾斜贯前胸，令冰清玉润的肌肤随呼吸而微微起伏，让轻柔稀疏的衣纹如音乐而随风飘荡，体现了盛唐艺术"人物丰腴，肌胜于骨"的造型特点。从体态上看，菩萨身体微斜，重心略偏，使头、胸、胯三部分在空间中构成"一波三折"的扭动关系，显得妩媚动人、婀娜多姿。从表情上看，菩萨双眸微启，笑口半开，既温婉柔媚，又含蓄大方，使人远之而不忍离去，近之而不敢不恭。

此类美学风格的作品在石雕中也随处可见，即使是残缺不全的躯体也足以体现大唐的魂灵。

佛像虽然是佛窟的主体，却不是佛窟的全部。佛像周围的壁画、佛窟顶部的藻井，甚至地面镶嵌的莲花砖石，都起到彼此衬托、遥相呼应的作用。事实上，若仅就莫高窟而言，其壁画的美学价值丝毫也不逊于塑像。据统计，莫高窟共有彩塑 2 000 余身，壁画则多达 45 000 平方米。在敦煌壁画中，最为典型的是根据佛经故事而演变出来的"经变图"。此类壁画始于隋，盛于唐，五代以后承其余续，共有 24 种、1 055 幅之多，是我国佛教艺术的独创形式。初、盛唐时代的各种经变，内容丰富，形象生动，主题突出，色彩绚丽，充分体现出大唐帝国欣欣向荣的盛世局面。其中最引人注目的是《观音无量寿经变》和《维摩诘经变》。前者依靠人间的想象力来再现西方极乐世界的净土生涯，其中不仅有菩萨、罗汉、力士等上界天神，有金碧辉煌的庙宇和祥云笼罩的楼台，而且有乐队、舞蹈、嬉戏的童子和散花的飞天……所有这一切都构成了一幅幅热烈、壮观的仙界景象，曲折地反映出了国泰民安的"盛唐气象"。后者则根据维摩诘假装生病，待人问疾而大讲佛法的故事，以塑造出凭几忘言的**维摩诘**（020）与含而不露的文殊师利相互诘难、彼此斗法的形象，以折射出自由开放的

20 莫高窟第 103 窟维摩诘像

"盛唐气象"。两图虽均以热烈、壮观为主要格调，但前者以具有女性特征的观音为主体，后者以具有男性特征的维摩诘为主体，其间又有刚柔之别。除经变之外，敦煌壁画中的自然风光、世俗场景，甚至供养人物画亦颇具美学价值，它们作为背景环绕在一尊尊精美绝伦的佛像周围，令人叹为观止。

盛唐的雕塑不仅造型典雅，而且工艺精湛。在一些复杂而重要的作品创作上，已形成细致的专业分工：指挥、起样、塑造、妆銮等各司其职，因而往往能够在通力协作中达到最佳效果。这一时期还出现了唐代历史上最为著名的雕塑大师杨惠之，他与画家吴道子共同师法梁代张僧繇的画风，时称"道子画，惠之塑，夺得僧繇神笔路"。他创作的洛阳北邙山玄元观南老君庙的神仙塑像，世称奇巧。杨惠之运用绘画技巧于雕塑创作，在宗教雕塑中还始创了千手千眼观音的形象。今存安岳卧佛沟第 45 号窟左壁的千手观音或许不是他亲手创作，但显然受其影响。那观音体态丰满，身材匀称，有三头六臂，立于莲花台上，其余千手则采取阴纹线刻，隐现于背后的石壁之间。从而使主体突出,繁而不乱。尤其精美的是观音的衣带,真有临风起舞、破壁而出之势。观音的两侧还设计了一对身材矮小的人物,仰首举臂,似有所求,与主像的飘飘欲仙形成衬托、呼应之势。从构思到工艺,均为世间精品。

唐三彩

盛唐的雕塑不仅工艺精湛,而且色彩艳丽,常给人以五光十色、热烈壮观的气象。这一点尤其突出地表现在"唐三彩"的陶塑制作上。在我国,虽然早在汉代即已掌握了釉陶的制作工艺,但魏晋南北朝时期,釉陶的生产曾一度衰落,直至隋代以后,才开始重新起步,陶俑的创作随之用釉料烧制,使其面貌大为改观。但隋代所施的釉彩多为单色,如酱黄、蟹壳青及白釉,缺少搭配,不够丰富。

大约进入初唐以后,才在以青瓷、白瓷为主体的瓷器之外,培育出陶瓷史上的一朵奇范——唐三彩。这是一种低温铅釉的彩釉陶器，经常用黄、绿、褐等色釉，在器皿上绘制花朵、斑点或几何纹样，以形成色彩斑斓的装饰效果。虽称之为三彩，实不限于上述三种色泽，如一种珍贵的蓝釉，亦有少量出土。唐代初期，三彩陶器的制作还比较简单，品种也较少，多是挂釉后施以彩绘。盛唐时期，三彩陶器进入鼎盛阶段，造型丰富，工艺精良，品种繁多。迄今为止，在陕西、河南两省出土的三彩器物数以千计，而绝大多数出于盛唐墓室，这不能不说是一种时代精神的体现。不难看出，这种设色艳丽的陶器最能体现热烈、壮观的盛唐气象，因而为时人所重。"安史之乱"爆发以后，唐三彩的制作则逐渐进入后期，直至衰落。与唐三彩并行的还有彩瓷和彩绘制品，其中的釉下彩是先在素胎上画彩，然后再挂釉，这在陶瓷装饰史上也具有重要意义。

据专家考证，唐三彩和彩瓷、彩绘制品以明器为主，也有生活用品，甚至还作为珍贵的商品远销海外，在日本、朝鲜、伊朗、印尼、埃及、伊拉克、意大利等国流传。从题材上看，它们可

分为器皿、人物、动物三大类。器皿涉及日常
生活的各个方面，有酒器、水器、食器、文具、
家具、建筑模型等。各种杯、盘、壶、碗、盒、
匣、柜、奁，甚至枕头、炉灶，均样式新颖、色
泽饱满，体现出一种社会安定、生活富足的盛世
局面。

唐三彩及彩瓷、彩绘制品中的人物身份不
同、造型各异，有文官俑、武士俑、乐舞俑、击
球俑、妇人俑、天王俑等。文官彬彬有礼，武士
勇猛强悍，胡客高鼻深目，妇人雍容典雅……

唐三彩和彩瓷、彩绘制品中的动物也名目
繁多，有骆驼、马、驴、牛、狮、虎、猪、羊、
狗、兔、鸡、鸭、鹅、鸳鸯等，姿态各异、造型
生动。以最常见的马俑为例，有的引颈长鸣，有
的勾首啃腿，例见**勾头马**（彩图 10），有的温顺
可亲，有的桀骜不驯。

因唐代与西域联系密切，故除马之外，骆驼
也是陶器中的重要造型。出土于西安鲜于庭诲墓
和西安中堡村的两件骆驼载乐俑是盛唐三彩的经
典之作。前者的驼峰上铺设了一块色彩绚丽的胡
毡，胡毡的上方四角分别坐有一位高鼻深目的西

域乐手，中间则站立一位举目前瞻的男性舞俑，给人以一种且行且歌、且歌且舞的喧闹景象例见**三彩骆驼载乐俑**（彩图 11）。后者略矮，但造型近似，驼峰上有六个盘腿而坐的乐手，一女俑立于中央，翩翩起舞：一手上扬，一手下垂，姿态柔和，动作优雅，七俑均为汉人，而服色又各不相同。虽然这两件三彩陶器反映的民族内容有别，但其造型和色彩都表现了盛唐时期热烈而开放的繁荣气象。

金银器

除三彩陶器之外，盛唐的金银制品也很盛行。从经济的角度来看，金银作为"物质财富的物质代表"，本身就体现了一个时代的富贵与荣华，倘若没有强大的国力作为支撑，它的繁荣是不可想象的。从实用的角度来看，或许是受道教的影响，当时的王公大臣普遍相信"金银为食可得不死"的传说，因而争相使用和馈赠。从审美的角度来看，金银那辉煌的色彩、耀眼的光泽、不锈的品质，也与盛唐高贵的精神气质恰好合拍，从而备受青睐。在上述原因的影响下，唐代黄金白银的产量迅速增加，其产地分别达到 70 处和 67 处之多。与此同时，金银器皿的生产技术、制作工艺、造型品味也都达到了炉火纯青的高度。这些金银器皿分"官作"和"行作"两种，前者主要供皇室和贵族使用，后者主要应富豪和民间所需。据记载，当时的皇帝常以金银器皿作为赐物来奖赏有功的大臣，而地方官吏也常以金银器皿作为贡品来奉献给当朝的天子。当时长安的东西两市，都有许多金银铺、金银行和金银肆，扬州则成为金银贸易的中心。李白《秋浦歌》云："炉火照天地，红星乱紫烟。赧郎明月夜，歌曲动寒川。"可以想象，那种冶炼金属、打造器皿的场景是多么的宏伟、多么的壮观！

正是在这一双双时代巨手的锻造下，一件件精美绝伦的作品诞生了。文物显示，隋代以前的金银器皿以素面为主，纹饰不多。进入唐代以后，金银器皿的造型和款式渐渐复杂起来，初、盛、中、晚各有特色。如果说，三彩陶俑主要是一种陪伴死者的明器，那么金银制品则常常是一些供活人使用的首饰和容器，因而闪烁出更加生动、更加鲜活的光辉。在那些杯、盘、碗、筷、熏炉、手镯、戒指、项链中，我们可以看到各种各样动物的造型和植物的图案，可以发现镀、泥、镂、嵌等 14 种技法。1970 年，陕西省西安市南郊何家村唐窖出土的一批金银器皿颇能体现盛唐时代的美学风貌。其中的**舞马衔杯银壶**（021）与史料中所记载的开元时盛行、天宝后取

在银壶的两侧各有一匹浮现的鎏金舞马，马作"屈膝衔杯赴节、倾心献寿无疆"状。

021　舞马衔杯银壶

缔的玄宗生日庆典上的"舞马献寿"如出一辙，
表现出热烈而喧闹的盛唐气氛。

与此壶同时出土的**刻花赤金碗**（彩图12）和
镂空银熏球（彩图13）亦为稀世珍宝。前者制作
精细、花纹富丽，充分体现了黄金本身的质感和
色泽；后者通体镂空、玲珑剔透，并通过两个同
心碗间的机环装置，使熏球无论如何转动，香盂
皆保持平衡，可说是巧夺天工。

就在金银器皿放射出夺目光彩的同时，盛
唐的铜镜也进入了一个极盛的时期。由于陶瓷
的普及，日常生活中的青铜器皿已越来越少，
其工艺和技术便渐渐集中到无法用陶瓷所取代
的铜镜上来。据史书记载，玄宗时期的王公大
臣有在八月五日的"千秋节"用铜镜来为皇帝
献寿的礼俗，又称"千秋金鉴节"，这也在客
观上促进了铜镜艺术的发展。铜镜艺术在我国
由来已久，殷代的妇好墓中即已出土了早期形
制较小的铜镜。汉代以后，铜镜的装饰风格已
明显出现，主要是在铜镜的背面铸造出不同的
图案，而造型仍以圆形为主。在此基础上，唐
代又增添了菱花形、葵花形、亚方形等样式，

且图案更加精美、更加丰富。盛唐铜镜以花鸟等吉祥纹样为主，构图只取平衡，并不强求对称。风格自由豪放、活泼热烈，表现出大唐帝国的勃勃生机。装饰方法有浮雕、彩绘、镶嵌、鎏金等，出现了金银平脱、螺钿镶嵌、涂釉、涂漆等新工艺。当时流行一种双鸾衔绶纹，即由一对口衔绶带的鸾鸟组成。因"绶"与"寿"同音，故有祝寿吉祥的象征。玄宗有诗云："更衔长绶带，含意感人深。"可见该镜的盛行应与"千秋金鉴节"有关。当时的铜镜不仅花纹精美，而且镜面光洁。由于铜、锡、铅三者的比例更为合理，使镜面反光性能很高。盛唐铜镜大者有可以将骑马人物完全纳入镜中的"方丈镜"，小者仅为三厘米。更为重要的是，唐人已懂得利用凹凸镜面的反光原理，将大镜的处理成平形，而小镜的镜面则处理成凸形，就像现代汽车的反光镜一样，使其以小见大，将全部人影纳入其中。在今天看来，这一功能似乎具有一定的象征意义，事实上，我们不正是在通过这小小的铜镜来窥视大唐盛世的华貌英容吗？

　　总之，从举世无双的乐山大佛到无尽宝藏的敦煌石窟，从飘飘欲仙的千手观音到色泽浓烈的三彩陶器，从精美绝伦的金银器皿到赏心悦目的花鸟铜镜，盛唐雕塑和工艺以其浩大的气势、典雅的造型、精湛的技巧、艳丽的色彩而令后代的欣赏者们叹为观止。人们所感叹的，不仅是面前这气韵犹存的审美对象，更有那对象背后已不可企及的时代精神。

2

『羌笛陇头吟，胡舞龟兹曲』
音乐、舞蹈

　　从唐三彩中的骆驼载乐俑，很容易使人们由雕塑、陶瓷联想起音乐、舞蹈。事实上，作为全面发展的唐代审美文化，这个时代不仅在空间艺术上取得了前所未有的成就，而且在时间艺术上也步入了令人仰视的峰巅。

　　音乐、舞蹈在唐代，尤其是盛唐时代的繁荣，有着多方面的原因和条件。首先，同建筑、雕塑等大型艺术一样，音乐、舞蹈的发展也较多地依赖于外在的经济因素。而直至"安史之乱"以前，唐代社会在这些方面的积累，刚好为音乐、舞蹈的繁荣创造了条件。在那个"忆昔开元全盛日，小邑犹藏万家室。稻米流脂粟米白，公私仓廪俱丰实"（杜甫《忆昔》）的日子里，不仅宫廷的乐舞日渐繁盛，而且民间自发的散乐、百戏、杂技中的歌舞成分也极为发达。其次，从礼乐文化的角度来看，音乐、舞蹈历来是封建政治教化体系中的重要组成部分。而隋、唐帝王为了加强其集权统治，便迫切地需要重建在南北朝时期遭到破坏的礼乐秩序。于是，隋设清商署，唐增设教坊、开辟梨园等专职机构，均大力挖掘和抢救前代各国遗留下来的音乐、舞蹈艺术，并加以整理和修订。这在客观上，也促进了音乐、舞蹈的繁荣。最后，也是最值得重视的是，由于中、外文化的广泛交流，外来的音乐、舞蹈艺术大大地充实和完善了汉民族原有的乐舞体系，为唐代的审美文化注入了新鲜的血液，使其进入了一个空前繁荣的时代。

公元七八世纪，就在西方社会跌入腐朽而黑暗的中世纪的同时，东方文化却处在辉煌灿烂的盛世之巅。在这里，"建立了唯中国的军事和政治势力马首是瞻的外围领土地带；也许更重要的是，它们建立了由若干独立国家组成的隔离地带，中国的文化、思想体系、文学、艺术、法律和政治制度和使用的文字在这些国家中处于支配地位。"[1]处在这样一个泱泱大国之中，没有人会担心外来的文化会侵袭或腐蚀本土的文化；相反，一种容纳百川的胸襟能够将一切外族，乃至外国文化中优秀的成分吸收、融汇进来。于是，伴随着僧人、商旅、外交使者和留学生的大量涌入，龟兹、西凉、疏勒、高昌、天竺、高丽，以及百济、扶南、骠国、林邑、鲜卑、吐谷浑、部落稽等地的音乐舞蹈也被携带进来，并与汉民族传统的礼乐文化融为一体，重新繁荣、发展起来。

九部乐与十部乐

经历了南北朝三百余年的纷争和战乱，天下礼崩乐坏，儒家原有的典章制度及乐舞体系在北方丧失殆尽。及至隋文帝在立国后诏令太常卿牛弘等人增修雅乐时，仅于郊外寺庙征得祭神所用《黄钟》一曲，足见其情景凄凉。开皇九年，隋灭陈国，才获得江东乐工及四县乐器。于是调音弄律，重整五夏、二舞、登歌、房中等14调，于宫廷演奏，可见**莫高窟第390窟壁画中的"隋代乐队"**（022）。文帝叹曰："此华夏正声也。非吾此举，世何得闻？"自此，隋代有了清商乐，并特设音乐机构——清商署。

所谓"清商乐"，是古代汉族民间音乐的总称，它是晋及南北朝期间的相和歌曲融合南北方不同的传统和风格而逐渐发展起来的。因而，它既不同于正统的"先王之音"，亦有别于外来的"胡乐"。清商乐又名之为"清商伎"或"清乐"，在隋开皇年间所制定的"七部乐"、大业年间所制定的"九部乐"，以及唐武德年间的"九部乐"、贞观年间的"十部乐"中均有一席之地：

022 莫高窟第390窟壁画中的"隋代乐队"

　　隋七部乐：清商伎、国伎、龟兹伎、安国伎、天竺
伎、高丽伎、文康伎。

　　隋九部乐：清乐、西凉乐、龟兹乐、疏勒乐、康国
乐、安国乐、天竺乐、高丽乐、礼毕。

　　唐九部乐：燕乐、清商乐、西凉乐、龟兹乐、疏勒
乐、康国乐、安国乐、天竺乐、高丽乐。

　　唐十部乐：燕乐、清商乐、西凉乐、高昌乐、龟兹
乐、疏勒乐、康国乐、安国乐、天竺乐、高丽乐。

从这些音乐的来源看，除隋代延续下来的"清商乐"和唐代增加的"燕乐"分别属于汉族民间和宫廷的俗乐之外，原出自东晋庾亮府邸的"文康伎"（后改名为"礼毕"）这一汉族音乐系统到唐代反而被删除了；除此之外，剩余和增加的部分则均有外来文化的成分。据崔令钦《教坊记》载，盛唐时教坊共有杂曲 278 首，其中清商乐仅 68 首，其余来自民间和外族的乐曲则三倍于清商乐。再仔细分析，除来自朝鲜半岛的"高丽乐"和来自印巴次大陆的"天竺乐"之外，这些外来的音乐成分又大都来源于西北地区，如西凉（今甘肃武威）、龟兹（今新疆库车）、疏勒（今新疆疏勒）、高昌（今新疆吐鲁番）等。对于这一问题，有学者曾经从隋、唐两代皇室及权力集团的郡望因素加以分析。即认为原籍华阴（今陕西华阴）的杨隋皇族虽以华夏正声自诩，但从其语言、文化、地理方面的先天因素来看，则易于接受西凉、龟兹诸乐的影响。这其中，将胡、汉杂糅的"西凉乐"称之为"国伎"，便是一个有利的佐证。至于祖籍狄道（今甘肃临洮）的李唐王朝，更是在皇室周围笼络了一批陇右人士，像安禄山这样擅长《胡旋舞》的胡臣胡将比比皆是。何况李渊的七世祖李暠本是西凉的创建人，这些因素也自然会强化唐代音乐与西域之间的亲和关系。而从乐舞艺术实践的地理分布来看，除天竺与高丽一向以音乐、舞蹈而驰名之外，今天的甘肃、新疆，乃至乌兹别克斯坦一带的民众也确实以能歌善舞而著称。于是，在文化的因素、郡望的因素和艺术自身的因素之共同影响下，隋、唐的音乐、舞蹈体系便出现了"新声奇变，朝改暮易"（《隋书·音乐志》）的局面。

乐器是决定一个乐队表现形式和演出风格的前提条件，也是一个时代音乐、舞蹈艺术的物质基础。由于民族与文化背景的不同，当时不同的乐队有着不同的乐器组合。如清乐乐队一般使用编钟、编磬、琴、瑟、击琴、琵琶（阮）、箜篌、筑、筝、节鼓、笙、笛、箫、篪、埙15种乐器，其中除击琴为南齐时创造的新乐器之外，其他均为汉民族的传统乐器。与之不同，一个龟兹乐队需要使用竖箜篌、琵琶（曲项）、五弦琵琶、笙、横笛、箫（排箫）、筚篥、

毛员鼓、都昙鼓、答腊鼓、腰鼓、羯鼓、鸡娄
鼓、铜钹、贝 15 种另具民族特色的乐器。而一
个西凉乐队，则既需要使用钟、磬、弹筝、搊
筝、笙、箫、长笛等汉族传统乐器，又需要
使用琵琶、五弦琵琶、大小筚篥、腰鼓、铜钹
等龟兹乐器，见**日本奈良正仓院藏唐代乐器**
（023），因而可以说是汉族与龟兹的混合乐队。

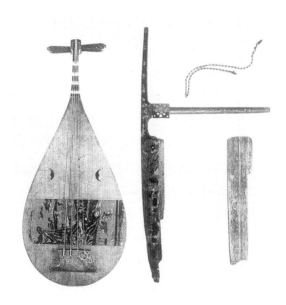

023　日本奈良正仓院藏唐代乐器

显然，不同民族和地域间的乐器各有其独特的音域、音质和音色，它们之间的相互影响和彼此渗透有利于音乐表现能力的增强，从而扩大着唐代音乐的美学含量。

坐部伎与立部伎

如果说"七部乐""九部乐"和"十部乐"的分类使我们容易把握隋、唐乐舞的文化来源，那么"坐部伎"和"立部伎"的分野则使我们容易了解当时乐舞的表演规模。中国古代的音乐、舞蹈本为一体化的艺术形式，直至唐代仍然没有分离开来。故无论是"坐部伎"还是"立部伎"，均为载歌载舞，"乐""舞"同欢。唐代的"坐部伎"和"立部伎"，是按照宫廷乐舞的演出场合与表演形式划分的。坐部伎于"宫中宴用坐奏"，表演人数约在 3 至 12 人之间，规模虽小，但技艺精湛，演出风格也比较典雅。如玄宗继位后，为纪念其寓所喷泉而创作的《龙池乐》，便是一曲由 12 个演员组成的坐部舞蹈。在悠扬的音乐伴奏下，演员们头戴象征着荷花的帽子，姗姗移步，轻歌曼舞，宛如莲花浮出水面，情景优美动人。

立部伎则于"殿庭宴用立奏"，表演人数约在 64 至 180 人之间，规模浩大，气势雄伟，讲究排场。如武后时期的《圣寿乐》，便是一首著名的立部舞蹈。该乐以 140 人的舞蹈队伍，在俯仰屈伸和跑动变换中有条不紊地相继组成"圣超千古，道泰百王，皇帝万岁，宝祚弥昌"16 个字，气势雄伟，场面热烈。到了玄宗开元年间，此舞中又加入了回身换衣的技巧，令舞者在瞬间改变衣服的颜色，从而将字形的变化与服饰的变换巧妙地结合在一起，令人眼花缭乱，叹为观止。

与雕塑的规模越来越大的演变发展大体同步，初唐伊始的乐舞规模亦有不断扩大的趋势。如太宗时代的《破阵乐》和高宗时代的《上元乐》原有的定制分别为 120 人和 180 人，规模已经很大，而到了玄宗时期，曾令几百宫女从帷幕中出来表演这些舞曲，使场面更为壮观。《资治通鉴》卷二一八载："上皇每酺宴，先设太常雅乐坐部、立部，继以鼓吹、胡乐、教坊、府县散乐、杂戏，又以山车、陆船载乐往来，又出宫人舞《霓裳羽衣》，又教舞马百匹，衔杯上寿，又引犀、象入场，或拜或舞。"可见其气势之壮大、场面之奢华！这种局面的出现自然有赖于当时丰厚的社会物质条件，同时也与唐代政府对音乐机构的不断调整有着密切的关联。虽然自唐初起便在长安和洛阳二京设立了大乐署、太常寺和教坊，但当时这些中央音乐机构的地位并不重要。开元二年，玄宗改组大乐署，并单独成立了四个外教坊和三个梨园，强化了这些音乐机构与皇室之间的联系。地方府、县原有的"县内音声"也在盛唐前后纷纷改建为"衙前乐"，加强了其组织和表演功能。《新唐书·礼乐志十二》记载："唐之盛时，凡乐人、音声人、太常杂户子弟隶太常及鼓吹署，皆番上，总号音声人，至数万人。"这些从中央到地方的各级音乐机构不断地征集、选拔、推举艺术人才，为大型乐舞的表演提供了保障。

盛唐的乐舞艺人不仅数量多，而且水平高，

像许和子、李龟年的歌唱，贺怀智、裴兴奴的琵琶，李谟的笛子、张野狐的箜篌等，都达到了极高的水平。有一次，玄宗在勤政楼与民同乐，场内人声鼎沸，吵得演出无法进行。玄宗为之恼怒，但也无可奈何。高力士献策说，只要让许和子出来演唱，即可以制止喧哗。玄宗采纳了这一建议，结果该女婉转歌喉，举袂一曲，全场顿然鸦雀无声，余音绕梁，可见其魅力之大。开元中，乐工李龟年、李彭年、李鹤年兄弟三人皆技艺超群。彭年善舞，龟年、鹤年能歌，三人常常出入于王侯将相的府邸，而为少年时代的杜甫所聆听。大历五年（770），杜甫在潭州偶遇流落江湖的李龟年，不禁感慨万分，遂写下了那首《江南逢李龟年》："岐王宅里寻常见，崔九堂前几度闻。正是江南好风景，落花时节又逢君。"除民间和教坊中的艺人外，当时的各大寺院中也培养了不少专学"鼓舞"的"净人"，其水平更不在俗人之下。就连开元天子李隆基本人，也是一个吹、拉、弹、唱无所不能的艺术全才。《羯鼓录》载："上洞晓音律，由之天纵，凡是丝、管，必造其妙。若创作曲调，随意即成，不立章度，取适短长，应指散声，皆中点拍。至于清浊变转，律吕呼召，君臣事物，迭相制使，虽古之夔、旷，不能过也。尤爱羯鼓、玉笛，常云：八音之领袖，不可无也。"因此，他不仅亲自参与制定国家大典所用的音乐曲目，还亲自创作了许多作品供梨园子弟排练演出。所谓"上有好者，下必甚焉"。唐明皇先后宠爱的赵美人、武惠妃、杨贵妃都以长袖善舞而著名，他周围的王公大臣也多有擅长音律之辈。一时之间，音乐、舞蹈成了生活水准和人格修养的重要表征，上至王侯将相，下至文人士子，无不附庸风雅、身体力行。在这种近乎狂热的艺术氛围中，**盛唐的乐舞**（024）便真正进入了黄金时代。

清乐大曲与胡部新声

无论是"立部伎"还是"坐部伎"，其曲目大都是初唐至盛唐时期的大曲新作。前者如《破阵乐》《庆善乐》《大定乐》《上元乐》

024 莫高窟第 172 窟《观音无量寿经变》中反映出来的盛唐乐舞

《圣寿乐》《光圣乐》，后者像《长寿乐》《天授乐》《鸟歌万岁乐》《龙池乐》《小破阵乐》等。唐代大曲，是在当时民歌、曲子的基础上，继承了汉魏以来清乐大曲的传统而发展起来的一种大型乐舞体式，一般有"散曲""歌""破"三个组成部分，每部分又可分若干段落。"散曲"是一种节奏自由的引子，以器乐演奏为主，起酝酿情绪的作用；"歌"为抒情性的慢板演唱，并配有舞蹈，风格典雅细腻；"破"为热烈的舞蹈，伴之以音乐，将全曲推向高潮。从音乐结构的角度上讲，这种大曲的形式十分讲究节奏的变化和舞蹈与声乐、器乐的配合，因而具有很高的审美价值。从审美文化的角度上讲，这种跌宕起伏、气魄宏大的音乐形式很符合盛唐社会的美学理想，因而在玄宗时代极为盛行。

开元、天宝年间的社会背景比较复杂，一方面是经济的繁荣、国力的强盛、意识形态的相对宽松；一方面则是朝廷的享乐、权贵的奢靡、社会矛盾的酝酿积蓄。在这种情况下，大曲创作的思想内容也极为丰富：有歌颂玄宗诛杀韦后、夺取政权的《夜半》，也有不满朝廷穷兵黩武、怀念征人的《伊川》；有极尽宫廷享乐、纵情歌舞升平的《胡旋》，也有抒发乐工苦难、表达民间悲情的《何满子》……这种主题和题材的多样性发展不仅拓展了人们的艺术视野，开阔了人们的审美空间，而且也丰富了音乐、舞蹈的表现形式。

在唐代大曲中，清乐大曲不仅产生最早，而且水平也最高。开元以后，西凉、龟兹、疏勒、高昌等少数民族的音乐、舞蹈，也在吸收汉族乐舞文化的基础上，突破了原有歌曲、舞曲的简单形式，形成了本民族的大曲。其中的一部分以"胡部新声"的名义在天宝年间传入长安，引起了极大的反响。《新唐书·礼乐志》记载，当时的玄宗还特意公布了"道调、法曲与胡部新声合作"的诏令，使得此类大曲在社会上风靡一时。

除"胡部新声"之外，"法曲"也是唐代大曲中成就较高的一种。"法曲"的出现最初与佛教音乐有关，是佛门弟子所创作的世俗大曲，后又掺杂了一些道教音乐的成分，并形成清幽悠远、别具一格的风味。"法曲"在隋代即已出现，后来的玄宗最为酷爱，他不仅经常观看梨园弟子演奏的这类节目，而且还亲自创作了著名的《霓裳羽衣舞》。从内容上看，此曲描写玄宗登三乡驿、望女儿山，向往神界而去月宫会见仙女的神话。中唐诗人刘禹锡有诗云："开元天子万事足，惟惜当时光阴促。三乡驿上望仙山，归作《霓裳羽衣曲》。"可见，此曲带有明显的道教神话因素。而当天宝四年册封杨玉环为贵妃时，此曲的演奏亦与女道士杨太真的身份恰相适应。从形式上看，据载玄宗创作此曲时曾受西凉都督杨敬述所献《婆罗门曲》的影响，因而应有西方天竺音乐的气息。晚唐诗人王建有《霓裳辞》云："一声声向天头落，效得仙人夜唱经。"可知，此曲亦带有一定的佛教色彩。《霓裳羽衣曲》不仅在天宝年间大获成功，而且为后代的君王臣子所钟爱。中唐诗人白居易曾写过一首《霓裳羽衣歌》，描述了此曲的演出盛况：

> 我昔元和侍宪皇，曾陪内宴宴昭阳。千歌万舞不可
> 数，就中最爱霓裳舞。舞时寒食春风天，玉钩栏下香案

前。案前舞者颜如玉，不着人家俗衣服。虹裳霞帔步摇冠，钿璎累累珮珊珊。娉婷似不任罗绮，顾听乐悬行复止。磬箫筝笛递相搀，击擫弹吹声逦迤。散序六奏未动衣，阳台宿云慵不飞。中序擘騞初入拍，秋竹竿裂春冰坼。飘然转旋回雪轻，嫣然纵送游龙惊。小垂手后柳无力，斜曳裾时云欲生。烟蛾敛略不胜态，风袖低昂如有情。上元点鬟招萼绿，王母挥袂别飞琼。繁音急节十二遍，跳珠撼玉何铿铮。翔鸾舞了却收翅，唳鹤曲终引长声……

由此可知：第一，此曲内容丰富、结构复杂，寻求一种起承转合、张弛有度的节奏变化。第二，此曲的舞蹈语言与音乐动作相互配合，在时快时慢的节奏中，展示或刚或柔的舞姿变化。第三，此曲不仅融声乐、器乐于一体，而且注重服装的修饰和舞台的环境，是一种综合性极强的艺术形式。到了白居易生活的中唐时代，繁荣富强的"开元盛世"已成为不可复得的美好理想，梦想"中兴"的宪宗皇帝也只有在《霓裳羽衣曲》那如诗如画、绚丽多彩的舞台形象之中去追忆那往日的辉煌了。

健舞与软舞　　　　从艺术风格和审美趣味来看，唐代的乐舞又可分为"健舞"和"软舞"两大类型。"健舞"的音乐节奏明快、铿锵有力，舞蹈则动作刚健、爆发力强；"软舞"的音乐节奏舒缓、余音绕梁，舞蹈则动作柔美、婉转多姿。一般说来，单纯的"健舞"和"软舞"多为单、双人的小型乐舞，比较复杂的"大曲"则常常兼而有之，或于二者之中有所侧重。据《教坊记》和《乐府杂录》记载，当时的"健舞"有《阿辽》《拂菻》《拓枝》《大渭州》《黄獐》《达摩支》《棱大》《剑器》《阿连》《胡旋》《胡腾》等曲目，"软舞"则有《垂手罗》《春莺啭》《乌夜啼》《回波乐》《兰陵王》《凉州》《屈拓枝》《团圆旋》《绿腰》《甘州》等曲目。

　　在"健舞"艺术中，《胡旋》和《胡腾》是盛唐时期最有影响的曲目。仅从其名称中即可得知，二曲的共同之点在一个"胡"字，说明它们都是由西域传入中原的民族舞蹈，表演者常常是高鼻深目的男性胡人，其绣花的胡衫、缀珠的胡帽、柔软的胡靴也颇具异域色彩。二曲的不同之处则是前者以"旋"为主，在舞蹈中以轻盈、快速的连续旋转取胜；后者以"腾"为主，在舞蹈中以矫健、活泼的不断腾跃见长。由于这类反映游牧民族粗犷、豪爽性格的"健舞"艺术正好符合了盛唐时代自由、奔放的时代精神，因而在开元、天宝年间十分盛行，出现了"五十年来制不禁""臣妾人人学圜转"的"胡舞热"。

除《胡旋》《胡腾》之外，作为"健舞"之代表的《剑器》曾流行于甘肃一代，大约在开元年间传入长安，被纳为宫廷教坊的舞曲节目。其舞者所使用的器具今说法不一，有人认为是双剑，有人认为是流星彩球，还有人认为是空手戎装。盛唐时代的《剑器》高手当首推公孙大娘，杜甫在《观公孙大娘弟子舞剑器行》一诗中描述了他在大历二年于夔府欣赏公孙大娘的弟子李十二娘表演《剑器》的场面，并生动地回忆起其幼时于开元五年在郾城亲眼得见公孙大娘本人表演此舞的情景：

> 昔有佳人公孙氏，一舞剑器动四方。观者如山色沮丧，天地为之久低昂。㸌如羿射九日落，矫如群帝骖龙翔。来如雷霆收震怒，罢如江海凝清光。绛唇珠袖两寂

寰，晚有弟子传芬芳。临颍美人在白帝，妙舞此曲神扬
扬。与余问答既有以，感时抚事增惋伤。先帝侍女八千
人，公孙剑器初第一。五十年间似反掌，风尘澒洞昏王
室。梨园弟子散如烟，女乐余姿映寒日。金粟堆南木已
拱，瞿唐石城草萧瑟……

　　此诗不仅以文学的笔法形容了《剑器》舞来
如雷霆、去如江海的刚健气势，以及能让观者
为之沮丧、天地为之低昂的艺术震撼力，而且以
感伤的情绪描述了乐舞艺术在中唐以后凋谢零落
的凄惨景象。就总体的风貌而言，开元及天宝
前期，可谓是音乐、舞蹈的黄金时代；"安史之
乱"以后，大唐乐舞随国力的衰减而江河日下，
大批的梨园弟子流落江湖，宫廷无力支撑"立部
伎"中各大型乐舞的演出活动，只得拿一些杂技
节目代为充数；及至僖宗、昭宗年间，气势浩大
的"十部乐"也逐渐消亡了。就审美的趣味而
论，盛唐时代，《剑器》《胡旋》《胡腾》等刚劲
有力的"健舞"因反映了热烈、昂扬的时代精神
而颇受世人的爱戴；到了中、晚唐以后，柔弱抒
情的"软舞"则更加适应了人们感伤、怀旧的社

会情绪，其地位也便渐渐超过了"健舞"，以变成"六幺水调家家唱，白雪梅花处处吹"（白居易《杨柳枝词八首》），"惟有凉州歌舞曲，流传天下乐闲人"（杜牧《河湟》）的局面了。

如果说《胡旋》《胡腾》《剑器》是"健舞"中的代表，那么《春莺啭》《六幺》则是"软舞"中的典范。据《教坊记》载，高宗李治曾听莺歌婉转而大悦于心，遂命宫廷乐师创作了一首歌曲，后人据此编创了女子独舞。张祜《春莺啭》诗云："兴庆池南柳未开，太真先把一枝梅。内人已唱春莺啭，花下偬偬软舞来。"可知此舞至迟在玄宗时即已成形，表演时为轻歌曼舞，婀娜多姿。《春莺啭》曾流传国外，朝鲜的《进馔仪轨》和日本的《大日本史·礼乐志》均有记述。其中前者的演出情况与我国的史料记载大致相同，并附有舞姿图示：一女子头戴簪花、脚踩绣毡、广衣博带、长袖长裙，在歌舞和旋转中构成妙曼怡人的图案，给人以无限的遐想。从舞者的服饰和动作来看，《春莺啭》虽为"软舞"，尚带有华丽、热烈的盛唐气息。

《六幺》又名《绿腰》《录要》《乐世》，先是在民间广泛流传，后被宫廷记录并改编，是一曲优美而抒情的女子独舞。五代画家顾闳中的《韩熙载夜宴图》中绘有著名舞伎王屋山在韩家表演《六幺》的场景。舞者身穿丝绸衣裙，体态玲珑，虽背对观众，却生气盎然，以扭动的身段和半侧的脸庞来体现一种千娇百媚的动感，充分显示出女性的柔美。此舞对后世影响深远，直到宋代的欧阳修还留下"贪看六幺花十八"的诗句。然而从审美趣味上讲，这种妩媚含蓄的舞蹈艺术与恢弘壮阔的盛唐气象已相去甚远了。

总之，唐代，尤其是盛唐时代的乐舞艺术由于在富裕而又强大的社会环境下吸收了外来文化中的审美元素，因而较之前此以往的音乐、舞蹈有了巨大的扩容和显著的提高，形成了自汉代以来又一次乐舞艺术的高峰。然而遗憾的是，作为一种时间性的艺术形式，在没有录音、录像设备的情况下，唐代的乐舞艺术已不可能以其本来的面貌为今人所欣赏了，我们只能借助于壁画、雕塑和文献中的记载在想象中去重温那昔日的辉煌了。

〔1〕　崔瑞德编《剑桥中国隋唐史》第一章《导言》，第8页，中国社会科学
出版社，1990年版。

3

「楚塞三湘接，荆门九派通」

诗歌、辞赋

作为封建社会的成熟阶段，中国古代各主要的哲学和宗教派别在唐代也趋于成熟，这表现为儒、释、道三家相互斗争、彼此融合的过程。早在隋文帝的时候，即开始了敬天祭祖和儒、释、道三家并奖的政策，而此一政策在唐代的贯彻实施还有着特殊的政治原因。我们知道，李氏宗族虽系北周贵姓，但依传统观点看，这种关陇贵族远不能与山东士族比高低。因此，出于政治上的需要，初唐时期的李渊、李世民都自称是李耳的后代，利用道教来抬高自己的门第，以同门阀势力相抗衡。直至高宗、中宗等皇帝，也都给道士以很高的地位，把道教排在儒、佛的前面。相反，武则天、韦皇后所代表的外戚势力在争夺皇位的时候，又都弘扬佛法而贬低道教，置僧尼于道士之上。就在佛、道二教因政治斗争而彼此消长的同时，儒家学派则作为第三势力而不时被它们利用或排斥，以保持斗争的均势。这种情况表现在诗歌领域，便出现了以王绩为代表的道家诗风，以王梵志为代表的化俗诗僧，和以"四杰"、陈子昂为代表的儒者诗派，尽管他们在客观上都有着反抗六朝宫体遗风的革新色彩，但其选择的美学路径却有着明显的不同。

到了睿宗以后的盛唐时期，儒、释、道三家不分先后、同时并举的政策以皇帝诏书的形式被正式确定下来。自此之后，国家对三家思想的利用，已不再是一种争夺政权的权宜之计，而成为一种功能的互补和文化的需求。正像唐代名僧神清所说的那样："释宗以因果，老氏以虚无，仲尼以礼乐，沿浅以洎深，藉微而为著，各适当时之器，相资为美。"（《北山录》卷一《圣人生第二》）因此，盛唐以后的大多数皇帝都采取了儒以治外、佛以治内、道以为祖的实用主义态度。显然，这种相互补充的意识形态已超出相互排斥的政治背景，且在一定程度上偏离或修正了儒、释、道三家原初的信仰体系和纯粹的价值系统，而有着华夏文化"实用理性"精神的特殊功用。在这种情况下，宗教和哲学对诗、文艺术的影响就变得更为重要，也更为复杂了。

处在这样一种特殊的文化背景之中，几乎没有任何一个流派、任何一个作家能够体现一种纯而又纯的宗教和哲学思想。以流派而论，"边塞诗"充分体现了儒家积极进取、建功立业的入世思想，但其具体的意象亦不乏道教奇异的想象和幻觉的色彩；"山水诗"充分体现了道教回归自然、遗世高蹈的浪漫情怀，但其具体的意象亦不乏佛教恬淡的趣味和静谧的境界；"田园诗"充分体现了佛教超凡脱俗、因色悟空的境界，但其具体的意象亦不乏道教出世的追求和独善的理想……就作者而论，李白受过道教的符箓，每以

"谪仙"见称，但又自名"青莲居士"，用佛典作为自己的别号；杜甫世代书香，常以"穷儒"自命，但又"身许双峰寺，门求七祖禅"，成为北宗的信徒；王维深受佛教的影响，写过《能禅师碑》，但也"愿奉无为化，斋心学自然"，颇似老、庄的传人……因此，那种想在审美文化领域中为儒、释、道三家找到一一对应的现象，并泾渭分明地将其罗列出来的做法显然是徒劳的。然而，儒、释、道三家的影响虽然是复杂的、交叉的、相互渗透的，但又是至深至远、不可忽视的。换言之，尽管我们不能从绝对的意义上分清某一流派或某一作者的艺术品纯为某家思想的直接体现，但却可以从相对的意义上将某一流派或某一作家的作品看成是某家思想的典型表征。

以游仙诗、山水诗为代表的道家诗派

作为中国本土的宗教，道教是道家思想神秘化、谶纬化、庸俗化的产物。《老子化胡经》说："我令尹喜，乘彼月精，降中天竺国，入乎白净夫人口中，托荫而生，号为悉达，舍太子位，入山修道，成无上之道，号为佛陀……"这样一来，作为思想家的老子，便一跃而登上了通天教主的地位；释迦牟尼反倒成了尹喜的后身、老子的徒弟。显然，这种神化老子的动机，是为了抵御东汉以后佛教的不断入侵，从而使中国人既获得了信仰的寄托，又满足了不甘步胡人后尘的虚荣心。与此同时，东汉魏伯阳的《周易参同契》、东晋葛洪的《抱朴子》等重要著作，也确实将道家主静全真、逍遥自在的思想与民间神话的内容结合起来，从而构筑起延年益寿、驱魔降妖的宗教理论。在信仰体系上，道教既不像儒家那样，在人与人的经验联系中来确立自我的价值；也不像佛教那样，在人与梵的超验联系中以获得精神的解脱；而是企图在人与自然的经验联系之中达到一种超验的境界，使有限的个体长生不老、羽化升仙。在行为准则上，道教既不像儒家那样，通过实实在在的努力以成全自己的人格；也不像佛教那样，通过辛辛苦苦的修行以解脱自身的烦恼；而是企图借助"丹鼎""符箓"等巫术手段来满足自己的欲望，达到所谓"至人""真人""神人"的境界。这一切表现在审美文化上，就使得道教艺术家更注重自然、更注重自我、更注重奇思妙想、更善于天马行空。

道教是唐代的国教，上至帝王、嫔妃、公主、大臣，下至文人、士子、妓女、平民，信道者广为存在。据统计，唐代至少有6位皇帝因误食丹药而中毒身亡，公主为女冠者有13人之多，可见其影响深远。但是，《全唐诗》中收录的道士诗人却只有36家（不含女冠），存诗574首。况且，这些道士诗人中有不少是在科场失利后才转入道场的，遁入深山常常是一种邀名入世的"终南捷径"，因而他们的诗篇未必尽能"得道"。然而，从另一个角度看，作为一种文化氛围，道教美学的实际影响又远非局限于道士、女冠，那些半出家，甚至不出家的文人士子未必没有道教情怀，因此，只要我们悉心领会，便不难发现游仙诗中流淌的道意、山水诗中洋溢的道韵、田园诗中散发的道味……

作为道教文学的典型形态，"游仙诗"是神游于世外的道士、女冠们精神世界的美好寄托。

在道教的想象中，上有神界、下有龙宫、山里有
洞天福地、海外有仙岛琼阁……这些虚构的世界
给人以无尽的遐想、无限的诱惑，于是便出现了
一些虚虚实实、真真假假、心驰四海、情寄八荒
的游仙、步虚之作：

> 予升至阳元，欲憩明霞馆。飘飘琼轮举，晔晔金景
> 散。结虚成万有，高妙咸可玩。玉山郁嵯峨，琅海杳无
> 岸。暂赏过千椿，遐龄谁复算。(吴筠《游仙》之十四)
> 扶桑诞初景，羽盖凌晨霞。倏欻造西域，嬉游金母
> 家。碧津湛洪源，灼烁敷荷花。煌煌青琳宫，粲粲列玉
> 华。真气溢绛府，自然思无邪。俯矜区中士，夭浊良可
> 嗟。(吴筠《步虚词》之五)

先唐的"游仙诗"很少有写景的成分，而
到了盛唐时代，游仙、步虚之作开始出现了与
山水诗相合流的势态。在这里，"玉山郁嵯峨，
琅海杳无岸""碧津湛洪源，灼烁敷荷花"都是
绝佳的写景之句。因为说到底，真正的仙境谁
也没有见过，它只能来源于对人间美景的联想。
然而"游仙诗"毕竟不是严格意义上的山水诗，
要获得仙境的感觉，不仅有赖于联想，而且更

需要夸张。从文化资源上看，道教不仅承继了老、庄"彷徨乎尘垢之外，逍遥乎无为之业"的浪漫情怀，以及《南华经》"以卮言为曼衍，以重言为真，以寓言为广"的创作态度，而且大量吸收了《山海经》《楚辞》乃至民间传说中的神话成分，构成了一个等级森严、体系庞大的神仙谱系，描绘了一群长生不死、童颜永驻、优哉游哉的"至人""真人"，有着巨大的想象空间和夸张余地。像这里的"暂赏过千椿，遐龄谁复算""倏歘造西域，嬉游金母家"都是极具特色的修辞方式。正是这种奇妙的想象、大胆的夸张，使道家美学从一个与众不同的侧面为盛唐艺术增添了光彩。

从以写景为辅、以寻道为主的游仙、步虚诗，到以寻道为辅、以写景为主的山水、感怀诗，这其间既有量的发展，又有质的变化：

> 此山镇京口，迥出沧海湄。跻览何所见，茫茫潮汐驰。云生蓬莱岛，日出扶桑枝。万里混一色，焉能分两仪？愿言策烟驾，缥缈寻安期。挥手谢人境，吾将从此辞。（吴筠《登北固山望海》）

时既暮兮节欲春，山林寂兮怀幽人。登奇峰兮望白云，怅缅邈兮象欲纷。白云悠悠去不返，寒风飕飕吹日晚。不见其人谁与言，归坐弹琴思逾远。（司马承祯《答宋之问》）

这两首山水感怀之作不仅均出自盛唐的著名道士之手，而且极富有道教"以我观物"的美学特征，即在乱云飞渡的苍茫山水间，为我们呈现出一个临风举袂、飘飘欲仙的主体形象。然而从艺术上讲，或许正是由于此类作品"道气"太重而不够圆融，倒不如那些受道教影响而又并未出家的诗人更能接近自然的真趣：

巴陵一望洞庭秋，日见孤峰水上浮。闻道神仙不可接，心随湖水共悠悠。（张说《送梁六自洞庭山作》）

隐隐飞桥隔野烟，石矶西畔问渔船。桃花尽日随流水，洞在清溪何处边？（张旭《桃花溪》）

另一位虽非道士，但却长年隐居鹿门山的诗人孟浩然可谓是盛唐山水隐逸诗派的代表人物。他的诗歌清新、自然，颇具庄子所谓"素朴而天下莫能与之争美"的特点：

　　春眠不觉晓，处处闻啼鸟。夜来风雨声，花落知多少？（《春晓》）

　　散发乘夕凉，开轩卧闲敞。荷风送香气，竹露滴清响。（《夏日南亭怀辛大》）

　　山暝听猿愁，沧江急夜流。风鸣两岸叶，月照一孤舟。（《宿桐庐江寄广陵旧游》）

　　移舟泊烟渚，日暮客愁新。野旷天低树，江清月近人。（《宿建德江》）

　　在这些作品中，我们仍然可以依稀分辨出诗人的主体形象，如春眠的"我"、闻鸟的"我"、散发的"我"、开轩的"我"、听猿的"我"、移舟的"我"……因而属于"有我之境"。然而此中的主体形象已相当淡薄，几乎消融在自然的景物之中了。对此，闻一多曾深有感触地说："淡到看不见诗了，才是真正孟浩然的诗，不，说是孟浩然的诗，倒不如说是诗的孟浩然，更为准确。"（《唐诗杂论·孟浩然》）显然，作为"盛唐之音"的一个侧面，这类"渐通玄妙理，深得坐忘心"（孟浩然《游精思题观主山房》）的山水田园之作在美学上更多地得之于道家而非道教。

"诗仙"李白

真正使道教美学登峰造极者，当然要数那位被称为"诗仙"的大诗人李白了。这位"十五游神仙，仙游未曾歇"(《感兴》)，"云卧三十年，好闲复爱仙"(《安陆白兆山桃花岩寄刘侍御绾》)的"谪仙人"虽然也热衷于功名、渴望于官场，但其最终的理想则无非是"功成谢人间，从此一投钓"(《翰林读书言怀》)，"待吾尽节报明主，然后相携卧白云"(《驾去温泉宫后赠杨山人》)。李白不仅正式履行过入教仪式，成为受过符箓的道士，而且在生活方式和情感方式上也丝毫没有儒家的严谨和佛家的悲观，而是一派道家的洒脱、道教的狂放。我们知道，与佛教的普度众生和祈求涅槃不同，道教是一种珍视个体生命并渴望现世快乐的宗教。因此，道教没有空、幻、寂、灭的禁欲色彩，而是充满了喝酒谈玄、散发弄舟、长生不老、成仙成神的享乐情绪。与此同时，道教还网罗了当时医学、化学、物理学的成果，一方面把老、庄哲学中固有的主静全真的理论变成养生疗法，一方面又企图炼出使人长生不老的仙丹妙药。除此之外，道教还广泛采集了南方的巫术，将悬苇刻桃发展为驱邪的符箓，将膏唾禁祷发展为逐魔的咒语，将祭祀巫仪发展为求仙的斋醮。这种神仙、养生、服丹、避疾之术无非是表现了道教所追求的终极目的——生存的欲望和享乐的欲望。为了实现自己的欲望，唐代的道士不乏交结政要，甚至直接做官的人物，因而素有"外道内儒"之称；为了实现自己的欲望，唐代的女冠不乏交结名士，甚至卖弄风流的行为，因而素有"外道内娼"之说。这种过分自由的生活态度或许并不值得效法，但它却大大地破除了艺术的禁忌，充分地拓展了审美的空间。而所有这一切，在李白的生活和创作中都得到了淋漓尽致的体现。

李白的一生可谓潇洒。少年时代，他便显示出惊人的天赋、罕见的才华，他"五岁诵六甲""十岁观百家"，不仅诗写得好，而且能骑能射、能剑能舞、能琴能书。青年时代，他不像寻常的儒生那样，沿着科举制度的道路，一科一试地寻求功名，而是选择了道教徒常走的"终南捷径"，遍谒诸侯、游历天下，在大自然的湖光山色中一路求仕、一路访仙、一路拜师、一路狎妓、一路吟诗、一路弹琴，因风流倜傥而受到了当时的道教大师司马承祯的高度评价。中年时代，他以诗名和文才受到玄宗皇帝的破格召见，先有"降辇步迎，以七宝床赐食于前"的礼遇，后有"力士脱靴""才人研墨"的佳话。暮年时代，他的生活道路出现了坎坷，先是因"赐金放还"而再次漂泊，后又入"永王幕府"而获罪朝廷，然而即便如此，仍然以诗名受到朝野人士的广泛关注，所谓"新诗传在宫人口，佳句不离名主心"，直至赋《临终歌》而与世长辞，仍不改其文人的浪漫、道士的洒脱。

李白诗作散失颇多，然至今尚存九百余首，内容丰富多彩，风格清新豪放，充分显示了盛唐知识分子的信心、气度、胆略和情怀。受道教的影响，他的诗歌充满了大胆的想象和奇异的夸张，常常出语惊人、行文跌宕，其中一些作品带有鲜明的游仙色彩，显然受道教的直接影响。例如，《古风》第五首中先写其"西上莲花山，迢迢见明星。素手把芙蓉，虚步蹑太清"的游仙之举，继之与"俯视洛阳川，茫茫走胡兵"的人间现实形成鲜明的对照。《梁甫吟》先以"我欲攀龙见明主，雷公砰訇震天鼓""阊阖九门不可通，以额扣关阍者怒"的仙路不通来隐喻仕途的受阻，继之以"猰貐磨牙竞人肉，驺虞不折生草茎"的神化传说来影射现实的黑暗。《西岳云台歌送丹邱子》则在九重天、蓬莱境的环境下先将明星、玉女、麻姑、天帝这些道教传说中的仙人与自己的好友元丹邱混杂在一起，最后写自己与道友二人饮玉液琼浆、骑茅龙升天的故事。奇奇怪怪，不可端倪。在传说与想象中幻化着自己真实的情感。至于《梦游天姥吟留别》，更是借梦游的方式写出了"霓为衣兮风为马，云之君兮纷纷而来下。虎鼓瑟兮鸾回车，仙之人兮列如麻"的群仙起舞的景象，并以仙界的美好来反衬世俗的龌龊。

与其说游仙是为了寻道，不如说是为了寻己，因为寻道成仙者不是别人，正是自己。因此，李白诗中始终有着一个愤世嫉俗、遗世高蹈、特立独行的主体形象。

> 懒摇白羽扇，裸体青林中。脱巾挂石壁，露顶洒松风。（《夏日山中》）

> 肠断枝上猿，泪添山下樽。白云见我去，亦为我飞翻。(《题情深树寄象公》)
>
> 朝辞白帝彩云间，千里江陵一日还。两岸猿声啼不住，轻舟已过万重山。(《早发白帝城》)
>
> 峨嵋山月半轮秋，影入平羌江水流。夜发清溪向三峡，思君不见下渝州。(《峨嵋山月歌》)

这种道教的"有我之境"显然有别于佛教的"无我之境"。即使在反映世俗生活的诗歌中，李白的主体形象也是极为鲜明的。失意时，他大喊："大道如青天，我独不得出！"得意时，他高唱："仰天大笑出门去，我辈岂是蓬蒿人！"既不似儒家的温柔敦厚，也不似佛教的空澈澄明。

道教美学对李白的影响是广泛的、全方位的，除上述"游仙色彩"和"有我之境"的直接体现外，更多的情况是具有想象、夸张、神化色彩的间接影响。

> 君不见黄河之水天上来，奔流到海不复回。君不见高堂明镜悲白发，朝如青丝暮成雪。人生得意须尽欢，莫使金樽空对月。天生我才必有用，千金散尽还复

来。……(《将进酒》)

　　弃我去者，昨日之日不可留；乱我心者，今日之日多烦忧。……抽刀断水水更流，举杯销愁愁更愁。人生在世不称意，明朝散发弄扁舟。(《宣州谢朓楼饯别校书叔云》)

　　噫吁戏，危乎高哉！蜀道之难，难于上青天！蚕丛及鱼凫，开国何茫然。尔来四万八千岁，不与秦塞通人烟。西当太白有鸟道，可以横绝峨眉巅。地崩山摧壮士死，然后天梯石栈相钩连。……(《蜀道难》)

　　……头陀云月多僧气，山水何曾称人意，不能鸣笳按鼓戏沧流，呼取江南女儿歌棹讴。我且为君捶碎黄鹤楼，君亦为吾倒却鹦鹉洲。赤壁争雄如梦里，且须歌舞宽离忧。(《江夏赠韦南陵冰》)

从内容上讲，李白在和谐的意境中加入了一些不和谐的成分。使诗人那桀骜不驯的气质和愤世嫉俗的情怀同环境的险恶、仕途的艰难形成了鲜明的对比和强烈的冲突，诗的意境也便随之而波澜起伏、动荡不安。其气魄之宏大、言辞之激烈，是前所未有的。从形式上看，李白具有娴熟的律诗功底，但他又善于在古体中大做文章，常常在

稳定的结构中，有意加入一些不稳定的因素。这
些诗虽然以七言为主要格式，但随着情感的起伏
又不断打破这一格式，既以七言为主，而又长短
不一。在用韵上，诗人也十分随便，仿佛一时兴
起，冲口而出，时而一韵到底，时而频频换韵，
不受约束，浑然天成。这样一来，李白诗给人的
感受便不再是单纯的舒适和轻松的快感，还夹杂
着动荡中引起的振奋，冲突中获得的高扬。这一
切，在美学上便不再是优美，而是壮美，乃至接
近于崇高了。

当然了，将这一切仅仅归因于道家和道教
的影响，也不确切，如果没有盛唐时代强盛的
国力和开明的政治为背景，恐怕任何诗人也不
可能有如此之大的胸襟和气魄。明人高棅《唐
诗品汇》云："诗至开元、天宝间，神秀声律，
粲然大备，李翰林天才纵逸，轶荡人群。"论
之可谓恰切。事实上，所谓李诗者，正是由于
道家、道教的美学种子在"开元盛世"的历史
土壤中生根、发芽，并最终结成的艺术花朵，
唯其如此，它才显得那样清纯、浪漫，那样绚
丽、多姿。

以偈颂诗、田园诗为代表的佛家诗派

佛教是世界上最古老、影响最大的宗教之一，它由释迦牟尼在公元前5至公元前4世纪创立于古印度，以后广泛传播于亚洲很多国家和地区。佛教在东汉传入中国时，最初还只是被看作神仙方术的一种。至南北朝以后，这一博大精深的宗教引起了上层人士的重视，于是便掀起了修建寺庙、开凿佛窟的热潮。隋、唐以来，佛教的发展更是进入了一个崭新的阶段：在"普及"的层面上，通过化俗诗僧以及变文、俗讲等形式的传播，使得这一宗教信仰渗透到社会的各个阶层、各个角落；在"提高"的层面上，通过玄奘取经以及译经、说法等方式，使得这一宗教理论得到了更加深入、更加透彻的理解和发挥。贞观二年（628），玄奘从长安出发，经甘肃、出敦煌、逾新疆及中亚诸国，最终抵达了中印度摩揭陀国王舍城，入当时印度佛教的中心那烂陀寺，向主持寺院的大乘有宗传人戒贤学习佛法。贞观十九年，他结束了漫长的留学生涯，携带了657部梵本佛经及若干佛像、舍利回到长安，受到了朝廷极高的礼遇。

此一行程五万里、历经百余国的取经行为，不仅带回了大量的经典，而且推动了佛理的研习。这一时期，华严宗、法相宗、天台宗、净土宗、律宗、禅宗等具有中国特色的各佛教派别便兴盛起来。尽管这些宗派各有各的信仰理论和修行方式，但有两点是大致相同的：一是认为现世均为苦海，没有必要为感官的享受而耗费精力；一是认为众生皆有佛性，可以通过智慧的启悟而获得解脱。因此，在审美文化上，佛教对诗、文的影响，既不是现实功名的创建与博取，也不是感官享受的宣泄与炫耀，而是一种无我的、静穆的、清新淡远而又离尘绝俗的美学追求。

佛教虽非唐代的国教，但却比道教有着更为深厚的文化土壤。《全唐诗》选诗僧 112 人，存诗 2 938 首，数倍于道士及其诗作。同道教对诗歌的影响一样，佛教美学作为一种文化趣味也不限于出家僧侣。然而，正如我们可以从"游仙诗"入手来分析道教美学对艺术的影响一样，我们也可以从"偈颂诗"入手来探讨佛教美学对诗歌的渗透。

　　说到"偈颂诗"，人们自然会想起唐代僧人神秀、慧能作偈传灯的故事。据《坛经》记载，禅宗五祖弘忍晚年曾命弟子各作一偈以观心性。声望颇高的神秀作偈道："身是菩提树，心为明镜台。时时勤拂拭，莫使有尘埃。"众人纷纷称善，唯有初来乍到、整日担水劈柴的慧能不以为然，认为此偈"美则美矣，了则未了"，更自作一偈云："菩提本无树，明镜亦非台。本来无一物，何处惹尘埃？"可见，慧能作偈是为了借"美"言"了"、借"有"说"无"、借"情"悟"性"，其最终的目的并不是怡情悦目。但是，既然偈颂要在佛学的本体之外裹上文学的罩衣，就必然会留下"美""有""色"的内容。于是"偈"便与"诗"发生了联系，而且这联系越来越紧密起来。

　　从诗学包装下的佛学，到佛学浸染下的诗学，这其中也经过了量的转换和质的飞跃：

　　　　落日催行舫，逶迤洲渚间。虽云有物役，乘此更休闲。暝色生前浦，青晖发近山。中流澹容与，唯爱鸟飞还。（张九龄《自湘水南行》）

> 长风起秋色，细雨含落晖。夕鸟向林去，晚帆相逐飞。虫声出乱草，水气薄行衣。一别故乡道，悠悠今始归。（卢象《永城使风》）

显然，这里面既有道家的"虚静"，亦有佛家的"空明"。诗人置身于泉林之下，浸染于禅意之中，超脱于俗物之外，于落日中见寂静，于白云中见闲适，于长风中见清雅，于飞鸟中见自由……如果说这上面的两首诗还有些佛道相间的话，那么下面两首则可谓禅意十足了：

> 安禅一室内，左右竹亭幽。有法知不染，无言谁敢酬。鸟飞争向夕，蝉噪已先秋。烦暑自兹适，清凉何所求？（裴迪《夏日过青龙寺谒操禅师》）

> 林中空寂舍，阶下终南山。高卧一床上，回看六合间。浮云几处灭，飞鸟何时还。问义天人接，无心世界闲……（王缙《同王昌龄裴迪游青龙寺昙壁上人兄院集和兄维》）

尽管佛教的经籍甚广、派别甚多，但究其大意则尽在一个"空"字，所谓"有法知不染""无心世界闲"，只要心空、意不乱，整个世界自然也就成了清凉之所、寂静之地，白云苍狗也好、飞鸟鸣蝉也罢，只不过是心的幻影、意的杂念而已。不仅对象是"空"的，就连主体自身也是"空"的，"僧问：'如何是解脱？'师曰：'谁缚汝？'问：'如何是净土？'师曰：'谁垢汝？'问：'如何是涅槃？'师曰：'谁将生死与汝？'"（《五灯会元》卷五）说到底，只有放弃对主体自身的执着，才能够真正做到"四大皆空"。于是，诗歌中的"有我之境"便自然过渡到了"无我之境"，这便是佛教美学的精华所在了。

"诗佛"王维

正像"诗仙"李白将道家的美学理想推向了盛唐时代的历史峰巅一样，被誉为"诗佛"的王维则将佛家的美学境界演绎到了出神入化的地步。在文学史上，人们常把王维与孟浩然相提并论，合称"王孟诗派"。这是因为二人在题材上都擅长作山水田园诗，在风格上都趋向于清澄平淡的缘故。然而仔细分析，便不难看出，王维现存的近四百首诗作不仅在数量上远远超出了孟浩然，而且在题材、内容、风格上也更为丰富。他的游侠诗写得好，其"新丰美酒斗十千，咸阳游侠多少年。相逢意气为君饮，系马高楼垂柳边"的《少年行》很有几分侠肝义胆的壮志豪情；他的边塞诗写得好，其"单车欲问边，属国过居延。征蓬出汉塞，归雁入胡天。大漠孤烟直，长河落日圆。萧关逢候骑，都护在燕然"的《使至塞上》很有几分以身殉国的悲壮苍凉；他的送别诗写得好，其"渭城朝雨浥轻尘，客舍青青柳色新。劝君更尽一杯酒，西出阳关无故人"的《送元二使安西》至今为人们传诵不已……王维的诗歌之所以比孟浩然的作品丰富多彩，一方面是由于官至尚书右丞的他要远比不想隐居而又不得不终生隐居的孟浩然有着更为复杂的仕宦经历，另一方面也由于他自身的文化造诣及其对中国传统文化的汲取也要比孟浩然深刻得多。就个人的出身和经历而言，王维的母亲曾师事北宗神秀的弟子大照禅师三十余载，是一个笃信禅宗的佛教徒。王维本人则与南宗有着更多的交往，曾在六祖圆寂之后亲笔撰写《能禅师碑》。因此，他虽然仕途畅达，但却长期过着亦官亦隐的生活。就个人修养和造诣而论，王维不仅诗文、书画、音律样样精通，而且早年有儒家的抱负、中年具道家的风采、晚年得佛家的精髓，很符合中国古代知识分子"入于儒，出于道，逃于佛"的人格理想。因此，如果说孟浩然的诗歌是天生的平淡、本色的平淡、彻头彻尾的平淡，那么王维的诗歌则是人为的平淡、修炼的平淡、绚烂之极归于平淡。这种登峰造极的平淡之作便是其晚年在《皇甫岳云溪杂题》和《辋川集》中的那些山水田园诗。

　　　　人闲桂花落，夜静春山空。月出惊山鸟，时鸣春涧中。(《鸟鸣涧》)

　　　　独坐幽篁里，弹琴复长啸。深林人不知，明月来相照。(《竹里馆》)

　　　　空山不见人，但闻人语响。返景入深林，复照青苔上。(《鹿柴》)

　　　　木末芙蓉花，山中发红萼。涧户寂无人，纷纷开且落。(《辛夷坞》)

在这里，所有的怀疑彷徨、急躁紧张、焦虑烦恼都不见了，所有的功名利禄、是非恩怨、荣辱毁誉都消失了。从"人闲桂花落"到"深林人不知"，再从"空山不见人"到"涧户寂无人"，创作主体一步一步地退出了诗歌的境界，隐藏在大自然的春山明月、茂林修竹之中，伴花开花落而起舞，随碧涧红尘而飘荡。在这里，我们无法深究"人闲"与"桂花落"是一种什么样的关系，也无须深究"夜静"和"春山空"是一种什么样的关联。一切是那样的寂静，一切是那样的晶莹，仿佛那一山一石、一草一木都蕴含着一种神秘的、不可抗拒的美……难怪胡应麟感到"读之身世两忘，万念皆寂"呢！难怪沈德潜称其"不用禅语，时得禅理"呢！原来，这便是"诗中有画"，这便是"画中有诗"；这便是"空"，这便是"寂"，这便是"禅"了。

因此，尽管王维的才能是多方面的，但其最大的才能莫过于在方寸之中显示宇宙的宏大、在空寂之中包容人生的无穷；尽管王维的贡献是多方面的，但其最大的贡献莫过于将佛家的境界转化为艺术的境界，将禅宗的精神转变为艺术的精神。这，便是"盛唐之音"的第二重旋律了。

以边塞诗、言志诗为代表的儒家诗派

与道教和佛教不同，儒家不是从孤立的自我出发，去追求个人的悟道、成佛，而是从亲子血缘等人际关系出发，来确立人生的价值和理想。即由父父、子子，到君君、臣臣，由家族的伦理扩大为社会的秩序，通过修身、齐家、治国、平天下等社会行为，将有限的自我与无限的种族活动联系起来，以获得不朽的意义。因此，儒家不相信长生不老，但却希望青史留名；儒家不祈求彼岸世界，但却渴望现世的成功。儒家虽然不是一种宗教，但也有着超越肉体存在的人文关怀。这一切，都在审美文化产品上表现出社会性、群体性、入世性的积极特征。

　　从表面上看，唐代的儒家思想似乎不像佛、道两教那样喧嚣、热闹，那样时髦、风行，但却实实在在地支撑着这个时代的官吏系统。尤其是那些经过科举考试而步入政坛的庶族知识分子，几乎无不受到儒家"经世致用""大济苍生"思想的推动。具体到盛唐时代的诗文领域，此一影响在"安史之乱"以前主要表现为"边塞诗派"的崛起，而"安史之乱"以后则造就了以"诗圣"著称的第三位文学巨人——杜甫。

　　我们知道，诗歌在初唐"四杰"和陈子昂的手中，即已实现了"从台阁移至江山与塞漠"的历史性转换，从而有了刚健质朴的"边塞诗"。然而"边塞诗派"的真正崛起，还是在盛唐时代。这是因为：一方面，作为科举制度的历史性成果，此一时期，大批科举入仕的庶族地主已经真正走上了政治舞台，并试图在开边拓土和保疆卫国的边塞战争中进一步实现建功立业的政治抱负；另一方面，为了加强国防力量，唐代有边帅自辟僚佐的制度，从而给那些科场失利的士人留下了一条通过戍边而博取功名的道路。于是，真正走向边关、走向塞漠的大批知识分子，便在刀光剑影的大漠风沙中创造着壮丽而非凡的"边塞诗"：

> 燕台一望客心惊，箫鼓喧喧汉将营。万里寒光生积雪，三边曙色动危旌。沙场烽火连胡月，海畔云山拥蓟城。少小虽非投笔吏，论功还欲请长缨。（祖咏《望蓟门》）

> 长安少年无远图，一生惟羡执金吾。麒麟前殿拜天子，走马为君西击胡。胡沙烈烈吹人面，汉虏相逢不相见。遥闻鼙鼓动地来，传道单于夜犹战。此时顾恩宁顾身，为君一行摧万人。壮士挥戈回白日，单于溅血染朱轮……（王翰《饮马长城窟行》）

显然，在这种"边塞诗"的背后潜藏着儒家的伦理观念和政治情怀。当个人的功名气节和国家的安危治乱，乃至民族的生死存亡融为一体的时候，一己的政治抱负便会升华为"投笔从戎"的壮烈行为和"以身殉国"的忧患意识：

> 角鹰初下秋草稀，铁骢抛鞚去如飞。少年猎得平原兔，马后横捎意气归。（王昌龄《观猎》）

> 秦时明月汉时关，万里长征人未还。但使龙城飞将在，不教胡马度阴山！（王昌龄《出塞二首》之一）
>
> 青海长云暗雪山，孤城遥望玉门关。黄沙百战穿金甲，不破楼兰终不还！（王昌龄《从军行七首》之四）

在这里，从意气风发的书生，到久经沙场的儒将；从"至大至刚"的浩然正气，到"知其不可而为之"的悲剧情怀……我们可以清楚地感受到儒家思想中积极入世的献身精神和以身殉国的英雄气概。这精神和气概以深厚的文化传统和强大的国家实力为背景，从而演奏出了恢弘壮阔的"盛唐之音"！

当然了，战争是复杂的，并且常常是残酷的，它不仅需要讴歌，也需要体会和反思：

> 故园东望路漫漫，双袖龙钟泪不干。马上相逢无纸笔，凭君传语报平安。（岑参《逢入京使》）
>
> 葡萄美酒夜光杯，欲饮琵琶马上催。醉卧沙场君莫笑，古来征战几人回？（王翰《凉州词二首》之一）

此类诗歌既不同于宫廷文人的拈花弄月、浅吟低唱，也不同于科场士子的恃才傲物、激扬文字，而是一代以国家为承担、以历史为己任的知识分子在生与死、血与火的战斗中对宇宙、自然，乃至生命价值的真实体验，因而它深沉、内在，慷慨悲凉而又无怨无悔。

与道教的遗世高蹈和佛教的参禅坐忘不同，儒生士子注重的不是个性的自由和灵魂的解脱，而是民族的荣辱和国家的安危。因此，他们的诗歌不仅要描写"忽如一夜春风来，千树万树梨花开"（岑参《白雪歌送武判官归京》）的边塞风光，也不仅要抒发"羌笛何须怨杨柳，春风不度玉门关"（王之涣《凉州词》）的边将哀怨，更要对战争的性质及其带来的后果进行深入的反思。

> 白日登山望烽火，黄昏饮马傍交河。行人刁斗风沙暗，公主琵琶幽怨多。野云万里无城郭，雨雪纷纷连大漠。胡雁哀鸣夜夜飞，胡儿眼泪双双落。闻道玉门犹被遮，应将性命逐轻车。年年战骨埋荒外，空见蒲桃入汉家。（李颀《古从军行》）

> ……山川萧条极边土，胡骑凭陵杂风雨。战士军前半死生，美人帐下犹歌舞！……铁衣远戍辛勤久，玉筋应啼别离后。少妇城南欲断肠，征人蓟北空回首。……

相看白刃血纷纷，死节从来岂顾勋。君不见沙场征战苦，

至今犹忆李将军！（高适《燕歌行》）

这诗中有对民族英雄的热情歌颂，有对腐败将领的无情斥责，有对无辜民众的深切同情，也有对战争意义的深入反思……它以儒家的民本思想为依托，对边塞战争的多义性、多重性进行了多种角度和多种层次的艺术把握。

或许正是由于统治者的穷兵黩武才导致了尾大不掉的军事格局，并由于地方军力的过分膨胀而导致了"安史之乱"。于是繁荣一时的边塞诗渐渐衰落，代之而起的是更为直接的现实思考和政治批判。在这种情况下，被誉为"诗圣"的杜甫也便应运而生了。

"诗圣" 杜甫

杜甫与李白、王维的差异，既表现在文化资源的不同取舍上，又表现在历史境遇的不同感受上。就文化背景而言，杜甫是晋代名将兼宿儒

杜预的后代，其家族具有"奉儒守官，未坠素业"的传统，因而很容易使其产生"致君尧舜上，再使风俗淳"（《奉赠韦左丞丈二十二韵》）的入仕抱负。就历史境遇而论，杜甫比李白和王维晚生十一年，其主要的生活和创作经历均在"安史之乱"以后，因而很容易使其产生"穷年忧黎元，叹息肠内热"（《自京赴奉先县咏怀五百字》）的济世情怀。因此，他的诗主要不是面向自然的，而是面向社会的；不是抒发个人理想的，而是描写时事苍生的。这也正是他被誉为"诗圣"的原因所在。

杜甫的诗歌所反映的社会内容要远比李白和王维丰富，上至帝王、将相，中至文人、官吏，下至田父、船夫，都是他诗中的人物。社会的动荡，仕途的坎坷，使诗人在颠沛流离之中广泛接触到了下层生活，从而在《哀江头》《悲陈陶》《塞芦子》《洗兵马》以及著名的"三吏""三别"中具体而微地反映了"安史之乱"期间民间的痛苦和不幸，使这些作品具有了"诗史"的意义。更为难能可贵的是，在那个"白骨露于野，千里无鸡鸣"的时代里，他能够以一种真正的"仁者之心"将普通人的悲欢离合化为自己的喜怒哀乐；在那个"朱门酒肉臭，路有冻死骨"的社会里，他能够以"民为贵，社稷次之，君为轻"的立场来痛斥人间的不平。因此，在他的作品中，既有"夜深经战场，寒月照白骨"(《北征》)的描写，也有"请为父老歌，艰难愧深情"(《羌村三首》之三)的感伤；既有"吏呼一何怒，妇啼一何苦"(《石壕吏》)的叙述，也有"人生无家别，何以为蒸黎"(《无家别》)的喟叹；既有"朝廷虽无幽王祸，得不哀痛尘再蒙"(《冬狩行》)的劝谏，又有"安得广厦千万间，大庇天下寒士俱欢颜"(《茅屋为秋风所破歌》)的期望……读之令人下千秋热泪、断百转愁肠。

杜甫的诗歌不仅在思想上极富有儒家的民本思想和入世情怀，而且在艺术上也充分体现了儒家美学严谨整饬的形式特点和沉郁顿挫的忧患意识。

> 国破山河在，城春草木深。感时花溅泪，恨别鸟惊心。烽火连三月，家书抵万金。白头搔更短，浑欲不胜簪。(《春望》)

细草微风岸，危樯独夜舟。星垂平野阔，月涌大江流。名岂文章著，官应老病休。飘飘何所似，天地一沙鸥。（《旅夜抒怀》）

昔闻洞庭水，今上岳阳楼。吴楚东南坼，乾坤日夜浮。亲朋无一字，老病有孤舟。戎马关山北，凭轩涕泗流。（《登岳阳楼》）

风急天高猿啸哀，渚清沙白鸟飞回。无边落木萧萧下，不尽长江滚滚来。万里悲秋常作客，百年多病独登台。艰难苦恨繁霜鬓，潦倒新停浊酒杯。（《登高》）

丞相祠堂何处寻，锦官城外柏森森。映阶碧草自春色，隔叶黄鹂空好音。三顾频烦天下计，两朝开济老臣心。出师未捷身先死，长使英雄泪满襟。（《蜀相》）

玉露凋伤枫树林，巫山巫峡气萧森。江间波浪兼天涌，塞上风云接地阴。丛菊两开他日泪，孤舟一系故园心。寒衣处处催刀尺，白帝城高急暮砧。（《秋兴八首》之一）

如果说，李白是以无限的激情冲破了有限的形式，那么杜甫则是在有限的形式中开拓着无限的境界。杜甫显然比李白更讲究格律，但他却不像南朝及初唐诗人那样刻意求工、寻章摘句，而是将那些外在的规定积淀为内在的要求。正所谓

"文质半取，风骚两挟。言气骨则建安为传，论宫商则太康不逮"（殷璠《河岳英灵集集序》）。由于他能够将严格的法度和开张的气势完美地结合在一起，从而使人们在抑扬顿挫的旋律中感受到"风骨"的力量。如果说，李白以独特的气质，冲破了南朝文学的樊篱和桎梏，那么杜甫则以罕见的才华，使得晋、宋以来对音韵规律的探索自觉地服务于艺术境界的追求。相比之下，杜甫诗虽不及李白诗的宏伟、瑰丽，不及王维诗的含蓄、隽永，但却自有李、王二人所不具备的雄浑、深沉。他的作品虽然苍凉，但绝不凄惨；尽管悲怆，却毫不绝望。在那"星垂平野阔，月涌大江流"的诗句中，我们仍然可以感受到一种在压力面前崛然而起的雄健之风；在那"无边落木萧萧下，不尽长江滚滚来"的诗句中，我们依然可以感受到一种在危难面前从容不迫的阳刚之气。这胸襟，这气度，非盛唐诗人所不能具有，非盛唐作者所无法驾驭。所以，我们不能接受那种将杜诗排斥在"盛唐之音"以外的做法，而应将其看成是"盛唐之音"的第三重旋律。

总之，如果没有道、佛、儒这三大文化资源

的长期酝酿，就不可能有三重旋律的"盛唐之音"，也就不可能有李白、王维、杜甫的各领风骚。抛开信仰体系和价值观念不谈，三大文化资源在他们身上的审美体现也是极具特征的。从创作过程来看，如果说李白仰仗的是天才，是"敏捷诗千首，飘零酒一杯"（杜甫《不见》）；杜甫依靠的是勤奋，是"读书破万卷，下笔如有神"（杜甫《奉赠韦左丞丈二十二韵》）；王维则凭借的是悟性，是"兴来每独往，胜事空自知"（王维《终南别业》）。从创作结果来看，如果说李白以激情胜，如黄河决口、洪水泛滥，一发而不可收拾，所谓"笔落惊风雨，诗成泣鬼神"（杜甫《寄李十二白二十韵》）；杜甫以功力胜，如老吏断案、庖丁解牛，游刃有余而又不失法度，所谓"为人性僻耽佳句，语不惊人死不休"（杜甫《江上值水如海势聊短述》）；王维则以境界胜，如霁云微雨、古潭幽涧，令人气静而神宁，所谓"白法调狂象，玄言问老龙"（王维《黎拾遗昕裴秀才迪见过秋夜对雨之作》）。从美学风格来看，李白的诗善渲染、善夸张，能够把微小的事情搞得轰轰烈烈，将些隐蔽的情感弄得沸沸扬扬；杜甫的诗善凝聚、善浓缩，能够将包罗万象的世界汇集为只言片语，把错综复杂的情感表述得井然有序；王维的诗则善隐藏、善含蓄，既不像李诗的天马行空，也不像杜诗的力透纸背，而是要在天外行马、纸外写诗，给人以想象的空间和回味的余地。简言之，李诗注重自我的情怀，杜诗注重外界的物象，王诗则物我两忘了……长期以来，学术界关于是扬李抑杜还是扬杜抑李的争论几成公案，然而以审美文化的宏观视野来看，正如儒、释、道同兴并举的局面是古代社会不可多得的历史机遇一样，李、杜、王各放异彩的盛况正是古代艺术不可逾越的峰巅。这个峰巅不叫别的，它名之为"盛唐"！

"诗莫盛于唐，赋亦莫盛于唐"

"诗莫盛于唐，赋亦莫盛于唐。总魏、晋、宋、齐、梁、周、陈、隋之众轨，启宋、元、明三代之支流，踵武姬、汉，蔚然翔跃，百体争妍，昌盛盈矣。"(《读赋卮言》)清代学者王芑孙的这番话不是没有根据的。现在可以考知的唐代赋家有五百八十余位,有赋作一千七百余篇。仅以清人陈元龙编辑的《历代赋汇》及其外集、补遗、逸句中的统计而论,其中唐赋就约一千五百多篇,比先秦、两汉、魏晋南北朝的总数还多三百余篇,只比宋、元、明三代的总数少近一百篇。其容量之大,似可与唐诗相比肩。但是,或许是由于前代的汉赋已经取得了具有典范意义的成果,或许是由于同朝的唐诗正在树立起具有代表意义的丰碑,再不然就是由于人们受传统诗教观念的影响而对赋这种形式还抱有这样那样的偏见,总之,绝大部分文学史家对繁荣昌盛而又继往开来的唐赋的重视程度不仅远不如唐诗,而且也比不上唐代的古文和传奇。至于"赋亦莫盛于唐"之类的断语,则更是和者甚寡。与之相反,明、清时代的一些论者甚至提出了"唐无赋"(李梦阳《潜虬山人记》)、"唐以后无赋"(程廷祚《骚赋论》)等主张。

冷静地将这两种颇具极端性的说法放在一起来分析,"唐无赋"的观点自然经不起检验,而"赋亦莫盛于唐"的主张也并非不值得推敲。
我们知道，判定某种艺术创作的历史价值，不
仅要看其在特定时代的数量和质量，还必须考
虑该艺术样式在其自身演变和发展中的纵向地
位，以及该艺术样式与同代其他艺术样式相比
的横向地位。将唐赋放在赋学史的"纵坐标"
中加以考察，不难断定，无论赋在唐代有了什
么样的发展，它的"原创性"自不能与汉赋相
比拟；将唐赋放在唐文学的"横坐标"中加以
分析，不难发现，无论赋在唐代有了什么样的
成就，它的"代表性"自无法与唐诗相媲美。
因此，从审美文化史的角度上讲，我们对"赋
亦莫盛于唐"的说法虽然是接受的，但却是有
保留地接受，也就是既要看到它在"原创性"
和"代表性"方面的局限，也不能无视它所取
得的实际成就。

在中国审美文化史上，赋是一种产生颇早的
文学样式，它萌生于周末，兴盛于汉、唐。从
社会背景来看，作为一代文化的艺术表征，汉赋
的兴盛显然得利于"大一统"的政治形势，因为
这种铺张扬厉、气势恢弘的文学体裁不仅适应着

"润色鸿业"的政治需要，同时也必须以强大的国力为支撑；而从文化背景来看，汉赋的兴盛似又与当时"独尊儒术"的意识形态政策有着内在的关联，因为那种金玉满眼、富丽堂皇的美学趣味显然适应了儒家"郁郁乎文哉""充实之为美"的艺术追求。从这两个方面来对比汉赋与唐赋产生的原因，不难发现，二者的政治背景是基本一致的，二者的文化背景却是不尽相同的。惟其基本一致，才导致了汉、唐两代在宏大的政治版图下演奏着宏大的艺术乐章；惟其不尽相同，才导致了汉、唐两代在共同的艺术乐章中表现出不同的演奏风格。

具体说来，唐赋不是在"独尊儒术"的单一文化背景下产生的，而是在儒、释、道鼎足而立的多元文化背景下出现的，因此，它无论是在内容、形式还是在美学趣味上，都表现得比汉赋更加丰富、更加复杂、更加多样。这或许就是"赋亦莫盛于唐"的原因所在。从另一个角度来看，这种赋体形式的内部变化也是由艺术自身发展的内在规律所决定的。有学者曾经指出："总的来说，汉赋以气势胜，魏晋南北朝赋以情韵胜，能兼具这两者如鲍照的《芜城赋》之类者不多。唐代的一些赋作家则往往能将两者结合起来而又显出个性的特色。"[1]如此说来，正如唐代社会之于汉代社会是一种"否定之否定"的关系一样，唐赋之于汉赋则是一种"螺旋式的上升"。

作为这种"螺旋式的上升"开端，隋朝赋作的起步是颇为艰难的。隋初，在刚刚统一的政治背景下，南北文化的交融还没有真正展开，初登大宝的文帝以引戒齐梁的心理来对待赋作，李谔、王通等文臣以质朴典则的标准来贬斥美文，武人俗吏们更是以急功近利的态度来轻视文化，这一切都对辞赋的创作和发展造成了不良的影响。直到炀帝当政以后，随着社会的发展、国力的强盛、南北文化的相互交融，一种既不同于南诗之绮丽，也不限于北文之典则的"典丽"文风才渐渐形成，开始对辞赋的创作产生了积极的推动作用。进入初唐以后，随着"诗"与"赋""刺"与"美""德性"与"辞藻"的反复论争，二元对峙的美学观念逐渐被扬弃，南北赋风合而未融的局面逐渐被打破，加之进士试赋开始将以赋取士的传统作法制度化、法律化，从而不仅有越来越多的文人士子从事着辞赋的写作，而且已基本克服了汉代之空洞堆砌和六朝之器具狭小的弱点，形成了强健的骨力、昂扬的气势与丰沛的气象、绚丽的辞藻彼此并重、交互生辉的创作倾向。王绩、魏徵、骆宾王、卢照邻、王勃、杨炯、徐彦伯、东方虬、陈子昂等人，曾先后写下了一大批颇具影响力的赋作，为盛唐赋风的形成做好了准备。

到了盛唐时代，赋继西汉之后再一次碰到了千载难逢的历史机遇，随之而蓬勃发展、蔚为大观。张说、苏颋、张九龄、李华、萧颖士、李白、王维、杜甫、元结等名家辈出，为赋作的发展带来了许多新的变化：

首先是数量繁多。据史书记载，现已证实的盛唐辞赋计一千篇左右，除去存目和残篇，尚存近四百篇。将这个数字放在半个多世纪的时间之内加以平分，其频率之高不仅大大超过了隋及初唐时代，也是两汉、两晋、南北朝所无法比拟的。从作者的身份来看，不仅皇帝、贵妃、公卿大臣作赋，文人、武将、地方官吏作赋，和尚、道士、民间艺人也作赋。这种"全民皆赋"的创作热潮，恰恰说明了艺术体裁与时代精神之间的对应关系。

其次是题材广泛。此时的赋作，已不仅要描绘城池的壮丽、宫苑的奢华、国家的强盛，上至天时气象、中至人伦情感、下至花鸟鱼虫，远及三皇五帝、中及历代兴衰、近及身边琐事，可以说无时、无事、无人、无物不可以作为赋的题材而加以铺陈、加以渲染、加以发挥。这种题材的丰富程度是盛唐宽松的社会环境和人们开放的艺术视野的直接体现。

第三是形式多样。适应科举试赋的需要，一种既讲究对偶，又限制音韵的律赋得到了长足的发展；配合古文运动的兴起，一种既追求质实，又讲究变化的散赋也在逐渐地繁荣；随着都市文化的发展，一种既通俗自然，又活泼诙谐的俗赋同时也放射出奇异的色彩。这些发展和变化虽然取法不同、方向各异，但却共同拆解着汉代以堆砌名物为高、齐梁以铺陈辞藻为事的形式主义赋风。

最后，也是最为重要的是，随着儒、释、道多元并存的文化背景的形成，盛唐的赋作也呈现出丰富多彩的美学趣味。为了方便起见，在这里，我们还将以李白、王维和杜甫三人的作品为例来加以说明。

"有我之境"的道家辞赋　今传李白赋作八首，有《大鹏赋》《拟恨赋》《愁阳赋》《剑阁赋》《明堂赋》《大猎赋》《惜馀春赋》《悲清秋赋》。祝尧《古赋辨体》说："盖太白天才飘逸，其为诗也，或离旧格而去之，其赋亦然。"可见其诗、赋一体，均表现了其取之不竭的才华和无拘无束的个性。最能代表其道家、道教精神的《大鹏赋》直接取材于庄子的《逍遥游》：

> 南华老仙发天机于漆园，吐峥嵘之高论，开浩荡之奇言，徵志怪于齐谐，谈北溟之有鱼：吾不知其几千里，其名曰鲲。化成大鹏，质凝胚浑。脱鬐鬣于海岛，张羽毛于天门。刷渤澥之春流，晞扶桑之朝暾。煇赫乎宇宙，凭陵乎昆仑。一鼓一舞，烟朦沙昏。五岳为之震荡，百川为之崩奔。

尔乃蹶厚地，揭太清，亘层霄，突重溟。激三千以崛起，向九万而迅征。背嶪太山之崔嵬，翼举长云之纵横。左回右旋，倏阴忽明。历汗漫以夭矫，羾阊阖之峥嵘。簸鸿蒙，扇雷霆。斗转而天动，山摇而海倾。怒无所搏，雄无所争。固可想象其势，仿佛其形。……

我们知道，庄子的寓言以其丰富的想象、奇妙的夸张，已经达到了一种不可企及的高峰，要在此峰巅上再上一步，真是比登天还要困难。然而，李白却知难而进，偏要在这个已经被夸张得不能再夸张、形容得不能再形容的大鹏身上"想象其势，仿佛其形"。据赋序所言，李白少时出游江陵，遇道士司马承祯，被其称之为"有仙风道骨，可与神游八极之表"，遂写下《大鹏遇希有鸟赋》，是为此赋的蓝本。显然，李白在这里以希有鸟比司马承祯，而以大鹏自喻，通过一系列的浪漫夸张来显示自己超人的才能和远大的抱负，文笔洒脱而不矫饰，句式整洁而不拘谨，辞藻华美而不雕琢，给人以神游八极而又从容不迫之感。真可谓承庄子汪洋恣肆之神韵，继道家潇洒磊落之胸襟，扬盛唐恢弘壮阔之精神。

"无我之境"的佛家辞赋

如果说李白的辞赋追求的是一种"有我之境"的道教精神，那么王维的辞赋表现的则是一种"无我之境"的佛教情怀：

> 山寂寂兮无人，又苍苍兮多木。群龙兮满朝，君何为兮空谷。文寡和兮思深，道难知兮行独。悦石上兮流泉，与松间兮草屋。入云中兮养鸟，上山头兮抱犊。神与枣兮如瓜，虎卖杏兮收谷。愧不才兮妨贤，嫌既老兮贪禄。誓解印兮相从，何詹尹兮可卜?

王维的赋作不多，今存《鹦鹉赋》一篇，朱熹编辑的《楚辞后语》中收有这篇具有"辞"体特征的《山中人》。与那些铺张扬厉、堆砌辞藻的大赋不同，此文用舒缓的节奏、淡淡的笔法，几笔勾勒出一幅疏朗清幽的山林景色，以衬托作者意欲离群索居、独向空门的佛家心境。这种以少御繁、以形写神的笔法，就像王维自己那清新淡远的水墨画一样。尤其是"入云中兮养鸟，上山头兮抱犊"等文句，以通俗易懂、平淡无奇的文字来表现超凡脱俗、意在言外的境界，实为辞赋中所罕见。可以说，它是在前代抒情小赋的基础上汲取佛教精神营养的审美结晶。

"忘我之境"的儒家辞赋

就文化资源而论，对赋这种文学样式影响最为深远的既不是道教，也不是佛教，而是注重礼乐的儒家思想。在这一点上，杜甫早年被称为"三大礼赋"的《朝献太清宫赋》《朝享太庙赋》《有事南郊赋》更为自觉地继承和发展了汉赋润色鸿业、歌舞升平的特点，其气势之大、辞藻之美，实可与《子虚》《上林》相媲美，非初唐诸子所比肩。难怪玄宗对此颇为欣赏，并召试文章、委以官职呢！这些赋作使杜甫一时名声显赫，直到晚年还引以为荣："忆献三赋蓬莱宫，自怪一日声煊赫。集贤学士如堵墙，观我落笔中书堂。"（《莫相疑行》）然而，由于三赋为干进之作，又有"劝百讽一"之嫌，因而在文学史上常不被重视。其实，这些作品中所反映的江山的壮阔、宫苑的奢华、城市的繁荣、人物的气派，以及歌舞的绚丽、祭祀的庄严正体现了盛唐社会开阔的视野和博大的胸襟，是时代精神在审美文化领域中的集中体现。

事实上，作为新时代的文学巨匠，杜甫绝不甘心步扬、马之后尘。随着阅历的增长、人格的完善，他的赋风也日益刚毅劲健。除"三大礼赋"之外，杜甫还为我们留下了《封西岳赋》《越人献驯象赋》《天狗赋》《雕赋》等作品。所谓"文如其人"，如果说李白在《大鹏赋》中所塑造的是一个"吐峥嵘之高论，开浩荡之奇言"的隐者的形象，那么杜甫在《雕赋》中则塑造了一个"以雄才为己任，横杀气而独往"的儒士的形象：

> 当九秋之凄清，见一鹗之直上。以雄才为己任，横杀气而独往。梢梢劲翮，肃肃逸响。杳不可追，俊无留赏。彼何乡之性命，碎今日之指掌。伊鸷鸟之累百，敢同年而争长……夫其降精于金，立骨如铁，目通于脑，筋入于节。架轩楹之上，纯漆光芒；掣梁栋之间，寒风凛冽。虽趾蹻千变，林岭万穴，击丛薄之不开，突权枒之皆折，此又触邪之义也。

尽管此赋仍是干进之作，但绝不失儒者的刚烈、文士的气节。相反的，一个有胆有识、有谋有略，"居天下之广居，立天下之正位，行天下之大道；得志，与民由之；不得志，独行其道。富贵不能淫，贫贱不能移，威武不能屈"（《孟子·滕文公》）的大丈夫的形象跃然纸上。诚如清人仇兆鳌评论的那样，"全赋俱属比喻，有悲壮之声，无乞怜之态。三复遗文，亦当横秋气而厉风霜矣"（《杜诗详注》）。这种至大至刚的"浩然之气"，既是儒家思想中的精华，也是杜甫人格中的支柱。如果说以李白为代表的道家辞赋，表现的是一种无限扩张的"有我之境"；以王维为代表的佛家辞赋，表现的是一种超然世外的"无我之境"；那么以杜甫为代表的儒家辞赋，表现的则是一种舍生取义的"忘我之境"。惟其如此，他才能够近超诸子，远迈前贤，在新的历史条件下将儒家的美学思想推向高峰。

总之，由于国力的强盛，更由于意识形态的多元与宽松，使得盛唐辞赋与诗歌一起，也进入了一个繁荣发展、色彩纷呈的时代。

〔1〕 马积高《历代辞赋鉴赏辞典·前言》，安徽文艺出版社，1992 年版。

4

书法、绘画

『江流天地外，山色有无中』

　　盛唐真是一个百花争艳、姹紫嫣红的时代，在这黄金锻就的七十年里，不仅雕塑、陶瓷、诗歌、辞赋取得了令人瞩目的成就，而且书法、绘画也空前繁荣起来。尽管这些不同的艺术形式有着各自的发展规律，但却属于共同的审美文化，体现着共同的时代精神。

　　与诗坛、文苑的发展走向大体一致，盛唐的

书法领域也因意识形态的多元取向而出现了垂范千古却又风格迥异的艺术大师，其代表人物张旭、颜真卿、怀素似可与李白、杜甫、王维相提并论。

张旭：

道士仗剑，呼风唤雨

将"诗仙"李白与"草圣"张旭相提并论，并不仅仅是今人的看法，《新唐书·文艺传》云："文宗时，诏以白歌诗，裴旻剑舞，张旭草书，为'三绝'。"而今张旭的真迹尚在，从其行云流水、跌宕起伏的节奏中，我们确乎不难体会到李诗的狂放和裴剑的洒脱。

从创作成就上看，李白一向以诗文名世，但其书法作品亦不乏仙风道骨，所传《上阳台帖》便是最好的证明。只是他的创作热情主要集中在诗歌上，因而将这一领域的探索空间留给了张旭。反之，张旭虽然以书家著称，但其诗文创作也有一定的影响，曾与贺知章、包融、张若虚同被称为"吴中四杰"。我们在上文中援引的《桃花溪》一诗便不乏李白式的狂放。

从生活经历上看，张旭和李白不仅是意趣相投的朋友，而且生活方式和精神面貌也极其相仿。同李白一样，张旭志向远大而又仕途坎坷，一生只做过常熟尉、金吾长史。为此，李白曾引以为知己与同道："楚人每道张旭奇，心藏风云世莫知。三吴邦伯皆顾盼，四海雄侠两相随。"同李白一样，张旭不拘小节而又喜欢豪饮，并常常凭借酒兴来从事创作。为此，杜甫在《饮中八仙歌》中不仅有"李白斗酒诗百篇"的形容，而且有"张旭三杯草圣传"的描述。同李白一样，张旭的这种处世态度和生活方式亦可以在道教文化中找到一定的根据和支持。为此，李颀曾有过这样的描述："张公性嗜酒，豁达无所营。皓首穷草隶，时称太湖精。露顶据胡床，长叫三五声。兴来洒素壁，挥笔如流星。下舍风萧条，寒草满户庭。问家何所有？生事如浮萍。左手持蟹螯，右手执丹经。瞪目视霄汉，不知醉与醒。诸宾且方坐，旭日临东城。荷叶裹江鱼，白瓯贮香粳。微禄心不屑，放神于八纮。时人不识者，即是安期生。"(《赠张旭》)这里所说的"安期生"也正是李白一向神往的道教中的仙人。由此可见，盛唐相对宽松的政治环境和多元并存的文化背景不仅培养了李白式的狂傲，而且造就了张旭式的放达。

张旭传世的书迹不多，除楷书《郎官石柱记序》外，其余都是草书作品，有《肚痛帖》、《**古诗四帖**》(彩图 14)等(对于后者的作者，学界有不同的看法，见《启功论书绝句百首》第 41 页，荣宝斋出版社，1995 年版)。《古诗四帖》无论是在文学内容上还是在书法形式上，都充分显示了道家、道教文化的影响。全帖共录古诗四首，前两首为北朝庾信的《步虚词》，描绘的是道教人士访仙求道、步虚成神的境界；后两首为南朝谢灵运的《王子晋赞》和《岩下一老翁四五少年赞》，讲述的是道家人士隐逸深山、羽化升仙的故事。通观全帖，线条狂逸飞动，笔法触目惊心，既如同一介狂士向世间倾吐其愤懑不平的情绪，又仿佛一位隐者在狂飙巨浪中保持其神态自若的心性，很容易使人们联想起李白那惊心动魄而又潇洒旷达的古体诗。

可见，相似的性格特征与精神面貌，最终导

致了相近的美学趣味。如果说，李白的意义，是借助近体诗的格律功底而将古体诗的自由奔放发展到了一个"前无古人"的境地；那么张旭的价值，则是借助于楷书的笔法功力而将草书的随意挥洒发展到了一个"后无来者"的水平。我们知道，李白写过不少格律严谨的近体诗，有着极为娴熟的音韵功底，惟其如此，他那看似随心所欲、冲口而出的古体诗才能够达到"格无定格"的自由。同样，张旭写过不少法度森严的楷书，其著名的《郎官石记序》"备尽楷法，隐约深严，筋脉结密，毫发不失"（董迫《广川书跋》），有着极为老道的笔墨功夫，惟其如此，他那看似尽情挥洒、任性而发的狂草才能够达到"法无定法"的境界。对于这其中的奥秘，深谙家三昧的苏东坡曾有过这样的解释："长史草书颓然天放，略有点画处而意态自足，号称神逸。今世称善草书者，或不能真行，此大妄也。真生行，行生草。真如立，行如行，草如走。未有未能行而自能走者也。"（《书唐氏六家书后》）这就是所谓"夫守法者至严，则出乎法度者至纵"（董迫《广川书跋》）的辩证法。明乎此，才能够理解，何以在"唐书重法"的环境下，恰恰出现了张旭豪放不羁的狂草。

《新唐书·文艺传》云："旭，苏州吴人，嗜酒，每大醉，呼叫狂走，乃下笔，或以头濡墨而书，既醒自视，以为神，不可复得也。世呼张颠。"可见，张旭运笔同李白吟诗一样，要借助于一种近似酒神的迷狂状态而把内心世界压抑已久的感情倾泻出来，这背后不仅潜含着长期的艺术训练，而且隐藏着深厚的文化修养。在其行云流水的线条和雷霆万钧的点画之中，我们不是同样可以看到老子似的"上善若水"、庄子似的"乘物以游心"？

对于张旭书法的美学特征，世人广为推崇，其中尤以韩愈在《送高闲上人序》中的描绘最为生动：

> 往时张旭善草书，不治他技。喜怒、窘穷、忧悲、愉佚、怨恨、思慕、酣醉、无聊、不平、有动于心，必于草书焉发之。观于物，见于山水崖谷，鸟兽虫鱼，草木之花实，日月列星，风雨水火，雷霆霹雳，歌舞战斗，天地事物之变，可喜可愕，一寓于书。故旭之书，变动犹鬼神，不可端倪。以此终其身而名后世。

这种由再现转向表现，由有法转向无法，由优美转向崇高的美学追求与李白的诗歌互为表里，遥相呼应，共同演奏着"盛唐之音"的浪漫乐章。

颜真卿：

儒相临朝，浩然正气

将颜真卿的书法与杜甫的诗歌相提并论者，也不始于今人。苏轼云："鲁公书雄秀独出，一变古法，如杜子美诗，格力天纵，奄有汉魏晋宋以来风流。"（《书唐氏六家书后》）李泽厚曾从时代精神的角度上分析了杜诗、颜书与李诗、张书的区别，认为："它们一个共同特征是，把盛唐那种雄豪壮伟的气势情绪纳入规范，即严格地收纳凝练在一定形式、规格、律令中。从而，不再是可能而不可习，可至而不可学的天才美，而成为人人可学而至、可习而能的人工美了。"[1]可是在我们看来，尽管这一区别确乎有"安史之乱"的历史转折在起作用，然而无论是李、张二公豪放自如的"天才美"，还是杜、颜二子严整浑厚的"人工美"，都是"盛唐之音"的有机构成。因此，除了历史的变故之外，他们之间的异与同，更应在文化的根源中加以寻找。笔者在《儒家的"建构"与道家的"解构"》一文中指出，作为礼乐文化的建构者，儒家对艺术形式的追求往往有符号化、秩序化的审美倾向；反之，作为礼乐文化的解构者，道家对艺术形式的追求则往往有反符号、反秩序的审美特征。于是，前者确立的是规律和法则，后者张扬的是自由和个性[2]。明乎此理，对我们认识上述艺术大师的美学风格似有益处。

颜真卿是经学大师颜师古的五代从孙，其祖上颜之推曾因撰写儒家的修身法则《颜氏家训》而称名于世。因此，同杜甫一样，颜真卿自幼受儒学的浸染甚深，并怀有"修齐治平"的远大理想。同杜甫一样，这种理想在"安史之乱"的历史变故之中也得到了考验和升华。据《新唐书》记载："真卿立朝正色，刚而有礼。非公言直道，不萌于心。天下不以姓名称，而独曰鲁公。""当禄山反，哮噬无前，鲁公独以乌合婴其锋。"无论是在官场上的刚正不阿，还是在战场上的身先士卒，直至监狱中的大义凛然，颜真卿以其毕生的行为体现了儒家的忠君理想和人格风范，甚至比"麻衣见天子"的杜甫更令人敬重。这种堂堂正正的君子风度表现在艺术上，便造就了垂范千古的一代书风——颜体。

颜真卿的传世书迹很多，碑刻、拓本、真迹共有七十余种，著名的有《**颜勤礼碑**》（025）、

025　颜真卿《颜勤礼碑》

《东方朔画赞碑》《麻姑仙坛记》《祭侄文稿》《争座位帖》等。作为一代艺术大家，颜真卿在师从张旭的基础上又汲取了王羲之、王献之、褚遂良、欧阳询等人的笔法，这与杜甫"别裁伪体亲风雅，转益多师是汝师"（《戏为六绝句》）的学诗原则是一致的。他融篆隶笔法于楷、行、草之中，结字饱满，筋力丰厚，从运笔方式到间架结构无不自成一家、富有创见。

《**祭侄文稿**》（026）是其行书的代表作，此稿并非刻意为书，而是为平叛战争中壮烈牺牲的爱侄季明亲手写下的祭文草稿。颜氏可谓一门忠烈，在河朔沦陷、诸郡皆降的情况下，身为平原

026　颜真卿《祭侄文稿》

太守的颜真卿与乃兄常山太守颜杲卿奋起抵抗，
力挽狂澜。次年，叛军攻陷常山，颜杲卿及少子
季明被俘并先后遇害，颜家死于贼手者达三十人
之多。正是在这种国仇家恨痛彻心脾的情况下，
颜真卿奋笔疾书了。文稿主要叙述了死者的生平
事迹，开头十余行字迹还基本规整，笔法也比较
圆融；至"贼人不救"之后，愤慨之情打破了书
法的平静；尤其是写到"父陷子死巢倾卵覆"之
后，悲痛之情溢于言表，字体忽大忽小，线条时
疾时涩。然而即使是在文字错讹、神情恍惚的情
况下，文稿亦不失遒劲瑰丽的书家风范，可谓是
笔笔中锋、力透纸背，既有金石之效果，又有篆
籀之余味。

尽管颜真卿的《祭侄文稿》被书界誉为"天
下第二行书"，从而与王羲之的《兰亭序》平分
秋色。但真正代表"颜体"风格的，还是其著名
的楷书碑刻。在这方面，其46岁时撰写的《东
方朔画赞碑》、63岁时撰写的《麻姑仙坛记》、71
岁时撰写的《颜勤礼碑》分别可视为"颜体"酝
酿期、形成期、完善期三个不同阶段的代表作。
其中尤以后者人书俱老，风范绝佳。此碑全称

《唐故秘书省著作郎夔州都督府长史上护军颜君神道碑》，是颜真卿晚年为其曾祖父颜勤礼所写的神道碑。碑的四面均有文字，现保留三面，共计 921 字。与前此诸家相比，碑文用笔极其讲究，富于变化：提则轻如游丝，按则重如坠石；横则细而不断，竖则粗而有力；起承转合，笔笔有法；点横撇捺，划划有度。与前此各体相比，碑文的结字极具章法，富有创意：外圆内方、外柔内刚；方正平直，上密下疏；大字促之令小，小字展之令大；繁字不显其乱，简字不嫌其单。这种独特的笔法加上独特的结构，便形成了"颜体"独特的艺术特征和美学风貌：雍容大度的气势、端庄厚重的品格以及浮雕般的立体感。透过这一作品，我们既看到了一种温柔敦厚、非礼而勿动的行为法度，又看到了一种至大至刚、凛然不可侵犯的人格尊严。毫无疑问，这法度、这尊严，根植于儒家文化的丰厚土壤。正像欧阳修在《集古录》中所说的那样："颜公忠义之风皎如日月，其为人尊严、刚正，像其笔画。"在唐代书法史上，如果说张旭的狂草以雷霆万钧之力横扫了六朝以来阴柔俊美的书法，那么颜真卿的楷书则以沉稳凝重的法度取代了二王清秀婉约的规范。如同黄庭坚所评论的那样："盖自二王后，能臻书法之极者，惟张长史与鲁公二人。"(《刘中使帖》跋语) 至此，唐代书风为之一变，雄强取代了瘦劲，凝重取代了飘逸，沉稳取代了轻盈，丰满取代了俊秀。正像杜甫格律精湛而又沉郁顿挫的诗风显示了唐代社会虽经"安史之乱"而又盛气未竭的精神一样，颜真卿法度森严而又气势豪迈的书风体现了有唐一代虽逾"开元盛世"却又真气犹存的底蕴。

怀素：

老僧参禅，出神入化

将诗人与书家的类比继续下去，比张旭、颜真卿稍晚而又齐名的怀素既不像"诗仙"李白，也不像"诗圣"杜甫，而是与"诗佛"王维更加接近。从生活上看，如果说"诗佛"王维还仅为心向空门的居士，那么"书僧"怀素则已是剃度出家的和尚了。作为玄奘大师的门徒，怀素自幼聪慧好学，精通梵文，参禅之余，颇好翰墨。据《书小史》等史料记载，为了向张旭学习书道，怀素曾"担笈杖锡，西游上走"，专程来到长安。然而此时的"草圣"已回故里，怀素却有幸结识了时为殿中侍御史的颜真卿并找到了自己的表兄邬彤。颜、邬二人都曾得到过张旭的真传，怀素便向他们讨教"草圣"的秘诀。邬彤告诉怀素，张旭曾有"孤蓬自振，惊沙坐飞"的说法，怀素就此顿悟。颜真卿则以"古钗脚""屋漏痕"等自然现象相启示，怀素答道："贫僧观夏云因风变化，奇峰迭起；又见墙壁坼裂之痕，无不自然。"自此书艺大进。此一记载有助于人们对怀素书法的理解：第一，以参禅的心境学书就如同以参禅的心境写诗一样，妙在一个"悟性"；第二，从造化之中求艺就如同从大千世界求心一样，贵在一个"自然"。不难发现，或许是同受佛教影响的缘故，在这两点上，"书僧"怀素与"诗佛"王维是相通的。

　　提到怀素的书法，人们往往因其擅长草书而将其与张旭相提并论，所谓"颠张狂素"便是一种习而不察的说法。其实，在美学趣味上，"颠"与"狂"本是很难分清的，若仅以"颠狂"而论，张旭似乎已达到了一个不可逾越的高峰，何以在其之后，还会有怀素的历史地位呢？对此，《广川书跋》解释道："怀素于书，自言得书法三昧。观唐人评书，谓不减张旭。素虽驰骋绳墨外，而回旋进退，莫不中节。至张旭则更无蹊辙可拟，超忽变灭，未尝觉山谷之险，原隰之夷，以此异尔。"其实，这种从"有法"与"无法"的角度来区分二人的做法仍然有些勉强，因为我们知道，张旭重法，草书亦非"更无蹊辙可拟"。因此，要真正理解怀素所谓"得书法三昧"的妙处，还应从"悟性"与"自然"入手。

怀素传世书迹有《自叙帖》《藏真帖》《苦笋帖》《论书帖》《食鱼帖》《律公帖》《千字文》等，分狂草和今草两类。《**自叙帖**》（027）是其狂草的代表作，也是其书法历程的经验总结。初看上去，怀素草书狂放，不拘一格，确乎与张旭相仿。细细品味，又觉得张旭下笔酣畅，用墨淋漓，一发而不可收拾；怀素则笔尽意在，墨尽毫

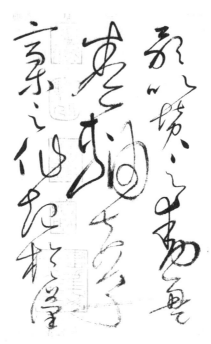

帖中首先叙述了作者来长安前后的创作经历和所见所闻，行笔舒缓，飘逸自如；接着叙述了颜真卿对他的指教和期望，笔势渐趋狂放，龙飞凤舞；继而写世人对他的高度评价，尽情挥毫，变幻莫测；最后落款，在高潮之后戛然而止，余味无穷。

027　怀素《自叙帖》（局部）

出，狂放而不失风度。相比之下，张旭书法黑胜于白，以力量见长；怀素书法则白胜于黑，以品位取胜。这种计白当黑、因色悟空的境界很有点儿像王维早年虽然狂放、但却空明的诗作，难说没有佛家的精神在起作用。

再看怀素今草的代表作《论书帖》，此为怀素对自己书法创作的经验总结，帖曰："为其山不高地亦无灵，为其泉不深水亦不清，为其书不精亦无令名……"因而要追求一种含而不露、厚积薄发的美学境界。与这一内容相为表里，该帖不作激扬之姿、纵横之态，通篇素朴自然、简约含蓄。这种绚烂之极而归于平淡的境界，很有点像王维晚年那富有禅意的山水诗，显然有佛家的功力在里面。

总之，张旭的书法贵在豪放，如道士仗剑，呼风唤雨；颜真卿的书法贵在端庄，似儒相临朝，浩然正气；怀素的书法则贵在神韵，像高僧参禅，出神入化。正如李白、杜甫、王维在诗歌领域中所起的作用一样，张旭、颜真卿、怀素在书法艺术上也分别体现了儒、释、道三家在盛唐时代的审美理想。

当然了，以上的论述只是撮其大要。正像盛唐的思想不限于上述三家一样，盛唐的艺术也是丰富的、多元的。以书体而论，像李邕的行书、史惟则的隶书、李阳冰的篆书都有一定的历史地位。以书论而言，张怀瓘的《书断》既叙述了十种书体的发展和源流，又分析了二百余位书家的创作与贡献，实可谓是史论结合、品评得当。最后，值得特别一提的是李隆基，像李世民、武则天等人一样，这位玄宗皇帝也是一位书法高手。《旧唐书》说他"知音律，善八分书"，流传下来的碑铭有《凉国长公主碑》《赐益州长史张敬忠敕》《庆唐观圣铭》《石台孝经》等多种。今天，登临五岳之首的人们仍然可以在那高耸入云的悬崖峭壁上仰视其胸襟开阔、气势庞大的《纪泰山铭》。这一切，无不显示着盛唐书坛的气象和繁荣。

吴道子：

天衣飞扬，满壁风动

审美作为一种文化，自有其超越具体艺术门类的普遍意义。盛唐时代，不仅音乐、舞蹈、诗歌、书法之间有着共同的时代精神，作为与书法同源的绘画艺术也不例外。《唐朝名画录》中有着这样一段记载："开元中，驾幸东洛，吴

生与裴旻将军、张旭长史相遇，各陈其能。时将
军厚以金帛，召致道子于东都天宫寺为其所亲将
施绘事。道子封还金帛，一无所受。谓旻曰：
'闻将军久矣，为舞剑一曲，足可当惠。观其壮
气，可助挥毫。'旻因墨缞为道子舞剑。舞毕奋
笔，俄顷而成，有若神助，尤为冠绝。道子亦亲
为设色，其画在寺之西庑。又张旭长史亦书一
壁，都邑士庶皆云：'一日之中，获睹三绝。'"
这段具有传奇色彩的记述不仅再一次印证了不同
艺术门类之间的普遍联系，而且也暗示了吴道子
的绘画与裴旻的剑舞、张旭的草书之间共同的审
美趣味。

　　吴道子是盛唐时期最有影响的画家，后改名
为道玄。我们知道，《老子》中有所谓"道可道，
非常道""玄之又玄，众妙之门"的说法。无论
"道"，还是"玄"，都是道家、道教文化中的核
心概念，从中似不难看出吴道子的文化修养和宗
教情怀。张彦远认为，吴道子作画的秘诀是"守
其神，专其一，合造化之功，假吴生之笔。向所
谓意存笔先，画尽意在"（《历代名画记》）。这与
《老子》所谓"致虚极，守静笃，万物并作，吾

以观复”的悟道方法也是一致的。后世作坊画师在常画的“诸神存目”中将其列为“吴道真人”，与“三清”排在一起，这似乎也透露出了吴道子与道教之间的联系。

张彦远《历代名画记》云："国朝吴道玄古今独步，前不见顾、陆，后无来者，授笔于张旭。此又知书画用笔同矣。张既号'书颠'，吴宜为'画圣'，神假天造，英灵不穷。众皆密于盻际，我则离披其点画；众皆谨于像似，我则脱落其凡俗。弯弧挺刃，植柱构梁，不假界笔直尺。虬须云鬓，数尺飞动，毛根出肉，力健有余。"由此可见，吴道子不仅承袭了张旭的笔法，在美学趣味上，他也和李白、张旭一样，属于浪漫型、开拓型、力量型一派。从题材上看，吴道子兼擅人物、山水、亭台、鸟兽等各种题材，尤以佛道中的人物、鬼神见长。据说，他笔下"变相人物，奇踪异状"，极尽想象、夸张之能事，很有点像李白诗歌中的神仙鬼怪。从创作上看，吴道子也属于灵感型、爆发型一类，据说，他嗜酒利赏，"每一挥毫必须酣饮"，"其画光立笔挥扫若风旋，人皆谓之神助"（《唐朝名画录》）。从技法上看，吴道子不拘泥于现成的章法，敢于突破陈规，另起炉灶。据说，他"早年行笔差细，中年行笔磊落，挥霍如莼菜条。人物有八面生意活动"，"其傅彩，于焦墨痕中略施微染，自然超出缣素，世谓之吴装"。(《书鉴》)这种线条简约、色彩素雅的"吴家样"颇似李诗的自由、张书的洒脱。

开元年间，吴道子因画艺超群而被玄宗皇帝召入禁中，先后任供奉、内教博士等职。盛唐时代的宗教艺术非常发达，大大小小的道观和寺庙几乎成了公开的画廊，这给吴道子提供了充分的用武之地。据载，他一生中仅在长安和洛阳两地就绘有壁画三十余间，传至宋代宫廷中的卷轴亦有九十余件。当年，杜甫曾在洛阳玄元皇帝庙见其壁画《五圣朝元图》，曾作诗赞曰："画手看前辈，吴生远擅场。森罗移地轴，妙绝动宫墙。五圣联龙衮，千官列雁行。冕旒具秀发，旌旆尽飞扬。"(《冬日洛城北谒玄元皇帝庙》)可惜这些作品未能保存下来。莫高窟103窟中的《维摩诘像》或被认为是他的作品。另外，流传至今的《送子天王图》可能是宋人的摹本，一般认为比较接近吴道子的风格。此画以浪漫的方式再现了释迦牟尼降生后，其父净饭王抱着他进入神庙，诸神向他礼拜的故事。作品选题奇特，将人、神、瑞兽置于同一个画面上，并构成了富有戏剧性的场面。净饭王怀抱着刚刚出生的悉达多太子，表情严肃，举止庄重，裙袂迎风飘舞，确有"吴带当风"之妙。在他的面前，一神怪伏地而拜，表现出张皇失措的样子，极尽"窃眄欲语"之姿。这种以人御神、以静制动的夸张处理，十分巧妙地反衬出幼年释迦的高贵与尊严。难怪段成式言其"惨淡十堵内，吴生纵狂迹。风云将逼人，鬼神如脱壁"（《西阳杂俎·寺塔记》）呢。

如果说吴道子的宗教人物画与李白那惊风雨、泣鬼神的诗歌同具夸张、想象、神奇的魅力，那么吴道子的破墨山水画则与张旭那纵然天放、颓然天成的书法同具疏朗、豪放、自由的精神。《唐朝名画录》中有着这样一段记载："明皇天宝中忽思嘉陵江水，遂假吴生驿驷，令往写貌。及回日，帝问其状。奏曰：'臣无粉本，并记在心。'后宣令于大同殿图之，嘉陵江三百余里山水，一日毕。时有李思训将军，山水擅名，帝亦宣于大同殿图，累月方毕。明皇云：'李思训数月之功，吴道子一日之迹，皆极其妙也。'"由于李思训死于开元年间，因而此处的时间显然有误，然而它却反映了吴道子"破墨山水"与李思训"青绿山水"异曲同工、各具特色的美学追求。中国绘画，大抵有"工笔"与"写意"二途。所谓"数月之功"的李氏山水，自然是一种接近于工笔画的"密体"；而所谓"一日之迹"的吴氏山水，显然是一种接近写意画的"疏体"。张彦远《历代名画记》云："顾陆之神，不可见其眄际，所谓笔迹周密也。张吴之妙，笔才一二，象已应焉。离披点画，时见缺落。此笔不周而意周也。若知画有疏密二体，方可议乎画。"密体画穷神尽相，追求色彩的真实和细节的真实；疏体画遗貌取神，追求墨迹的骨法与整体的气韵。尽管这二者之间并不存在孰高孰低的问题，但在当时都是一种创举。事实上，只有到了吴道子以后，文献中才出现了与"青绿山水"异趣的"破墨山水"的记载。正像张旭的狂草打破了草体书的陈规一样，吴道子的破墨也突破了山水画的旧法。由是，"山水之变始于吴"的说法，并非过誉。

张萱：
雍容典雅，绮罗人物

倘若我们将吴道子那天衣飞扬、满壁风动的宗教人物与张萱那雍容典雅、富态端庄的绮罗人物放在一起，其效果很像是同时欣赏张旭的草书与颜真卿的正楷。前者洋溢着超凡脱俗的出世精神，后者充满了一丝不苟的人间情怀。同为玄宗时代的宫廷画师，张萱的画风与吴道子刚好相反。在题材上，他不去选择神话故事，而是喜欢世俗生活，尤其是善于刻画宫廷妇女的形象。在手法上，他不大使用夸张的笔触和简约的色彩，而是喜欢工笔重彩，制造出浓郁厚重的生活气氛。《唐朝名画录》中说张萱"尝画贵公子、鞍马、屏障、宫苑、仕女，名冠于时。善起草，点簇景物位置、亭台、树木、花鸟、皆穷其妙"。《宣和画谱》所载张萱画迹四十七卷中有三十卷为仕女图，多半描写贵族妇女的世俗生活，如"整妆""鼓琴""猜谜""烹茶""赏雪""出游""挟弹宫骑""七夕祈巧""太真教鹦鹉"之类。流传至今的《**捣练图**》（彩图15）和《**虢国夫人游春图**》（彩图16）均为宋徽宗赵佶摹本。

周昉：

人物丰秾，肌胜于骨

继张萱之后，由盛唐进入中唐的周昉将这种绮罗人物造型发展成为与"吴家样"平分秋色的"周家样"。这位出身贵族的画家有着"画仕女，为古今绝冠"的美誉，并把这种带有世俗化倾向的人物造型引进了宗教绘画，创作了美丽端庄的"水月观音"。周昉的作品现存者相传有《纨扇仕女图》、《**簪花仕女图**》（彩图17）、《调琴啜茗图》等。与吴道子"纯菜条"似的粗笔勾勒不同，周昉独创了"琴丝描"的细腻笔触。与吴道子乘兴

挥毫、落笔便去的创作态度不同，周昉绘画一丝
不苟、精益求精。郭若虚的《图画见闻志》记
载，周昉在长安作画时，"都人士庶观者以万数，
其间鉴别之士，有言其妙者，或有指其瑕者，随
意改定。经月有余，是非语绝，无不叹其神妙"。
真有杜甫作诗"语不惊人死不休"的精神。《图
画见闻志》中还有一段记载，用以比较周昉和当
时另一位画家韩幹的作品："郭汾阳婿赵纵仕郎，
尝令韩幹写真，众称其善。后请昉写之，二者皆
有能名。汾阳尝以二画张于坐侧，未能定其优
劣。一日，赵夫人归宁，汾阳问曰：'此画谁
也？'云：'赵郎。'复曰：'何者最似？'云：
'二者皆似，后画者为佳，盖前画者空得赵郎状
貌，后画者兼得赵郎情性笑言之姿尔。后画者，
乃昉也。'"由此看来，无论在创作技法和创作态
度上有多大的差距，有一点是周昉与吴道子共同
的，即都在追求"形似"与"神似"的统一。这
也正是他们高于韩幹等人而成为一流画家的原因
所在。

　　与张萱一样，周昉的人物造型亦多雍容华
贵、浓丽丰满之态。董广川跋他的《按筝图》

说："尝持以问人曰：'人物丰秾，肌胜于骨，盖画者自所好者？'余曰：'此故唐世所好，尝见诸说，太真妃丰肌秀骨，今见于画也肌胜于骨。昔韩公言，曲眉丰颊便知唐人所尚，以丰肌为美。昉于此，知时所好而图之矣。"其实不仅张萱、周昉笔下的仕女，就连韩幹的马，可见《**夜照白图**》（028）、韩滉的牛，都以体态丰满而见长。从这里出发，很容易使人联想起"唐三彩"

028 韩幹《夜照白图》

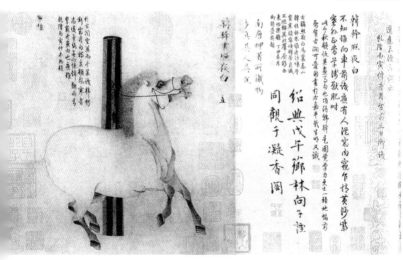

中那一个个肌胜于骨的绮罗人物。如果再想得远一点，那便是颜真卿浓丽丰满的楷书了。比较张萱、周昉的作品，其共同之处不仅在于世俗的倾向和宫廷的趣味，也不仅在于色彩的浓郁和笔触的细腻，还在于他们都善于动中取静，追求一种雍容典雅、仪态万方的气度，一种类似于古希腊的"高贵的单纯，静穆的伟大"。这一点，正是后代画家所难以企及的。在盛唐的雕塑，在杜甫的诗歌，在颜真卿的书法中，我们都曾发现过这种深厚的修养和高雅的气质。

李思训：

轻墨重彩，金碧辉煌

在人物画方面，张萱、周昉与吴道子形成了泾渭分明的美学特色；在山水画方面，李思训、李昭道同吴道子实现着各领风骚的艺术追求。上面提到的"李思训数月之功，吴道子一日之迹"的说法，只能说明二者画体上的疏密之分，而非高下之别。恰恰相反，唐明皇说得十分清

楚："皆极其妙也！"遗憾的是，吴道子的山水
墨宝今已不存。有幸的是，李思训的青绿江山
尚能看到。这位被称为"国朝山水第一"的唐
室宗亲虽生年较早，但因规避武后临政而一度
隐遁，其主要影响仍在盛唐。他一家五口皆擅
丹青，尤其是右武卫大将军本人和他的儿子李
昭道，遂有"大李将军""小李将军"之称。传
为李思训原作的《江帆楼阁图》和李昭道摹本
的**《明皇幸蜀图》**（彩图18）是我们研究其父子
画风的珍贵对象。从线条上看，前者对植被的
处理极其细致，后者对山石的描绘也相当严谨，
二人显然继承并发扬了展子虔、郑法士等人
"细密精致而臻丽"的风格，倘非数月之功，确
乎难以奏效。若仅就对象的"再现"而言，二
李的这种"密体"是吴道子之"疏体"所难以
比拟的，《历代名画记》中说："思训格品高奇，
山水绝妙，鸟兽草木，皆穷其态。"讲的就是这
个意思。可见"疏"有"疏"的放达，"密"有
"密"的精致。从色彩上看，前者将近处的青山
翠岭与远处的碧江苍天进行由深至浅的过渡性
处理，给人以烟波浩渺之感；后者将山前的奇

峰怪石与山后的清风白云进行虚实相间的对比性处理，以造成险峻嵯峨之势。二人显然继承了展子虔等人"青绿重色，工细巧整"的风格，并在前人小青绿设色的基础上有所突破，开创了"青绿为质，金碧为纹"的"金碧山水"的先河。若仅就画面的质感而言，二李的这种"重彩"也是吴道子之"轻色"所难以比拟的。关于这一点，《唐朝名画录》中的一段记载虽然有些夸张，但却耐人寻味："明皇召思训画大同殿壁兼掩障。异日，因对语思训云：'卿所画掩障，夜闻水声，通神之佳手也。'"可见"轻"有"轻"的飘逸，"重"有"重"的质感。从境界上看，前者江流开阔，视野浩渺；后者山形险峻，气势巍峨。其格调之高、胸襟之大，似乎是前代画家所难以比拟的。在这一点上，他们与同为盛唐的吴道子倒是异曲同工、颇为一致了。

张彦远《历代名画记》在谈及盛唐绘画时说："山水之变，始于吴，成于二李。"这与盛唐书法之变始于张旭而成于颜真卿的历史事实似乎有着某种奇妙的相似之处。正如我们曾经指出的那样，张旭横扫千军的草书是"盛唐气象"，颜真卿气势开张的楷书也是"盛唐气象"。那么我们同样也必须承认，吴道子出神入化的宗教人物是"盛唐气象"，张萱、周昉雍容典雅的绮罗人物也是"盛唐气象"；吴道子磊落狂放的破墨山水是"盛唐气象"，李思训、李昭道宏伟壮丽的金碧山水也是"盛唐气象"……

王维：

诗中有画，画中有诗

然而不要忘记，与儒、释、道三足鼎立的意识形态相对应，我们在谈到盛唐诗歌时涉及了三种风格，在谈到盛唐书法时也涉及了三种风格，那么在谈到盛唐绘画时是否也有第三种风格存在呢？换言之，与诗歌中的王维、书法中的怀素相对应，盛唐时代是否也有着一种超凡脱俗的画风存在呢？在这一方面，我们寻找到的代表人物应该是王维和张璪。王维不仅是一流的诗人，也是一流的画家，《旧唐书》本传说他"笔踪措思，参于造化"，"云峰石色，绝迹天机，非绘者之所及也。"可见他不仅画艺甚高，也像怀素的书法那样，有着绚烂之极，归于平淡的倾向，这一点亦与其诗歌的美学风格相为表里。遗憾的是，唐人张祜即已发出了"右丞今已殁，遗画世间稀"（《题右丞山水障子》）的慨叹，时至今日，除《辋川图》摹本石刻外，我们只能从《雪溪图》《江山雪霁图》等摹本或拟作中来窥测他的画风了。至于另一位盛唐画家张璪则不仅《画境》未存，生平也很模糊。但据五代画家荆浩的《画笔记》可知，张璪的山水画"树石气韵俱盛，笔墨积微，真思卓然"，可知与王维同道。而他那句"外师造化，中得心源"的名句，亦深得佛家之禅理，故可谓是摩诘第二了。

从现有的资料看，王维以山水见长，但也能画佛像和人物，其《孟浩然骑驴像》曾为时人所重。《伏生授经图》现存于日本大阪市立美术馆，传为王维所作。该图取材于汉初学者伏生在"焚书坑儒"之后重修《尚书》的历史故事。画面线条舒缓，色泽收敛，没有寓言，没有激情，没有戏剧性的场面和冲突，在静止的人物造型中突出伏生恬淡自足、安详宁静的心态。这种人物造型既不同于吴道子笔下虬须云鬓的神怪，也不同于张萱、周昉笔下富贵端庄的仕女，而另有一种身居尘世而又超凡脱俗的气质。这里的伏生与其说被处理成一个皓首穷经的儒者，不如说更像一个打坐参禅的居士：他表情淡漠，却神态自如；他骨瘦如柴，却精神矍铄。这很容易使人们联想起苏轼在观看了开元寺东塔所保留的王维壁画后所作的那番评论："祇园弟子尽鹤骨，心如死灰不复萌。"这，也便是佛家的境界了。

最能体现王维特色的，当然还是那些与其山水诗齐名的山水画。苏东坡曰："味摩诘之诗，诗中有画；观摩诘之画，画中有诗。"（《东坡题跋·书摩诘蓝田烟雨图》）可见其诗其画是相互沟通的。《唐朝名画录》说他的《辋川图》有一种"意出尘外"的诗境，是一种没有文字的《辋川集》，可说是诗影响了画；《宣和画谱》说他的诗句如"落花寂寂啼山鸟，杨柳青青渡水人""行到水穷处，坐看云起时""白云回望合，

青霭入看无"等"皆所画也",可谓是画影响了
诗。或许在王维那里,诗与画本无谁先谁后的问
题,说它们交互影响、彼此渗透更为合适一些。
说到底,摩诘毕竟是摩诘,诗也好,画也好,无
外乎一个"禅"字。想开了,悟透了,也就什么
都有、什么都没有了。正像怀素同时汲取了张
旭、颜真卿的笔法而又有所创新一样,王维既从
吴道子那里吸收了破墨山水的简约,"画山水树
石,纵似吴生";又从李思训那里吸收了青绿山
水的细腻,笔墨婉丽、意象空濛。他的画该简约
时便简约,该细腻时便细腻,从而"风致标格特
出",形成了既不同于吴道子、又不同于李思训
的独家风范。从传为王维的《雪溪图》中可知,
那是一种清逸淡远而又风姿绰约的美:画中的小
屋是精致细腻的,周围的雪景是朦胧简约的,于
是"有"与"无""色"与"空"这一对对可以
囊括宇宙万物的哲学命题在一幅小小的画卷之中
统一了起来,它令人感悟,令人陶醉,令人回味
无穷。

总之,如果说初唐时代的审美文化,是要在
折中南北的前提下确立衔花佩实、风骨寄兴的壮

美理想；那么盛唐时代的审美文化，则要以容纳百川的胸襟将各种民族、各种意识形态的精神气质吸收进来、发散开去，这局面在整个中国审美文化史上便构成了极其精彩、极其辉煌的一页，它宽容、大度、恢弘而又壮阔……

唐代卷　万国衣冠拜冕旒

〔1〕　《美的历程》第140页，文物出版社，1981年版。

〔2〕　拙作《多维视野中的儒家文化》第3章，中国人民大学出版社，1997年版。

中唐：五光十色

经过连年的内乱和反复的用兵，"安史之乱"的创伤终于被抚平。然而表面上的光复并不能掩盖内在的隐患，于是，在"藩镇割据"和"朋党之争"的内忧外患下，唐代社会进入了一个相对稳定而又矛盾重重的时期。这便是由德宗、顺宗、宪宗、穆宗、敬宗、文宗等皇帝统治下的大约六十余年的中唐。

如果说"安史之乱"还只是唐代社会的转折点，那么中唐则开始了由整个封建社会前期向后期的过渡。在这一时期，庄田制取代了均田制，两税法取代了租庸调法，货币流通加大，商业贸易发达，南北联系加强，科举制度健全，中小地主阶级逐渐参与并掌握了各级政权……总之，到了这一时期，该成熟的都成熟了，该完善的都完善了；同时，那些既不可避免，又无法解决的矛盾，也都暴露出来了。正像一个人长到了成年，既拥有了发达的四肢和健全的头脑，同时也真正看到了自己无法挽回的归宿。在这种状态下，有的人死心了，有的人超然了，有的人转向了世俗的趣味与感官的享受，有的人还抱着"中兴"的梦想或"革新"的计划作最后的努力和挣扎。与此同时，人们的审美意识和精神面貌也便发生了深刻的裂变，其裂变的方向是那样的丰富、那样的复杂，似乎每个流派甚至每个作家都无处安顿那漂泊的思绪，而要在这个动荡的年代里寻找到自己独特的价值归属和精神寄托。于是，"五光十色"的中唐艺术就这样出现了。

1

「俗人多泛酒，谁解助茶香」

陶瓷、饮食

尽管审美文化是"一种更高的、更远离经济基础的意识形态"，但它终究要受到社会生活的影响和制约。随着大唐帝国的由盛转衰，雕塑不再那样宏伟了，壁画不再那样艳丽了，乐舞不再那么壮观了，就连小小的三彩陶器也极其敏感地迅速衰落，无论是在数量还是在质量上都大不如以前了。然而中唐自有中唐的魅力，

传奇在兴起，散文在兴盛，诗歌在花样翻新地
开辟着新的审美空间，就连吃饭的用具和杯中
的饮料也在发生着趣味性的转变。这便是一个
很有意思的话题了。

白瓷饮酒，青瓷品茶

在陶瓷领域，如果说"唐三彩"以
其饱满的造型、浓重的色彩、喧闹
的格调体现了富丽堂皇的盛唐气象，
那么白瓷和青瓷则以其素朴的造型、
淡雅的色彩、含蓄的格调体现着完全不同的中唐
精神，并向着晚唐的优雅，甚至宋代的飘逸相过
渡。从时间上看，白瓷由来已久，青瓷也不始于
中唐，但考古资料表明，它们（尤其是青瓷）在
中唐以后确乎明显地多了起来，而且其器物造型
与唐代的金银器皿有着相当密切的关系，表明金
银器皿正在逐渐被瓷器所取代。从空间上看，学
术界有所谓"南青北白"之说，也就是说南方以
浙江慈溪县的越窑为代表，其瓷器为单纯的青色

或以青色为主要基调的斑彩釉瓷；北方则以河北
内丘县的邢窑为代表，其瓷器为单纯的白色或以
白色为主要基调的斑彩釉瓷。从特点上看，白瓷
如雪，素朴大方；青瓷似玉，温润含蓄。尽管它
们之间有风格上的差异，但却在审美趣味上共同
唱出了"唐三彩"的反调。

邢窑白瓷的特点是胎质厚重细密，釉色洁白
晶莹，给人以素朴大方之感，尤其是适于饮酒。
故而元稹《饮致用神麹酒三十韵》云："七月调
神麹，三春酿绿醽。雕镌荆玉盏，烘透内丘瓶。"
隋及唐初，邢瓷仅限于上层贵族享用，尚未普及
民间。中唐时期，白瓷制作普遍，天下贵贱通
用。具体说来，邢窑白瓷分粗、细两种，粗瓷以
民用为主，细瓷供宫廷和上流社会使用。中唐以
后，其形制也开始变得娇小娟秀起来。

越窑青瓷的特点是胎质坚硬细腻，釉色青翠
莹润，给人以隽永高雅之感，尤其是适于饮茶。
故而陆羽《茶经》云："碗越窑上，鼎窑次，婺
州次，岳州次，寿州、洪州次。或者以邢处越州
上，殊为不然。若邢瓷类银，越瓷类玉，邢不如
越一也；若邢瓷类雪，则越瓷类冰，邢不如越二

也；邢瓷白而茶色丹，越瓷青而茶色绿，邢不如越三也。"一般说来，唐代的陶瓷器皿造型浑厚朴实，而中唐以后的越瓷则开始转向秀美。优美的造型与翠绿的色泽相搭配，自然便有了极高的美学价值。陆龟蒙《秘色越器》诗云："九秋风露越窑开，夺得千峰翠色来。"

烹茶话隐士，煮酒论英雄　越州青瓷的发展显然与中唐以后饮茶风气的盛行相同步，这样一来，我们便由器物文化转移到了饮食文化。在中国历史上，饮食与审美的关系由来已久，甚至有人从"羊大为美"的角度出发，认为早期的美感就是从味觉的快感演变、发展而来的。所谓"食不厌精，脍不厌细"，当饮食不仅仅是为了果腹而是一种享受的时候，它的美学因素便开始萌生了。到了唐代社会，饮食中的审美因素已相当充分，不仅有了诸如熊白啖、炙鹅掌、浑羊殁忽、金齑玉脍、镂金龙凤蟹之类脍炙人口的美味佳肴，有了诸如洁白如玉的庾家粽子、漉去肥汤的肖家馄饨、色泽考究的樱桃饆饠、质感晶莹的冷胡突等风味小吃，而且还出现了模拟乐舞场面的"素蒸音声部"和再现田园风光的"辋川图小样"等大型系列食品，其审美的价值甚至已高出了食用的价值。

然而，真正值得在审美文化史上大书特书的还不是这些，而是日常生活中最主要的两种饮料——酒与茶。

窃见神农会尝百草，五谷从此得分；轩辕制其衣服，流传教示后人。仓颉致其文字，孔丘阐化儒因。不可从头细说，撮其枢要之陈。暂问茶之与酒，两个谁有功勋？阿谁即合卑小，阿谁即合称尊？今日各须立理，强者先饰一门。

茶乃出来言曰："诸人莫闹，听说些些。百草之首，万木之花，贵之取蕊，重之取芽，呼之茗草，号之作茶。贡五侯宅，奉帝王家，新时献入，一世荣华。自然尊贵，何用论夸！"

酒乃出来："可笑词说！自古至今，茶贱酒贵。单醪投河，三军告醉。君王饮之，叫呼万岁；群臣饮之，赐卿无畏。和死定生，神明歃气。酒食向人，终无恶意，有酒有令，人义礼智。自合称尊，何劳比类！"

……

茶为酒曰："我之茗草，万木之心、或白或玉，或似黄金。明（名）僧大德，幽隐禅林，饮之语话，能去昏沉。供养弥勒，奉献观音，千载万劫，诸佛相钦。酒能破家散宅，广作邪淫，打却三盏已（以）后，令人只是罪深。"

酒为茶曰："三文一沶（瓯），何年得富；酒通贵人，公卿所慕。曾道赵主弹琴，秦王击缶，不可把茶请歌，不可为茶交舞。茶吃只是胃疼，多吃令人患肚，一日打却十杯，肠胀又同衙鼓。若也服之三年，养虾蟆得水病报。"

茶为酒曰："我三十成名，束带巾栉。蓦海其江，来朝今室。将到市廛，安排未毕，人来买之，钱财盈溢。言下便得富饶，不在明朝后日。阿你酒能昏乱，吃了多饶啾唧，街上罗织平人，脊上少须十七。"

酒为茶曰："岂不见古人才子，吟诗尽道：渴来一盏，能生养命。又道：酒是消愁药。又道：酒能养贤。古人糟粕，今乃流传。茶贱三文五碗，酒贱中（盅）半七文。致酒谢坐，礼让周旋，国家音乐，本于酒泉。终朝吃你茶水，敢动些些管弦！"

……

敦煌遗书中的这卷《茶酒论》大概是中国历史上最早的酒茶官司了。我们知道，若从社会风尚的角度而言，我国酒文化的历史要比茶文化悠久得多。然而从上文的写作年代可知，至迟在北宋的开宝年间，茶已上升到与酒平分秋色的地位。而这一转变，则正是从唐代开始的。显然，上述茶酒之辩，多含意气之争。其实这两种饮料，虽各有各的弱点，也各具各的优势。相对而言，酒的这种特性，使之非常适合于开放的、发散的、激情洋溢的盛唐社会；茶的这种功能，使之在收敛的、慎独的、需要反思的中唐时代大受欢迎。因此，就在越窑青瓷取代了唐三彩而占据主导地位的同时，饮茶之风也部分取代了饮酒之风而成为一个时代的文化表征。

我们说盛唐是一个饮酒的时代，并不是说只有这个时代的人才饮酒，而别的时代的人不饮酒，而是说这个时代的人不仅爱饮酒、会饮酒，而且也最具有潇洒狂放的酒神精神。关于这一点，我们不妨先来读一读杜甫的《饮中八仙歌》：

> 知章骑马似乘船，眼花落井水底眠。汝阳三斗始朝
> 天，道逢麴车口流涎，恨不移封向酒泉。左相日兴费万
> 钱，饮如长鲸吸百川，衔杯乐圣称避贤。宗之潇洒美少
> 年，举觞白眼望青天，皎如玉树临风前。苏晋长斋绣佛
> 前，醉中往往爱逃禅。李白斗酒诗百篇，长安市上酒家
> 眠。天子呼来不上船，自称臣是酒中仙。张旭三杯草圣
> 传，脱帽露顶王公前，挥毫落纸如云烟。焦遂五斗方卓
> 然，高谈雄辩惊四筵。

**再让我们来看一看《新唐书》中关于孟浩然饮酒
的记载：**

> 采访使韩朝宗约浩然偕至京师，欲荐诸朝。会故
> 人至，剧饮欢甚。或曰："君与韩公有期。"浩然叱曰：
> "业已饮，遑论他！"卒不赴。朝宗怒，辞行，浩然不
> 悔也。

这里的饮酒，既不同于初唐王绩"落花随处下，
春鸟自须吟。兀然成一醉，谁知怀抱深？"（《春
晚园林》）的消极避世；也不同于中唐白居易
"绿蚁新醅酒，红泥小火炉。晚来天欲雪，能饮
一杯无？"（《问刘十九》）的闲适感怀；更不同

于晚唐罗隐："得即高歌失即休，多愁多恨亦悠悠。今朝有酒今朝醉，明日愁来明日愁。"（《自遣》）的借酒浇愁；他们喝得是那样的欢快、那样的酣畅、那样的没有节制、那样的无拘无束，仿佛整个大唐盛世都在他们的醉眼朦胧中自由地旋转起来，供他们享受、供他们欣赏。"饮，诗人之通趣矣。"他们不仅在醉意中欣赏、把玩这个世界，还要在醉态中美化、创造这个世界，于是便有了借酒赋诗、借酒挥毫、借酒舞剑等一系列传说。很难想象，倘若不去借助酒的媒介和力量，盛唐艺术会如此的豪放自如、如此的酣畅淋漓！

陆羽《茶经》的美学意义

如果说"开元盛世"助长了人们豪放的酒兴，那么"安史之乱"则使得酣醉之人顿然酒醒。社会的变故引发人们深入的反思，于是，进入中唐以后，酒的时代便渐渐转化为茶的时代。从历史上看，中国是最早利用和生产茶叶的国家。《神农本草》记载："神农尝百草，日遇七十二毒，得荼而解。"这里所说的"荼"，便是早期用作药物的茶。而将解毒之"荼"改写为止渴之"茶"，正是唐人的事情。封演的《封氏闻见记》云："茶早采者为茶，晚采者为茗，《本草》云，止渴令人不眠。南人好饮，北人初不饮。开元中，泰山灵岩寺有降魔师，大兴禅教。学禅，务于不寐，又不夕食，皆许其饮茶。人自怀挟，到处煮饮。从此转相仿效，遂成风俗。自邹齐沧棣，渐至京邑，城市多开店铺，煮茶卖之，不问道俗，投钱取饮。其茶自江淮而来，舟车相继，所在山积，色额甚多。"由此可见，最早将茶叶由药物变为饮料，是南方人的事情。后来由于禅宗由南向北的发展，才将饮茶之风带到北方，并逐渐由宗教的习俗变成了社会的风尚。更多的资料表明，虽然开元时代的灵岩寺在这一过程中起到了由南到北的转折作用，但茶叶在北方的真正普及，则是在禅宗盛行的中唐时代。正是在中唐时代，大批量的茶叶贸易不得不受到了官方的控制，实行了严格的榷茶法和茶贡制。也正是在中唐时代，出现了著名的"茶圣"陆羽及其《茶经》。

在《新唐书》中，陆羽是作为一名隐士而被记载下来的。他的生身父母不详，从小在寺院中长大，自筮得名，性格孤傲。这样一位江湖散人，却把自己的一生献给了茶叶，于是便"隐"出了大"名"。陆羽的成名，主要来源于两个方面：一是他传奇般的生平，一是他传奇般的著作。

关于陆羽的生平，人们了解得不多，只知道他是一个品位很高的人。这一点，可以从他好友的诗中看出："九日山僧院，东篱菊也黄。俗人多泛酒，谁解助茶香？"（皎然《与陆处士羽饮茶》）"千峰待逋客，香茗复丛生。采摘知深处，烟霞羡独行。幽期山寺远，野饭石泉清。寂寂燃灯夜，相思磬一声。"（皇甫曾《送陆鸿渐山人采茶回》）大概陆羽的一生就是这样，不是品茶，就是采茶，或者是品了复采，采了复品……最终陆羽也就成了茶叶的化身，成了世界上独一无二的"茶圣"。正像他自己所说的那样，"不羡白玉杯，不羡黄金罍。不羡朝入省，不羡暮入台。惟羡江西水，曾向金陵城下来"（《六羡歌》）。至此，在我们的脑海里已幻化出一个沉浸于自然、

287

漂泊于羁旅、尝遍了千山之茶、品遍了万河之水的"茶圣"的形象了。关于陆羽饮茶的传说，可谓是神乎其神。当年，湖州刺史李季卿在维扬巧遇陆羽，席间赞曰：久闻陆处士品茶大名，这附近扬子江上的南零之水又有天下第一的美誉，岂可错过？遂令军士负瓶取水，请陆羽烹茶。结果水到之后，陆羽舀了一勺看看说：这水虽然是江水，但非南零之水，而是附近岸边的水。军士争辩道：水是我亲自划船到南零江心取来的，岂敢说谎！说罢便倾瓶往外倒。倒至一半时，陆羽示意停止，说剩下的才是南零之水，可以烹茶。军士闻之大惊，只得承认事实。原来那军士确实到南零江心打了一瓶水，但运至岸边时因浪大船摇，洒了一半，军士怕回来不够用而受到责备，遂又就近用江水充满了此瓶，谁知就是这半瓶江水也瞒不过"茶圣"的眼睛……此类故事还有很多，于是陆羽烹茶、品茶的能力也便在这些故事中渐渐被神化了。时至今日，茶叶店的老板们还要供奉陆羽的圣像，可见其影响之深。

　　如果说陆羽的生平中掺有许多传说的成分，那么陆羽的著作则实实在在地摆在那里。《茶经》

共三卷十章：上卷讲茶的起源、造茶的工具、茶的制作方法，中卷讲有关茶叶的各种器皿，下卷讲茶的煮法、茶的饮法、茶的记事、茶的产地、茶的简略用途、有关茶的图画。真可谓是一部史论结合、图文并茂的茶叶大全。在陆羽看来，饮茶是一件好事，也是一件难事。"茶有九难：一曰造，二曰别，三曰器，四曰火，五曰水，六曰炙，七曰末，八曰煮，九曰饮。"这其中任何一个环节出现小小的差错，都不可能达到最佳的结果。于是书中便不厌其烦地告诉人们，什么季节、什么天气采茶最好，什么时辰、什么火候焙茶最妙，用什么样的方法来辨别茶的好坏，用什么样的器皿来进行茶的加工，烹茶之火要用什么样的燃料，饮茶之水要到哪里寻找，以及什么样的水装在什么样的容器中用什么样的燃料烧到什么样的火候煮成什么样的茶倒在什么样的杯中等等。人们不禁要问，这种近乎病态的严格究竟要达到什么目的，难道仅仅是为了一饮了之吗？是，也不是。在陆羽那里，茶叶虽然只不过是一种饮料，但人们可以从中引发出一个超凡脱俗的梦幻般的世界。于是，品茶就变成了一种审美的鉴赏，而饮茶之前的一系列准备活动也便成了艺术。这，便是《茶经》的奥秘所在。

因此，在我们看来，陆羽及其《茶经》的出现，不仅是中国茶叶史上的一件大事，而且是中国审美文化史上的一件大事。在此之前，饮茶仅仅是为了治病或解渴。在此之后，饮茶则被上升为艺术或宗教。从宗教的角度上讲，采茶和造茶的过程就像坐禅一样，它是一种精益求精而又陶然忘我的修炼。从艺术的角度上讲，饮茶和品茶的过程就像审美一样，它是一种摆脱世俗而又出神入化的境界。于是，自陆羽之后，文人墨客品茶、赏茶、赋茶蔚然成风，皎然、卢仝、皇甫冉、白居易、杜牧、李中等人均以茶入诗。所谓"饮，诗人之通趣矣"中的"饮"字，便不只是饮酒，而且是饮茶了。只是饮酒之趣不同于饮茶之趣，从而饮茶之诗也不同于饮酒之诗了。韦应物《喜园中茶生》诗云："洁性不可污，为饮涤尘烦。此物信灵味，本自出山原。聊因理郡余，率尔植荒园。喜随众草长，得与幽人言。"这是一种平和而非刺激的饮料，但却同样可以荡涤人间的污浊；这是一种清醒而非迷狂的状态，但却同样可以摆脱世俗的烦恼。如果说饮酒之诗的要义是宣泄、是放达、是反叛，那么饮茶之诗的要义则是超脱、是静谧、是归隐。尽管这种区别不宜搞得过于绝对，但它确乎分出了"盛唐之音"与"中唐之响"的差异所在。

公元804年，大约就是陆羽去世的那年，日本的留学僧侣空海来到了中国，他带走了大量的中国书籍，也带走了唐代的茶文化。"这样，由陆羽首次集大成的茶的高超的哲学和思想，不能不被漂渡到中国的使节们所继承。""这种中国原有的对茶之意义的把握和解释方法——对茶的态度被原封不动地移入日本了。中国诗人、文人们想从腐败的社会、炎凉的世态和繁杂的现实中逃脱出来，去寻找一个思想自由——任诗趣自由飞翔的世界。他们的理想、实际的做法和寄于茶的精神等都汇成一股潮流，同步流淌在日本。"[1]这便成为日本"茶道"的源头。

在中国本土，宋代的蔡襄继陆羽《茶经》之后编撰了《茶录》一书，继续发展着茶的理念。然而，随着社会风尚的变化发展，茶文化在元代以后便明显衰落下去，被更加世俗的民间趣味取而代之了。

〔1〕　千宗室《〈茶经〉与日本茶道的历史意义》第64、59页，南开大学出版社，1992年版。

2

「移时施朱铅，狼藉画眉阔」

民俗、服饰

　　"安史之乱"虽然给唐代社会以重大的打击，但并未使其迅速灭亡。政治上，盛唐时代的辉煌业绩使人们对李氏王朝并未失去信心；经济上，刘晏的疏通漕运、改革榷盐法，杨炎的革除弊政、倡行两税法等措施，确实产生了明显的效果；军事上，郭子仪收复二京，裴度等平定淮西的努力也着实取得了一定的战绩……因此，对待同一个中唐，不同的人有着不同的理解、不同的感受、不同的幻想。

斗茶、斗酒、斗琴的风尚

超凡脱俗的饮茶之风，毕竟只是少数知识分子的事情，多数达官贵人、平民百姓还不想就此放弃世俗的享受，相反，处在这样一个文化裂变时期，世俗的欲望不仅强烈，而且畸形。

> 郎士元诗句清绝轻薄，好为剧语，每云："郭令公不入琴，马镇西不入茶，田承嗣不入朝。"马知此，语之曰："郎中言燧不入茶，请左顾为设也。"即依期而往。时豪家食次，起羊肉一斤，层布于巨胡饼，隔中以椒豉，润以酥，入炉迫之，候肉半熟食之，呼为"古楼子"。马晨起啖古楼子以伫，士元至，马喉干如窒，即命急烹茶，各啜二十余瓯。士元已老，虚冷腹胀，屡辞，马辄曰："马镇西不入茶，何遽辞也？"如此又七瓯，士元固辞而起，及马，气液俱下，因病数旬，马乃

遗绢二百匹。(《唐语林》卷六)

这里对饮茶的理解，与陆羽大相径庭。它不再是一种形而上的精神追求，而是一种形而下的斗气使性。问题在于，中唐时代，这种斗茶、斗酒、斗棋、斗琴的事情绝非孤例，它反映了一股争奇好胜、骚动不安的心理情绪。

> 贞元中，有康昆仑第一手，始遇长安大旱，诏移南市祈雨。及至天门街，市人广较胜负，斗声乐。即街东有康昆仑，琵琶最上，必谓街西无以敌也。遂令昆仑登彩楼，弹一曲新翻羽调绿腰。其街西亦建一楼，东市大诮之。及昆仑度曲，西市楼上出一女郎，抱一乐器，先云："我亦弹此曲，兼移在枫香调中。"及下拨，声如雷，其妙入神。昆仑即惊骇，乃拜请为师。女郎遂更衣出见，乃僧也。盖西市豪族厚赂庄严寺僧善本姓段，以定东鄽之声。(《乐府杂录》)

在这种"广较胜负"的环境中，一切都可以通过"厚赂"而取胜。"长安风俗，自贞元侈于游宴，其后或侈于书法绘画，或侈于博弈，或侈于卜祝，或侈于食服，各有所蔽也。"(《唐国史补》卷下）即使是赏花，也不再有"人闲桂花落，夜静春山空"的逸致和"夜来风雨声，花落知多少"的闲情，而只是"春风得意马蹄疾，一日看尽长安花"（孟郊《登科后》）的浮躁和"豪少居连鶸鹊东，千金使买一花红"（刘言史《买花谣》）的夸饰。一种急不可耐的、炫耀性的消费观念，渗透到了审美领域。这种风气可能与两税法实行之后货币流通加大、商业贸易发达的社会现实有关，同时也表现出一种人生几何、时不我待的社会情绪。中唐时代就像一个人的中年一样，少了几分少年创业的抱负，多了几分及时行乐的颓唐。于是，人们对于艺术、对于美便常常采取一种要占有、要消费、要挥霍的极端态度。

当然了，这种态度最为极端的表现还是在金钱与才学、金钱与艺术、金钱与美色的关系上。《新唐书》记载，刘叉怀才不遇，以能诗而投奔于韩愈门下，"后以争语不能下宾客，因持愈金数斤去，曰：'此谀墓中人得耳，不若与刘君为寿。'愈不能止。归齐、鲁，不知所终。"这故事很容易使人联想起陈子昂"一朝散万钟之粟而不求报"（卢藏用《陈氏别传》）的事迹。从性格上讲，刘、陈二人都有些豪侠之气，但在对待金钱的态度上，却不可同日而语。《新唐书》又载，裴度修福先寺，欲求文士白居易撰写碑文，其署下皇甫湜拍案而起，"怒曰：'近舍湜而远取居易，请从此辞。'度谢之。湜即请斗酒，饮酣，援笔立就。度赠以车马缯彩甚厚，湜大怒曰：'自吾为《顾况集序》，未常许人。今碑字三千，字三缣，何遇我薄邪？'度笑曰：'不羁之才也。'从而酬之。"裴度将军请皇甫湜撰文与我们前面提到的裴旻将军请吴道子绘画的性质是一样的，因而也容易使人产生联想，两者的差别只在于"道子封还金帛，一无所受"，皇甫湜则大叫"今碑三千，字三缣，何遇我薄邪"？这一差别不能仅仅在个人的修养上寻找原因，或许还有时代的根据。《唐诗纪事》记载了韦、鲍二人以马换妾的故事："鲍有美妾，韦有良马。鲍以梦兰、小倩佐欢，饮酣停杯，阅马轩槛。韦曰：'能以人换马，任选殊尤。'鲍欲马之意颇切，密遣四弦更衣盛妆，顷之而至。"这又很容易使人们联想起李白"五花马，千金裘，呼儿将出换美酒"的诗句，但表面相近的二者却有着本质的不同。我们

常说，真理前面再走一步便是谬误。其实，潇洒
与放纵、直率与贪婪之间有时也仅有一步之遥。
此步之内，还是盛唐；此步之外，便是中唐了。

尚浮、尚荡、尚怪的服装

当然了，同一个中唐，不同时期的社会风气也是不同的。《唐国史补》云："天宝之风尚党，大历之风尚浮，贞元之风尚荡，元和之风尚怪。"从党正不阿的盛唐余绪，进入浮华、放荡乃至光怪陆离的中唐以后，不仅人们的言谈举止发生了变化，而且衣着服饰也出现了改观。从初唐到盛唐，人们的衣着服饰呈现出由保守向开放、由朴素向绚丽的发展趋势。这一点，我们前面在有关男女首服的变化中已经有所论及。这里再看女子的衣着与化妆。

初唐女装，仍沿隋代旧制，上穿小袖短襦，下着紧身长裙。从经济的原因看，这种装束较为节俭；从文化的原因看，这种装束受胡服的影

响。但是，随着经济的发展和文化的融合，女装的衣袖不断加宽，裙子也日渐肥大。到了盛唐，便呈现出一种雍容华贵、飘飘欲仙的美学效果。中唐以后，这种趋势不断发展，越演越烈，不仅超出了审美的需求，而且造成了严重的浪费。据《新唐书》记载，到了文宗即位时，甚至不得不明文规定：衣袖一律不得超过一尺三寸。但是，在那个"尚浮""尚荡""尚怪"的时代里，皇帝的诏书也不能扭转社会的风尚，"诏下，人多怨者"，甚至我行我素，宽袖如初。

与衣裙相似的情况还有披巾，唐代妇女的披巾分披帛与帔子两种。制度规定士庶女子在室者搭披帛，出嫁者披帔子。这种规定主要是出于伦理的考虑。然而在事实上，或许是出于爱美的需要，或许是出于浮华的心理，一些出嫁后的中年妇女却仍然披戴妙曼、艳丽的披帛。正像史书上记载的那样，"风俗奢靡，不依格令，绮罗锦绣，随所好尚。"

不仅衣裙、披巾如此，而且发式、面饰也一样。古代妇女，常常将头发盘在头顶或脑后，形成所谓"发髻"。由于挽束的方式不同，便产生出不同的美学效果。总的来说，隋代妇女的发髻还比较简单，一般多为平顶式，将头发盘成两至三层，像帽子的形状。入唐以来，大多改为云朵形，且有了上耸的趋势。太宗以后，花样翻新，有了"反绾髻""乐游髻""半翻髻"等样式，发髻渐高。到了开元年间，又流行起"回鹘髻""双环望仙髻"等更为复杂的样式。天宝以后，胡帽渐废，假发流行，两鬓抱面、一髻抛出的"抛家髻"最为时髦，此外还有"蛮鬟"和"椎髻"等多种形式。继此以后，踵事增华，不仅发髻越来越高，而且还在上面缀以花朵，直至出现了"髻鬟峨峨高一尺"（元稹《李娃行》）、"一丛高鬓绿云光"（王涯《宫词》）的风尚。

贴额黄、缀花钿、抹胭脂的面饰

与发式的发展相同步，由初唐至盛唐，妇女的面饰也有了由简到繁的发展。从审美经验上看，面部是整个人体美中最为突出的表现区域，

其中些许精微的细节，都可能产生引人入胜的
效果。古代妇女的面部的装饰种类很多，到了
唐代则更趋完备，有额黄、花钿、脂粉、唇膏、
黛眉等若干环节。

"额黄"也叫"鹅黄""鸦黄"，是用一种
淡黄色的颜料蘸水画在额头上。据说这种化妆
的手段最初是受佛像金面的启发，在南北朝
时十分盛行，谓之"佛妆"。从虞世南《嘲宝
儿》的"学画鸦黄半未成"和卢照邻《长安古
意》的"纤纤初月上鸦黄"中可知，及至隋和
初唐，这种化妆的方式仍然十分流行。盛唐以
后，作为一种额饰，"花钿"的使用比"额黄"
更为普遍。简单的"花钿"是在额上点一个小
小的圆点，或画一个小小的图案，复杂的则要
用金箔片、云母片、螺蛳壳、鱼鳃骨、鸟羽毛
等材料在额上粘成五颜六色的图案。白居易的
《长恨歌》在描述杨贵妃自尽后写道："花钿委
地无人收，翠翘金雀玉搔头"，足见其已相当
复杂和精美。由于花钿的色彩比额黄要丰富和
艳丽，因而适应了盛唐以来审美趣味的发展和
变化。

　　与花钿并行的还有脂粉。入唐以后，红妆盛行，这与整个社会热烈壮观的审美气象相吻合。《开元天宝遗事》记载，杨贵妃夏天擦汗用的手帕都沾满了桃红色。李白《浣纱石上女》有"青娥扮红妆"之言，杜甫《新婚别》亦有"对君洗红妆"之句，可见不仅宫廷妇女浓妆艳抹，就连当时的平民女子也不例外。中唐以后，或许是受"贞元之风尚荡"的影响，这种趋势迅速走向了极端，王建《宫词》有"舞来汗湿罗衣彻，楼上人扶下玉梯。归到院中重洗面，金盆水里泼红泥"的描写，可见其红妆之厚。

　　与脂粉并行的还有口红。中国古代妇女的点唇样式很多，各个时期都有其独特的造型。高春明、周讯撰写的《中国妇女装饰》一书对此问题进行了深入的研究，并根据出土文物加以形象的呈现。从图中不难看出，相对而言，唐代妇女的口红涂得丰厚、浓重，比较性感，这也是与其时代的审美取向相同步的。

　　黛眉的样式要比口红的样式复杂得多。史载，隋炀帝曾花重金从波斯进口大批螺黛，供嫔妃宫女画眉使用。到了盛唐，此风更劲。唐玄宗亦有"眉癖"，曾让画工画《十眉图》，其名有"鸳鸯""小山""五岳""三峰""垂珠""月棱""分梢""涵烟""拂云""倒晕"等。然而总的来说，正像杜甫《北征》诗句"移时施朱铅，狼藉画眉阔"所说的那样，唐代妇女以阔眉为主，这也符合其艳丽、浓重的美学趣味。

大致而言，从隋及初唐、盛唐，直至进入中唐的一段时间里，女子的面饰也同衣着一样，有着由简到繁、由淡到浓、由素到艳的发展趋势。这同前面所说的"天宝之风尚党，大历之风尚浮，贞元之风尚荡"的社会风气是基本一致的。

乌膏唇、八字眉、悲啼妆的打扮

到了中唐的后期，情况又有了新的变化。《新唐书·五行志一》云："元和末，妇人为圆鬟椎髻，不设鬓饰，不施朱粉，惟以乌膏注唇，状似悲啼者。"白居易《时世妆》一诗也对这种现象进行了批评:"时世妆,时世妆,出自城中传四方。时世流行无远近,腮不施朱面无粉。乌膏注唇唇似泥,双眉画作八字低。妍媸黑白失本色,妆成尽似含悲啼。圆鬟无鬓堆髻样,斜红不晕赭面状。昔闻被发伊川中,辛有见之知有戎。元和妆梳君记取,髻堆面赭非华风。"一般认为,这种装饰的变化与胡风的影响有关。这种看法不无道理。但是,隋、唐受胡风影响由来已久,何以至此才尽失夏仪呢?看来,除了文化的源流之外,我们还应该在时代的精神中寻找原因。我们知道,中唐是一个动荡不安的时代,同时也是一个文化裂变的时代。从审美发展的自身规律来看,当浓重、艳丽的风气发展到一定限度的时候,必然要寻求新的突破。从社会发展的外部条件来看,当骚动、不安的情绪积累到一定限度的时候,也必然要寻找新的发泄。于是,怪诞便成了人们不约而同的选择。

"元和之风尚怪"不仅表现在以丑为美、深失礼容的"乌膏唇""八字眉""悲啼妆"上,而且表现在男女倒错、性别互置的行为举止上。

历经盛唐和中唐的李华曾深有感触地说："吾小儿时，南市帽行，见貂帽多，帷帽少，当时旧人已叹风俗；中年至西京市，帽行乃无帷帽，貂帽亦无，男子衫袖蒙鼻，妇人领巾复头，向有帷帽羃䍦，必为瓦石所及。此乃妇人为丈夫之象，丈夫为妇人之饰，颠之倒之，莫甚于此。"（《与外孙崔氏二孩书》）这种现象，恐怕仅以"胡化""胡风"是解释不了的，它必有裂变时代的文化根据。

『留连时有恨，缱绻意难终』

变文、传奇

如果说茶道是将普通的饮食上升为宗教、哲学的境界，那么变文则是将宗教的内容演变为消遣、娱乐的手段。中唐就是这样一个复杂而又奇特的时代，荤的、素的都在尝试，雅的、俗的都在发展。

提起变文（029），不能不再次提到敦煌石窟，如果不是藏经洞的意外发现，唐代变文所取

何故今時大地動　江河林樹皆摇震

日光精光如覆蔽　目瞤乳動異常時

如箭射心憂苦逼　遍身戰掉不安隱

我之所夢不祥微　必有非常災變事

夫人兩乳忽然流出念此必有憂怖之事時

有侍女聞外人言求覔王子今猶未得心大

驚怖即入宮中白夫人曰大家知不外聞諸

人散覔王子遍求不得時彼夫人聞是語已

得的巨大成就也许至今尚不被世人所知呢。然而
从文物保存的意义上讲，1900 年藏经洞口的发
现，与其说是一大幸事，毋宁说是一场灾难。在
半封建、半殖民地的社会里，由于政府的腐败和
列强的暴虐，在短短十余年的时间里，多达四万
余卷的敦煌遗书几乎被英、法、俄、日、美等帝
国主义探险家洗劫殆尽。不难想象，在这些宝贵
的资料被成箱、成捆、成麻袋地运往欧美各地的
过程中，其损失和破坏的程度会有多大。因此，
今天的人们只能在不列颠博物院、法国国家图书
馆、俄罗斯科学院东方学研究所列宁格勒分所等
地的断简残篇中，去了解、想象和还原唐代变文
的盛况了。然而无论如何，随着藏经洞中大量历
史文献的重见天日，一门新的学问——敦煌学也
由此而诞生了。

　　"在敦煌所发现的许多重要的中国文书里，
最重要的要算是'变文'了。在'变文'没有发
现以前，我们简直不知道'平话'怎么会突然在
宋代产生出来？'诸宫调'的来历是怎样的？盛
行于明、清二代的宝卷、弹词及鼓词，到底是近
代的产物呢？还是'古已有之'的？许多文学史

上的重要问题，都成为疑案而难于有确定的回答。但自从三十年前史坦因把敦煌宝库打开了而发现了变文的一种文体之后，一切疑问，我们才渐渐地得到解决了。"[1]那么作为中国俗文学发展史上的一个重要环节，变文这种艺术究竟是如何而来并怎样发展的呢？

从演义佛法的变相到离经叛道的变文

从文化来源上看，变文是一种佛教艺术。正如绘画中的"变相"是将佛经内容演变成栩栩如生的图画一样，文学中的"变文"是将佛经内容演变成曲折动听的故事。今天收藏在巴黎的《降魔变文》叙述了舍利弗降伏六师外道故事中的"劳度叉斗胜"一段，其卷子的一面是变文，另一面是变相，类似于今天的插图本小说。对于芸芸众生、凡夫俗子而言，神秘的佛经未免过于深奥，难以理解。因此，为了普及佛法、光大佛门，变文、变相之类既通俗易懂、又生动活

⑩ / 勾头马

⑪ / 骆驼载乐佣

⑫ / 刻花赤金碗

⑬ / 镂空银熏球

⑲ / 顾闳中
《韩熙载夜宴图》

以连环画的方式设计了五个相对独立而又彼此联系的画面,以听乐、观舞、休息、清吹、送别等场面来表现韩家丰富多彩的夜宴生活。画中的十余个真实的人物反复出现在这五个场景之中,共达 46 人次。这幅作品不仅以人物的众多见长,而且以细节的逼真取胜。跳舞者的姿态、弹琴者的动作、观赏者的神情栩栩如生,人物与人物之间的协调也井然有序。

⑭ / 张旭
《古诗四帖》

⑮ / 张萱
《捣练图》（宋徽宗赵佶摹本）

⑯ / 张萱
《虢国夫人游春图》（宋徽宗赵佶摹本）

17 / 周昉
《簪花仕女图》

18 / 李昭道
《明皇幸蜀图》

20 / 黄筌
《写生珍禽图》

泼的佛教艺术便应运而生了。作为佛教普及的通俗读本，变文、变相可视为初唐以来化俗僧诗歌创作的发展和继续。从艺术形式上看，变文是一种讲唱艺术，它实际上就是当时盛行于寺庙中的"俗讲"艺术的底本。其讲的部分用散文，唱的部分用韵文。从变文唱辞上往往注有"平""侧""断"字来看，这些唱辞有声调上的要求，甚至还可能有音乐的伴奏。这种韵散结合、唱念交织的文体在印度文献中早已存在，而在当时的中国则是一种崭新的尝试，从而极富有鼓动和号召的力量。据日本僧人圆仁《入唐求法巡礼行记》中的记载，中唐时期长安有许多著名的俗讲法僧，如左街的海岸、体虚、齐高、光影等四人，右街的文淑则享有"京国讲俗第一人"的盛誉。段安节《乐府杂录》中也说："长庆中，俗讲僧文叙，善吟经，其声宛畅，感动里人。"（据郑振铎分析，"文淑"与"文叙"应为一人）可见其艺术感染力。

但是，佛教的本意是空、幻、寂、灭，而不是要诱发人们世俗的快感与审美的娱悦。因此，变文这种艺术形式越是生动感人、越能吸引听众，也就离教义越远了。说到底，变文之"变"，不仅要变"无"为"有"，而且要变"空"为"色"、变"雅"为"俗"，甚至会变得离经叛道起来。"有文淑僧者，公为聚众谭说，假托经论。所言无非淫秽鄙亵之事。不逞之徒，转相鼓扇扶树。愚夫冶妇，乐闻其说。听者填咽寺舍，瞻礼崇拜，呼为和尚教坊，效其声调，以为歌曲。"（赵璘《因话录》卷四）这种情况在中唐时代已极为普遍，从而俗讲的场所已不仅局限于寺院而且流布于民间，变文的内容也已不仅局限于佛经故事而且涉及世俗掌故了。如果说宗教是现实生活的异化，那么作为宗教艺术的变文则是一种"异化的异化"。随着俗讲之风的日趋世俗化、商业化，其宗教劝诱的功能越来越小，伤风败俗的内容越来越多，直至宋代真宗年间不得不明令禁止僧人俗讲，变文的形式也便随之而藏之佛窟了。然而，宗教的文学虽然结束了，世俗的文学却并未结束。作为俗讲和变文的继承者，更具有生活内容的平话、小说、诸宫调却以其更加成熟的形态在勾栏、瓦肆中诞生了。

从变文存在的时间上看，最迟在7世纪末，

这种文体已开始流行，而到了9世纪上半叶，则"历世五朝、声誉未坠"，并进入了一个极盛的时代，这也正是我们所说的中唐。但由于年代的久远、资料的离散以及民间作者的反复流传，要考证出每部作品的具体年代已不太可能，因而只能合而论之了。撇开宗教信仰不谈，若仅从审美文化的角度来看，当时无论是宗教题材的变文还是世俗题材的变文都已达到了相当高的水平。前者如《维摩诘经变文》《降魔变文》《大目乾连冥间救母变文》等名篇，后者有《伍子胥变文》《孟姜女变文》《王昭君变文》等杰作。

首先，这些变文内容丰富、情节曲折，已具有相当大的叙事含量。我们知道，中国的叙事文学不像抒情文学那样传统深厚，直到明、清两代才真正进入了小说的高峰。而作为小说艺术的两大源头，"史传文学"和"讲唱文学"分别是由历史和宗教中脱胎而来的。从唐代变文中可以明确地看出，虽然其作品所本的宗教和历史资料极为有限，但经过民间艺人的充分发挥、大胆想象和着意渲染，却已经具有了相当曲折的情节和极为丰富的内容，其容量往往是前者的几倍、几十

倍。如《维摩诘经变文》所本的《维摩诘经》原
为印度大乘佛教的经典之一，它以三卷的篇幅叙
述暉离耶城居士维摩诘与文殊师利等人辩论佛法
的故事，以宣扬大乘般若性空的思想。而《维摩
诘经变文》却将其演绎为三十多卷的长篇巨制，
作品首先通过释迦牟尼派遣门徒前往维摩诘处问
疾试辩而无人敢去的方式来渲染和反衬出维摩诘
辩才的威力：

> 舍利子聪明第一，陈情而苦不堪任；迦叶是德行最
> 尊，推辞而为年老迈。十人告尽，咸称怕见维摩；一会
> 便差，差着者怕于居士。吾又见告于弥勒，兼及持世上
> 人，光严则辞退千般，善德乃哀求万种。堪为使命，须
> 是文殊。敌论维摩，难偕妙德。汝今与吾为使，亲往毗
> 耶，诘病本之由因，陈金仙之恳意。汝看吾之面，勿更
> 推辞。

经过对弥勒菩萨、光严童子等人一而再、
再而三的选择以及他们的反复推托，既反衬了
维摩诘的辩才，也烘托了文殊师利的造诣，从
而不仅扩充了内容、拉长了篇幅，而且给听众
和读者制造了很大的艺术悬念。接下去，一场

激烈的舌战便层层铺开了……显然，这种俗讲和变文的目的已不是，或主要不是去宣扬什么大乘佛法，而是要勾引起听者的胃口，调动起观众的兴趣。可以想象，在当年人来人往的寺庙"变场"上，这出三十多卷的俗讲故事大概要讲上一年半载，就像当今的长篇评书一样，倘若没有复杂的情节和丰富的内容是不可能长期吸引听众的。

与《维摩诘经变》相仿佛，取材于《金刚经》的《降魔经变》讲的是南天竺国舍卫城须达修建伽蓝寺而引出佛门弟子舍利弗弘扬佛法的故事，其中舍利弗与六师外道斗法一段极为精彩，很有点像后来的《西游记》或《封神演义》：

> （六师）忽然化出毒龙，口吐烟云，昏天翳日，扬眉眴目，震地雷鸣。闪电乍明乍暗，祥云或舒或卷。惊惶四众，恐动平人。举国见之，怪其灵异。舍利安详宝坐，殊无怖惧之心。化出金翅鸟王，奇毛异骨，鼓腾双翅，掩蔽日月之明；双距纤长，不异丰城之剑。从空直下，若天上之流星。遥见毒龙，数回搏接……

正所谓魔高一尺，道高一丈。转眼之间，六师幻化的毒龙被舍利弗变出的金鹏啄眼撕毛，吃得是一根骨头不剩。在整个斗法的过程中，外道六师先后变幻成宝山、水牛、水池、二鬼、大树等怪物奇形，力图威慑舍利弗。而舍利弗则先后变化出金刚、狮子、白象、天王、风神而将其一一制伏。听到这里，人们似乎已经忘记了弘扬佛法的主题，而完全为那曲折的故事、生动的情节所感动。

其次，这些变文不仅具有丰富的叙事容量，而且具有复杂的人间情感，即便是取材于佛经的变文故事，也能以天堂地狱的变故折射出世态人情的悲欢。这其中最具典型意义者，当属被后代纳入戏曲题材而至今仍家喻户晓的《大目乾连冥间救母变文》。此文根据《佛说盂兰盆经》中有关目连救母的故事演义而来。佛门弟子目连的母亲青提夫人生前贪财吝啬、克扣礼佛的贡品，死后便被打入地狱、受尽煎熬。为了使母亲超生，目连走遍了刀山火海、阿鼻剿目的十八层地狱，终于找到了被钉在铁床上的青提夫人，其母子相见一场写得极为感人：

> 目连抱母号啕泣，哭曰由如不孝顺，殃及慈母落三涂。积善之家有余庆，皇天只煞无辜！阿娘昔日胜潘安，如今憔悴频摧溅。曾闻地狱多辛苦，今日方知行路难。一从遭祸取娘死，每日坟陵常祭祀。娘娘得食吃已否，一过容颜总憔悴。阿娘既得目连言，呜呼怕袭泪交连。昨日与儿生死隔，谁知今日重团圆……

对于经历过"安史之乱"的人们来说，这种生离死别的场景，显然会触发许多记忆犹新的生活体验，因而极易引起情感的共鸣。经过曲折离奇的发展过程，无边的佛法终于使青提夫人痛改前非，而目连的孝心也终于感动了天地鬼神，于是便达到了既宣扬因果报应，又歌颂人间温情的创作主旨。显然，这种变文已大大超出了宗教自身的信仰领域，而介入了相当世俗的情感生活。说到底，"一切宗教都不过是支配着人们日常生活的外部力量在人们头脑中的幻想的反映，在这种反映中，人间的力量采取超人间的力量的形式"[2]。这也正是中唐诗人张祜何以将白居易《长恨歌》中的"上穷碧落下黄泉，两处茫茫皆不见"比作《目连变》的原因吧。有趣的是，不仅白居易歌咏当朝天子的诗歌中有地下的黄泉和海外的仙山，而且敦煌变文中也发现了《唐太宗入冥记》之类的残卷，可见宗教也好，艺术也罢，归根结底都源于现实的生活情感。处在曾经辉煌而业已衰落的时代，一股强烈的怀旧情绪使中唐时期的读者和听众们忍不住频频回首那贞观和开元的盛世之巅。

宗教题材的变文尚浸透着世俗生活的情感，世俗题材的变文就更不用说了。唐代变文中的世俗题材往往以著名的历史掌故为出发点，从政治的得失、战争的胜负、命运的悲欢、人间的冷暖中演义出楚楚动人的故事，其中的《伍子胥变文》最具有代表性。这部根据《左传》《吕氏春秋》《史记》《吴越春秋》等史书资料而演义出来的变文叙述了这样一个故事：楚平王荒淫无道，竟然强占儿媳为妻。大臣伍奢苦谏不听，反遭杀害。伍子胥为父报仇，流落他乡，亡命途中被浣纱女和渔父等人相救。伍子胥在吴国兴兵伐楚，诛杀楚昭王，并挖平王之坟，斩其尸首。伍子胥为吴国立了大功，然而

在以后的吴越纷争中，吴王夫差却听信谗言
而将其杀害……这是一部报仇雪恨的家族悲
剧，也是一部壮志未酬的历史悲剧，其中却折
射出现实生活的倒影：帝王的荒淫无道，奸佞
的残暴横行，忠良的惨遭杀害，百姓的侠肝义
胆……其干预现实的力量并不弱于白居易的
"新乐府"、《秦中吟》。更为重要的是，作者
根据自己的生活经验大胆地虚构出许多感人至
深的情节和细节，读之令人潸然泪下。例如伍
子胥在流亡途中与妻子偶然相见而又不敢相认
的情景，与目连母子地狱相逢的艺术手法截然
相反，而其效果却同样强烈。又如渔父援助危
难之中的伍子胥而又拒绝接受宝剑、璧玉的报
偿，直至舍身相救一段，反映出穷苦百姓的崇
高境界。与之相反，伍子胥在逃亡途中遇姊乞
食一段，则不露声色地反衬出人情的冷暖、世
态的炎凉：

> 川中忽遇一家，遂即叩门乞食。有一妇人出应。远
> 菡弟声，遥知是弟子胥，切语相思慰问。子胥减口不
> 言。知弟渴乏多时，遂取葫芦盛饭，并将苦苣为斋。子
> 胥贤士，逆知阿姊之情，审细思量，解而言曰："葫芦

盛饭者，内苦外甘也。苦苣为齑者，以苦和苦也。义含遣我速去，速去不可久停！"便即辞去。姊问弟曰："今乃进发，欲投何处？"子胥答曰："欲投越国。父兄之被杀，不可不雠。"阿姊抱得弟头，哽咽声嘶，不敢大哭，叹言："痛哉，苦哉！"自扑捶凶（胸），"共弟前身何罪，受此孤凄！"

在举国通缉伍子胥的情况下，其姊既念姐弟之情又怕连累自身，从"苦苣为齑"到"不敢大哭"再到"自扑捶胸"，人物复杂矛盾的心理耐人寻味。

最后，唐代的变文在语言上也很有特色，为了便于讲、唱，一般为散、韵结合：散文的部分常常用通俗易懂的白话，或杂以四六骈体，生动活泼、节奏铿锵；韵文的部分则以七言为主，或杂以三言、五言及六言，注重押韵，并考虑到平仄。散文的部分宜讲，韵文的部分宜唱；散文的部分宜叙事，韵文的部分宜抒情。现在看来，虽然不少作品的语言尚嫌粗糙，但作为民间艺术，已经显示出强大的生命力。下以《降魔变文》和《伍子胥变文》中的两段为例：

六师闻请佛来住，心生忿怒。类怅嘶高，双眉外竖，仞齿冲牙，非常残酷。乍可决命一回，不能虚生两度。门徒尽被诶将，遣我不存生路。到处即被欺凌，终日被他作袒。帝王尚自降地，况复凡流下庶。吾今怨屈何申，须向王边披诉。鹿行大步，奔走龙庭，击其怨鼓……

大江水兮淼无边，云与水兮相接连。痛兮痛兮难可忍，苦兮苦兮冤复冤。自古人情有离别，生死富贵总关天。先生恨胥何勿事，遂向江中而覆船。波浪舟兮浮没沉，唱冤枉兮痛切深。一寸愁肠似刀割，途中不禁泪沾襟。望吴伯兮不可到，思帝乡兮怀恨深。傥值明主得迁达，施展英雄一片心。

前者以相对整齐的散体，依次描绘出六师的表情、心理和动作，短促而有力的节奏与六师怒气冲冲的情绪刚好合拍；后者用七言韵文，层层揭示了伍子胥所见之景、所遇之事、所抒之情，近乎骚体的"兮"字回旋往复，与子胥悲怆欲绝的思绪恰相呼应。这种富于变化的语言特色，对后世的平话、宝卷、弹词、鼓子词等说唱艺术产生了极为深远的影响。

**从拜谒公卿的行卷
到流布民间的传奇**

就在变文盛行的同时，传奇艺术也达到了它的顶峰。从数量上看，流传至今的唐代传奇有数百篇、几十部专集，总计不下数百万言。大都收集在宋初李昉等人编辑的《太平广记》之中。从时间上看，唐初即有传奇作品存在，保存至今的有《古镜记》《补江总白猿传》等，然而直到大历末年，这种艺术形式才开始步入它的高峰，并于贞元、元和年间达到极盛，延续到大和、开成年间，则渐成强弩之末。这一发展曲线，与变文大体同步。从内容上看，传奇也属于叙事文学的范畴，而且也擅长叙述悲欢离合的生活际遇，因而最适合中唐时代的民众心理。

如上所述，中唐之人不仅经受过战乱，而且目睹过繁华，因而总有一种身在贞元、元和，情系开元、天宝的遗民心态，这在陈鸿的《长恨歌传》《东城老父传》等一系列回忆往事的传奇作品中表现得尤为强烈。前者以唐明皇与杨贵妃的爱情悲剧为主题，融批判与惋惜于一体，表现出复杂的历史情绪。后者通过唐明皇的斗鸡童贾昌一生的荣辱悲欢，既暴露了明皇后期

淫逸骄奢的误国行为，又流露出对开元盛世的
追念之思。这种对明知不可复得之物的留恋与
追思是如此的强烈，以至于在一些作品中竟演
化为宿命的主题。其中最具典型意义者，当属
沈既济的《枕中记》和李公佐的《南柯太守
传》。一般说来，古代人的最高理想不外乎出将
入相、列鼎而食，再不然就是娇妻美妾、宝马
名驹，然而这一切在盛唐士子那里本应竭力争
得的东西，到了中唐文人这里便只能是一种梦
中的游戏。从而一枕黄粱也好，南柯一梦也罢，
与其说是一种个人的生活体验，不如说是一种
时代的感伤情绪，一种繁华落尽成一梦的无奈
与悲凉。当然了，除却上述两类历史题材和哲
理题材的作品之外，唐传奇中绝大多数作品还
是描写普通民众的爱情生活和人生际遇。然而，
即使是这类作品也常常夹杂着一些人情的冷暖、
世事的沧桑，在人物悲欢离合的命运中体现出
时代脉搏的律动。像蒋防的《霍小玉传》中有
关霍小玉让婢女出售玉钗而被老玉工认出是宫
中之物，从而大发感慨的一段描写，颇有盛衰
无常、物是人非之感。如白行简的《李娃传》

中有关荥阳生沦落街头，为凶肆卖唱而与父亲相逢的一段情节，亦有祸福难料、不胜今昔之叹。总之，同唐代的变文一样，唐代的传奇作品也在开拓题材、反映现实的同时表现出一种特有的时代风尚和美学趣味。

然而作为一种独特的艺术形式，传奇与变文相比，又有着以下几个方面的不同特点：首先，从文化来源上看，变文受印度佛教的影响极为明显，而传奇却有着本土文化的直接根源。我们知道，作为小说艺术的萌芽形式，魏晋南北朝时期即已出现了不少志人、志怪类作品，前者如刘义庆的《世说新语》，后者如干宝的《搜神记》，这些作品虽没有完全摆脱子书、史述的传统，但却以其鲜明的人物个性、奇异的故事情节而产生了强烈的美感效果，遂成为唐代传奇的源头。因此，从性质上讲，尽管唐传奇也包含了不少佛道思想，但它不属于宗教艺术而属于世俗艺术。

当然了，正如唐代的变文虽然出自印度的佛教却不拘泥于弘扬佛法一样，唐代的传奇虽然脱胎于六朝的小说却不停留于萌芽状态。事实上，正像鲁迅所说的那样："小说亦如诗，至唐代而一变，虽尚不离于搜神记逸，然叙述婉转，文辞华艳，与六朝之粗陈梗概者较，演进之迹甚明，而尤显者乃在是时则始有意为小说。"[3] 在古代，"志"与"识"通，故所谓"志人""志怪"者，如同"天文志""地方志""墓志"一样，即以实录的态度来记述生活中的奇闻逸事。在六朝作者看来，这些"人""怪"之事本身就是奇特的，只需将其记录下来便可，因而他们的作品一般都是一些简略的故事梗概或生活片段，缺乏主观的加工和人为的创造。而唐代传奇则不同，它们不是志实的产物，而是着意传播、尽情渲染的结果。从"作意好奇""设幻为文"的创作态度出发，传奇的作者已彻底摆脱了子书、史述的轨道，不仅对原有的生活素材进行艺术的加工和处理，而且借助于想象和幻想来大胆虚构、任意发挥，把"真实的幻想"变成"幻想的真实"。例如，沈既济的《任氏传》对任氏的刻画，既写其狐仙之美，又写其绝艳之色，不仅通过其"有乘不解相假""戢身匿于扇间"等奇异的行为举止来表现出非凡的特征，而且通过其以正色来摆脱韦鲎的纠缠、施妙计让郑六发财致富等处事方式来显示出超人的聪慧。从不同的侧面入手，塑造了一个有容有貌、有姿有色、有胆有识、有情有义的狐仙的形象。再如李朝威的《柳毅传》对书生柳毅的刻画，既写其在弱者面前的恻隐之心，又写其在强人面前的浩然之气；他爱慕龙女却并不乘人之危，他仰慕龙女却绝不受人之辱；他拒绝龙女是出于义，他接受龙女是出于情。这样，便从不同的环境入手，塑造了一个堂堂正正、清清爽爽的好男儿的形象。总的来说，无论是就叙事的含量、生活的覆盖面，还是就情节的复杂曲折、人物的丰富多彩而言，唐代的传奇之作都比六朝的志人、志怪有了一个质的飞跃，成为一种前所未有的新型小说。

其次，从作者队伍来看，唐代传奇虽然也吸收了不少民间文学的营养，但其主要作品并不出自民间艺人之手而是见诸于文人士大夫的笔端。与挥麈谈玄的魏晋名士和坐而论道的宋明理学家不同，潇洒多情的唐代文人喜欢在各种题材的文学作品中炫耀自己的才华、袒露自己的情感。宋人赵彦卫云："唐世举人，先借当时显人，以姓名达主司，然后投献所业，逾数日又投，谓之'温卷'，如《幽怪录》《传奇》等皆是也。盖此等文备众体，可见史才、诗笔、议论。"（《云麓漫抄》）这种"温卷"之风当然不是唐传奇兴盛的唯一理由，但却反映出士人风尚的一个侧面。像多次应试、皆登甲科的张鷟，职掌朝政、又兼文宗的张说，官至左拾遗、史馆修撰的沈既济，进士出身的太子校书郎、谏议大夫许尧佐，进士出身的太常博士、主客郎中陈鸿，进士出身的左拾遗、主客郎中白行简，历任拾遗、补缺、翰林学士的蒋防，数度为相并出任节度使的牛僧孺，都曾是传奇高手。就连韩愈、柳宗元这两位文坛领袖也分别留下了《毛颖传》《河间传》这样的传奇作品。由于这些文人士大夫有着很高的审美趣味，致使他们的传奇作品常常是言情而不庸俗、怪诞而不粗鄙，比唐代变文在艺术上要精美、考究得多。如元稹的《莺莺传》中张生与崔莺莺偷情的一段描写：

　　张生拭目危坐久之，犹疑梦寐。然而修谨以俟。俄
而红娘捧崔氏而至。至，则娇羞融冶，力不能运支体，
曩时端庄，不复同矣。是夕，旬有八日也。斜月晶莹，
幽辉半床。张生飘飘然，且疑神仙之徒，不谓从人间
至矣。有顷，寺钟鸣，天将晓。红娘促去。崔氏娇啼宛
转，红娘又捧之而去，终夕无一言。张生辨色而兴，自
疑曰："岂其梦邪？"及明，睹妆在臂，香在衣，泪光
荧荧然，犹莹于茵席而已。

　　这种男女幽会的场面竟被描写得如此优美，既
不假装正经，也无鄙俗之态，难怪其流传至广，
影响之深呢。正像洪迈在《容斋随笔》中所说
的那样："唐人小说，不可不熟，小小情事，凄
婉欲绝，洵有神遇而不自知者，与诗律可称一
代之奇。"

　　最后，从艺术功能来看，唐传奇虽然也有一
定的口语成分，并对宋代的戏文、诸宫调，以
及元、明以后的戏剧艺术产生了极为深远的影
响，像尚仲贤的《柳毅传书》之于李朝威的《柳
毅传》、石君宝的《李亚仙花酒曲江池》之于白
行简的《李娃传》、白朴的《唐明皇秋夜梧桐雨》

之于陈鸿的《长恨歌传》、王实甫的《西厢记》之于元稹的《莺莺传》、汤显祖的《邯郸记》之于沈既济的《枕中记》、汤显祖的《牡丹亭》之于陈玄佑的《离魂记》、汤显祖的《紫钗记》之于蒋防的《霍小玉传》、汤显祖的《南柯记》之于李公佐的《南柯太守传》，都有直接的承继关系。宋代的诸宫调、南戏、杂剧都受其影响，明代的戏曲甚至直接承袭了"传奇"的名字。但是，就唐传奇本身而言，它并不属于讲唱文学而属于阅读文本。因此，这些小说不用通俗易懂的白话而选择了典雅而晦涩的文言，遂成为与变文并驾齐驱而又迥然不同的艺术形式。也正因如此，唐传奇中的不少故事不仅被日后的冯梦龙、凌濛初用纯熟的白话改编成"三言""二拍"，而且更成为蒲松龄《聊斋志异》的直接源头。

在同一个唐代社会里，变文和传奇艺术之间不可能不发生相互的影响，但由于不同的文化来源、不同的创作群体、不同的艺术功能，使其在叙事文学的历史上平分秋色、各领风骚，而这两种叙事文学在宋、元、明、清的逐渐合流，必将迎来戏曲和小说艺术的真正高峰。

〔1〕 郑振铎《中国俗文学史》第 144 页，东方出版社，1996 年版。
〔2〕 《马克思恩格斯选集》第 3 卷，第 354 页，人民出版社，1972 年版。
〔3〕 《鲁迅全集》第 9 卷，第 70 页，人民出版社，1981 年版。

4

「分野中峰变，阴晴万壑殊」

诗歌、散文

　　我们在上面的文字中分别展现了中唐时代审美文化发展的不同侧面，其实，真正能够完整地体现中唐特征的还要算诗文。一般认为，唐代文学有两个高峰，一个是在开元、天宝前后的盛唐时期，一个是在贞元、元和前后的中唐时代。就气势的恢弘、兴象的饱满、大师的成就而言，中唐似不及盛唐；然而若就个性的

显露、种类的繁多、流派的纷呈而论，中唐则
有过于盛唐。受社会风尚的影响，中唐虽然没
有出现李白、杜甫、王维之类的一流大师，但
诗坛上的白居易、李贺，文坛上的韩愈、柳宗
元亦放射出夺目的光辉，更为重要的是，在他
们的前后左右，出现了一大批各有追求、各具
特色的诗人、作家，形成了一幅英才辈出、群
星灿烂的审美画卷：

> 大历贞元中，则有韦苏州之雅淡，刘随州之闲旷，
> 钱、郎之清赡，皇甫之冲秀，秦公绪之山林，李从一之
> 台阁，此中唐之再盛也。下暨元和之际，则有柳愚溪之
> 超然复古，韩昌黎之博大其词，张、王乐府，得其故实，
> 元、白序事，务在分明。与夫李贺、卢仝之鬼怪，孟郊、
> 贾岛之饥寒……（高棅《唐诗品汇·总序》）

> 元和后，诗道浸晚，而人才故自横绝一时。若昌黎
> 之鸿伟，柳州之精工，梦得之雄奇，乐天之浩博，皆大
> 家材具也。……东野之古，浪仙之律，长吉之乐府，玉
> 川之歌行，其才具工力，皆过人。（胡应麟《诗薮》）

处在中国封建社会由前期向后期的转折阶段，中
唐时期的审美风尚出现了前所未有的分流乃至裂

变。在儒、释、道不同文化资源的助动下，盛唐时代即已出现的不同美学倾向进一步分裂、对峙，并向着极端的方向发展。在这里，不同的诗人、作家都在寻求着、探索着，并逐渐形成了较为自觉的审美理想和相对明晰的流派界限。在这诸多的美学流派中，我们择其大端，似可分成"浅切派""险怪派""隐逸派"三支。不难看出，它们的审美倾向与上述变文之浅切、服饰之险怪、茶道之隐逸是遥相呼应的，而它们的思想源流又分别与儒、释、道三家有着相当紧密的内在关联。

元、白"浅切派"

随着社会生活的不断发展，儒家的美学思想在不同时期有着不同方式的展露和体现。初唐时代，由于科举制度的实施、士庶地位的转变，使得这个新王朝中的知识分子有了实现个人理想、参与社会变革的历史机遇，故而儒家的美学理想主要体现在知识分子急欲建功立业、渴望大济苍生的社会抱负上，于是便有了王、杨、卢、骆的"扫荡文场"和陈子昂的"风骨""寄兴"。盛唐时代，由于国家实力的增强与转变，庶族地主阶级在政治上的成熟与发展，使得个人的理想与社会的环境更加紧密地融合在一起，这时的知识分子已真正面临着江山与朔漠，故而儒家的美学理想便不再体现为笼统的积极入世，而要切实承担起改变社会现实的历史责任，于是便有了边塞诗派的壮怀激烈与杜甫等人的忧患黎元。而到了中唐时代，情况又发生了新的变化，抱着"中兴"的幻想，这一时期的知识分子急需要解决"安史之乱"所遗留下来的一系列社会矛盾和社会问题，因而不得不以更加急功近利的态度来择取儒家美学思想中的"美刺"与"讽喻"，于是便有了以白居易、元稹为代表的"新乐府运动"，从而在诗歌艺术上形成了我们所要说的"浅切派"。

我们知道，所谓"乐府"原是指掌管音乐的官方机构。从秦始皇陵墓附近出土的编钟上的篆刻文字可知，早在秦代即已有乐府机构的设置。汉因秦制，并逐渐扩大了乐府机构的规模和职能，尤其是汉武帝时代，曾大规模地利用这一机构采集民歌，遂有了"感于哀乐，缘事而发"的汉乐府民歌。于是，"乐府"一词便逐渐由音乐机构转变为诗体的名称。最初的乐府诗，都是入乐的歌辞，且大多来自民间，语言生动、形式自由、主题明确，有点类似于流行歌曲。两汉、南北朝以来，不少文人袭用旧题曲名，进行拟乐府的创作。开始的时候，这些拟作仍然可以入乐，且主题与原作相去不远，如《行路难》写山川险恶、《将进酒》写饮酒放歌等。但到后来，大部分拟乐府已无法入乐，有的甚至连主题也与原作相去甚远了。如汉代的乐府名篇《有所思》原是用来描写男女恋情的，而南朝宋代的何承天则用此旧题来写思念双亲，唐代的李白竟用它来写求仙问道。到了杜甫那里，则更进了一步，即在沿用旧题的同时大胆自创新题，其《悲陈陶》《哀江头》《兵车行》《丽人行》等歌行之作，率多"即事名篇，无复依傍"，开创了"新乐府"的先河。既然这种新的诗歌创作在音乐和主题方面均与乐府旧题之间失去了联系，又何以称之为"乐府"呢？原来这新、旧乐府之间有着貌离而神合的关系：在内容上，新乐府继承了汉乐府"感于哀乐，缘事而发"的民歌精神；在形式上，新乐府继承了汉乐府语言生动、篇章自由的民歌体式。而这一切，刚好符合元、白等人利用诗歌来"补察时政""泄导民情"的需要，遂被自觉地发扬光大，以至成了一场声势浩大的文学运动。

　　"安史之乱"以后，随着社会矛盾的激化，儒家美学进一步干预现实已成为艺术发展的必然趋势。事实上，比杜甫稍晚的元结和顾况，已相继走上了"极帝王理乱之道，系古人规讽之流"（《元次山集》卷一《二风诗论》）的创作道路，只是他们的创作还未形成真正的流派并产生较大的声势。这一切，都有待于宪宗初期"中兴"幻影的出现和元、白等人以诗为谏的努力。元和三、四年间，元稹、白居易的朋友李绅写了《新题乐府二十首》，于是便触发了这场文学运动：先是元稹写了《和李校书新题乐府十二首》，并于诗序中赞扬了李诗直面现实的创作态度；继而白居易后来者居上，写下了被誉为"唐代《诗经》"的《新乐府五十首》《秦中吟十首》，并在与元稹的通信中完成了"新乐府运动"的纲领性文献《与元九书》。这场以干预现实生活为旨归的诗歌运动，并不仅仅局限于新题乐府，事实上，元、白二人在自创新题的同时也都曾利用旧题来表达新意，而张籍、王建、刘猛、李馀等人"咸有新意"的古题乐府亦应看做是这场运动的一个组成部分。在这些诗人的共同努力下，一批"救济人病，裨补时阙"的作品出现了。

　　九月匈奴杀边将，汉军全没辽水上。万里无人收白骨，家家城下招魂葬。妇人依倚子与夫，同居贫贱心亦舒。夫死战场子在腹，妾身虽存如昼烛。（张籍《征妇怨》）

　　苦哉生长当驿边，官家使我牵驿船。辛苦日多乐日少，水宿沙行如海鸟。逆风上水万斛重，前驿迢迢后森森。半夜缘堤雪和雨，受他驱遣还复去。夜寒衣湿披短蓑，臆穿足裂忍痛何！到明辛苦无处说，齐声腾踏牵船歌。一间茅屋何所直，父母之乡去不得。我愿此水作平

田，长使水夫不怨天。（王建《水夫谣》）

牛吒吒，田确确，旱块敲牛蹄趵趵，种得官仓珠颗谷。六十年来兵簇簇，月月食粮车辘辘。一日官军收海服，驱牛驾车食牛肉。归来收得牛两角，重铸锄犁作斤劚。姑舂妇担去输官，输官不足归卖屋。愿官早胜仇早覆，农死有儿牛有犊，誓不遣官军粮不足。（元稹《田家词》）

帝城春欲暮，喧喧车马度。共道牡丹时，相随买花去。贵贱无常价，酬直看花数。灼灼百朵红，戋戋五束素。上张幄幕庇，旁织笆篱护。水洒复泥封，移来色如故。家家习为俗，人人迷不悟。有一田舍翁，偶来买花处。低头独长叹，此叹无人喻。一丛深色花，十户中人赋。（白居易《买花》）

从内容上看，这类作品涉及社会生活的方方面面，上至帝王、嫔妃、权阉、显贵、藩镇、富商，下至田农、水夫、织妇、兵卒、宫女、艺人，都可以成为描写的主题、歌咏的对象，从而通过他们展示了一幅五光十色的生活画卷。更为难能可贵的是，这些身为封建官吏的诗人作家却往往能够站在受剥削、受压迫的普通劳动者的立场上，来申诉他们的不幸遭遇，以控诉贫富的悬殊、社会的矛盾、人间的不平。显然，这些作品继承了儒家传统的民本思想，并发扬了杜甫诗歌的忧患意识。从形式上看，这些作品语言简朴、篇章自由，不作过分的渲染和描绘，也不去进行情景之外的意象探求，而是善于用"夫死战场子在腹，妾身虽存如昼烛""农死有儿牛有犊，誓不遣官军粮不足"等白描手法来感动读者，常常以"一丛深色花，十户中人赋""我愿此水作平田，长使水夫不怨天"等直白方式来抒发情感，以造成通俗易懂、明白晓畅的艺术效果，确乎具有汉乐府民歌的情趣和韵味。

白居易

作为此一诗歌运动的核心人物，曾为谏官的白居易一生共写有讽喻诗一百七十余首，其中的"新乐府五十首"代表了"浅切派"诗风的最高成就。纵观这些作品，或以同情的笔触诉说民众的苦难，如《新丰折臂翁》描写了一个逃避兵役的老人"夜深不敢使人知，偷将大石槌折臂"的悲惨故事，以控诉统治者的穷兵黩武；或以激愤的情绪斥责权贵的暴行，如《黑潭龙》利用一则"狐假龙神食豚尽，九重泉底龙知无"的寓言来揭露官吏假借皇权盘剥百姓的罪行；或以辛辣的手法抨击富商的贪婪，如《盐商妇》借助一位"绿鬟富去金钗多，皓腕肥来银钏窄"的盐商妇穷奢极欲的生活方式，以讽刺巧取豪夺的不法商人；或以婉转的手法讽喻宫廷的腐败，如《上阳白发人》通过一位宫女"一闭上阳多少春""红颜暗老白发新"的寂寞生涯，来影射皇帝的荒淫。其中的有些篇章真可与杜甫的"三吏""三别"相媲美：

> 卖炭翁，伐薪烧炭南山中。满面尘灰烟火色，两鬓苍苍十指黑。卖炭得钱何所营？身上衣裳口中食。可怜身上衣正单，心忧炭贱愿天寒。夜来城外一尺雪，晓驾炭车辗冰辙。牛困人饥日已高，市南门外泥中歇。两骑翩翩来是谁？黄衣使者白衫儿。手把文书口称敕，回车

叱牛牵向北。一车炭，千余斤，宫使驱将惜不得。半匹红纱一丈绫，系向牛头充炭直。(《卖炭翁》)

红线毯，择茧缫丝清水煮，拣丝拣线红蓝染。染为红线红于蓝，织作披香殿上毯。披香殿广十丈余，红线织成可殿铺。彩丝茸茸香拂拂，练软花虚不胜物。美人踏上歌舞来，罗袜绣鞋随步没。太原毯涩氎缕硬，蜀都褥薄锦花冷。不如此毯温且柔，年年十月来宣州。宣州太守加样织，自谓为臣能竭力。百夫同担进宫中，线厚丝多卷不得。宣州太守知不知？一丈毯，千两丝！地不知寒人要暖，少夺人衣作地衣！(《红线毯》)

与杜甫的"三吏""三别"相比，这里的观点更为大胆、旗帜更为鲜明。人们甚至无须去细读作品，只要看一看每篇的题旨就可以十分清楚了。《缚戎人》："达穷民之情也"，《牡丹芳》："美天子忧农也"，《红线毯》："忧蚕桑之费也"，《杜陵叟》："伤农夫之困也"，《缭绫》："念女工之劳也"，《卖炭翁》："苦宫市也"，《涧底松》："念寒儁也"，《秦吉了》："哀冤民也"，《天可度》："恶诈人也"，《盐商妇》："恶幸人也"，《官牛》："讽执政也"，《黑潭龙》："疾贪吏也"，《阴

山道》："疾贪虏也"，《海漫漫》："戒求仙也"，
《新丰折臂翁》："戒边功也"，《西凉伎》："刺封
疆之臣也"，《两朱阁》："刺佛寺寖多也"，《八骏
图》："戒奇物、惩佚游也"，《时世妆》："警戒
也"，《隋堤柳》："悯亡国也"，《采诗官》："鉴前
王乱亡之由也"……在千百年来的中国文学史
上，恐怕还没有哪一个诗人能像白居易如此抨击
时弊，大胆直言！不难想象，在一个封建专制的
社会里，这些讽刺现实的作品将会产生多么强大
的冲击波。关于这一点，白居易在给元稹的信中
曾有所陈述："凡闻仆《贺雨》诗，而众口籍籍，
已谓非宜矣；闻仆《哭孔戡》诗，众面脉脉，尽
不悦矣；闻《秦中吟》，则权豪贵近者相目而变
色矣；闻仆《乐游园》寄足下诗，则执政柄者
扼腕矣；闻《宿紫阁村》诗，则握军要者切齿
矣。"（《与元九书》）因此，从儒家美学的历史来
看，白居易的这组"新乐府"可说是将孔子"伤
人乎？不问马"的原始的人道主义和孟子"民为
贵，社稷次之，君为轻"的素朴的民本思想发展
到了一个新的阶段。

与杜甫的《三吏》《三别》相比，这里的言

辞更为直白，语气更加激烈。人们甚至无须去深究作者的用意，只要看一看每篇的断语就可以一目了然了。《百炼镜》："乃知天子别有镜，不是扬州百炼铜。"《隋堤柳》："后王何以鉴前王，请看隋堤亡国树！"《牡丹芳》："少回卿士爱花心，同似吾君忧稼穑。"《红线毯》："地不知寒人要暖，少夺人衣作地衣！"《骊宫高》："骊宫高兮高入云，君之来兮为一身，君之不来兮为万人。"《上阳白发人》："君不见：昔时吕向《美人赋》，又不见今日上阳白发歌！"《新丰折臂翁》："君不闻：开元宰相宋开府，不赏边功防黩武？"《太行路》："君不见：左纳言，右纳史；朝承恩，暮赐死？"《采诗官》："欲开壅蔽达人情，先向诗歌求讽刺。"……在千百年来的审美文化史上，恐怕还没有哪一个作家能够像白居易那样如此不避浅显、不饰妆束的了！据宋释惠洪《冷斋夜话》云："白乐天每作诗，令一老妪解之。问曰：解否？妪曰解，则录之。不解，则易之。"正是由于这种浅白的语言和恳切的思想，使得以白居易为核心的"新乐府"诗作在民间迅速流传。因此，倘若用"人民性"这个概念来衡量古代诗歌，白居易的这组"新乐府"真可说是沿着先秦《诗经》、两汉乐府和盛唐杜甫开辟的道路，达到了一个登峰造极的高度。正像冯班所评论的那样："杜子美创为新题乐府，至元、白而盛，指论时事，颂美刺恶，合于诗人之旨。忠志远谋，方为百代鉴戒，诚杰作绝思也！"(《钝吟集》)

但是，作为儒家美学的极端性发展，以白居易为代表的"新乐府运动"亦有其急功近利的历史局限，这些也可在与杜诗的比较中看出。首先，杜诗虽然也有着强烈的忧患意识和入世精神，但常能将主观的思想情感融于客观事物的具体描绘之中，让事件本身去感染读者。例如在《石壕吏》一诗中，作者似乎完全站在一个局外人的角度来描写"暮投石壕村，有吏夜捉人"的故事，始终没有对这个故事本身进行主观的评价，直至结尾仅以两位老人苦难的离别而告终："夜久语声绝，如闻泣幽咽。天明登前程，独与老翁别。"这种含而不露的手法真挚感人，给读者留下评判与回味的余地。而白居易等人的诗歌则常因规劝心切而加入作者的主观议论，将创作的主观意图直接交给读者。所谓"首句标其目，卒章显其志"，因而犯了"露"的毛病。其次，杜甫也很善于抓住具有普遍意义的生活事件进行典型化的处理，但同时又十分注意每个事件的个性特征，给人以新颖、独特的强烈印象。例如，同是反映战乱给人民带来的苦难与不幸，但《石壕吏》不同于《潼关吏》，《新婚别》不同于《垂老别》，每篇各有其不同的特点、不同的结构、不同的角度。而白居易等人的诗歌在结构和技法上则往往千篇一律，一贯到底，缺少巧妙新颖的艺术构思和跌宕起伏的艺术效果。所谓"其事核而实""其体顺而肆"，因而犯了"直"的毛病。最后，杜甫虽也常以口语入诗，但他的语言却又能保持含蓄的韵味，在口语中寻个性，在浅显中见新颖。例如《新婚别》一诗仅仅通过一位新婚女子的独白，就将其特定的身份与复杂的心态淋漓尽致地表现出来，给人以如见其人、如闻其声之感："结发为君妻，席不暖君床。暮婚晨告别，无乃太匆忙！君行虽不远，守边在河阳。妾身未分明，何以拜姑嫜？"而白居易等人的诗歌语言则一味追求通俗易懂，缺乏必要的润色和修饰，所谓"其言直而切""其辞质而径"，因而犯了

"浅"的毛病。

我们知道，传统的儒家美学虽然强调"诗教""乐教"，但总是力求在"情"与"理""物"与"我""文"与"质"等一系列矛盾之中达到某种中庸调和的状态。而白居易等人为了使"新乐府运动"直接实现"救济人病，裨补时阙"（白居易《与元九书》）的政治目的，企图创作一种"篇篇无空言，句句必尽规"（白居易《寄唐生》）的讽喻诗，因而便将"为君、为臣、为民、为物、为事而作"的政治标准与"为文而作"的艺术目的对立起来，从而使儒家美学中所固有的内在矛盾分裂、对峙，直至失衡。这种失衡和对立，既是儒家美学自身发展的必然结果，也是中唐时期社会矛盾的历史产物。

同时，我们还应看到，在白居易的理论与实践之间，在他倾向于儒家的前期思想与倾向于佛、道的后期思想之间，也同样存在着巨大的矛盾和反差。作为谏官的白居易，主张用诗歌进行"美刺比兴""兼济天下"，在理论上重视自己的讽喻诗，在前期倡导了"新乐府运动"。而作为诗人的白居易，他又不能将艺术创作仅仅作为政治的手段和工具，并在后期大量创作了"独善其身""释恨佐欢"的"闲适诗"和"感伤诗"。从政治上讲，白居易的"新乐府""秦中吟"确实产生了重大的影响，但它们的艺术价值却不被世人所重视。为此，他本人曾不无遗憾地说："今仆之诗，人所爱者，悉不过杂律诗与《长恨歌》以下耳。时之所重，仆之所轻。"（《与元九书》）从艺术上讲，白居易却又不断突破自己的功利思想而创作出《长恨歌》《琵琶行》等极具美学价值的不朽诗篇。其实，这种人格和思想的分裂在中唐时代的知识分子身上是极为普遍的，一个分裂的时代必然会造就一批复杂和矛盾的人物，而复杂和矛盾的人物又必然会创作出五光十色的作品。

韩、孟"险怪派"

就在元稹、白居易为首的"新乐府运动"将诗歌引向功利、引向浅显的同时，另一批复杂而矛盾的人物则将诗歌引向超功利、引向险怪。

赵翼《瓯北诗话》云："中唐诗以韩、孟、元、白为最。韩、孟尚奇警，务言人所不敢言；元、白尚坦易，务言人所共欲言。"我们知道，作为"古文运动"的代表人物，韩愈曾举起"文以载道"的大旗，主张用儒家的思想来彰明道义。但作为"险怪诗派"的代表人物，韩愈在诗歌创作中却更多地汲取了道家和道教遗世高蹈的美学风格。如果说元、白等人的诗歌创作是将杜甫原本已经贴近现实的新题乐府进行更加急功近利的发展，那么韩、孟等人的诗歌实践则是将李白原本已经远离生活的古体诗作进行一种光怪陆离的引申。与白居易的《与元九书》一样，韩愈在《调张籍》一诗中也较为集中地表达了自己的美学思想：

> 李杜文章在，光焰万丈长。不知群儿愚，那用故谤伤。蚍蜉撼大树，可笑不自量。伊我生其后，举颈遥相望。夜梦多见之，昼思反微茫。徒观斧凿痕，不瞩治水航。想当施手时，巨刃磨天扬。垠崖划崩豁，乾坤摆雷硠。惟此两夫子，家居率荒凉。帝欲长吟哦，故遣起且僵。剪翎送笼中，使看百鸟翔。平生千万篇，金薤垂琳琅。仙官敕六丁，雷电下取将。流落人间者，

太山一毫芒。我愿生两翅，捕逐出八荒。精神忽交通，
百怪入我肠。刺手拔鲸牙，举瓢酌天浆。腾身跨汗漫，
不著织女襄。顾语地上友，经营无太忙。乞君飞霞佩，
与我高颉颃。

针对当时有人扬杜抑李的美学倾向，韩愈在这里不仅将李、杜二人相提并论，而且把李白放在了杜甫的前面。同李白一样，韩愈的诗作也以古体见长，不求工整，唯务自由；与李白一样，韩愈的诗歌也常作"独携无言子，共升昆仑巅"（《杂诗》）之类的神言仙语，忽而"长风飘襟裾，遂起飞高圆"，忽而"翩然下大荒，被发骑騔騹"（《杂诗》）。然而，李白是一个真正的道教徒，尽管狂放不羁，但在神仙面前却自认无知："遗我鸟迹书，飘然落岩间。其字乃上古，读之了不闲。"而韩愈却并不信道，因而在神仙面前也并不买账："乃知仙人未贤圣，护短凭愚邀我敬。我能屈曲自世间，安能从汝巢神山！"（《记梦》）可见，韩愈只不过是利用道教美学波诡云谲、想落天外的神秘意象来丰富自己的艺术表达能力罢了。由于没有信仰上的约

束，使得其想象更加大胆、思绪更为奇特，不仅是奇思妙想，而且颇有些光怪陆离的味道了。更为重要的是，韩愈的这种创作倾向，并不是孤立的，在他的前后左右，亦有孟郊、卢仝、马异、皇甫湜、刘叉、李贺等一批以险为奇、以怪为美的诗人，从而形成了与元、白诗风截然不同的文化景观。

首先，"险怪派"诗人大大开拓了文学的表现内容和美学趣味：

> 虎豹僵穴中，蛟螭死幽潜。荧惑丧躔次，六龙冰脱髯。芒砀大包内，生类恐尽歼。啾啾窗间雀，不知己微纤。举头仰天鸣，所顾甚刻淹。不如弹射死，却得亲炰燔。（韩愈《苦寒》）

> 无火炙地眠，半夜皆立号。冷箭何处来，棘针风骚劳。霜吹破四壁，苦痛不可逃。高堂捶钟饮，到晓闻烹炮。寒者愿为蛾，烧死彼华膏。华膏隔仙罗，虚绕千万遭。到头落地死，踏地为游遨。游遨者是谁？君子为郁陶！（孟郊《寒地百姓吟》）

上述作品使我们想起了盛唐诗人岑参的《白雪歌送武判官归京》和《走马川行奉送出师西

征》，因为岑参的这两首诗也是以对寒冷气候的渲染为主要内容的。然而细读起来，它们给人的感受却有着很大的差异。在岑参那"轮台九月风夜吼，一川碎石大如斗""忽如一夜春风来，千树万树梨花开"的诗句中，我们所感到的奇寒并不可怕，而是一幅壮丽动人的北国风光。但是，在韩、孟的诗句中，不但虎豹蛟螭被活活冻死，就连拉着太阳行走的六龙也把胡须冻掉了；那些鸟雀更是寒冷难熬，真不如被人一箭射死，也好在油锅里暖暖身子。面对如此可怖的情景，读者也禁不住毛骨悚然、浑身颤栗了……在岑参的诗句中，对寒冷气候的渲染只是为了反衬出边塞将士的英雄气概，因而将"马毛带雪汗气蒸，五花连钱旋作冰，幕中草檄砚水凝"的描写最终归结为"虏骑闻之应胆慑，料知短兵不敢接，车师西门伫献捷"。而在韩、孟的诗句中，对寒冷气候的渲染只能导致人们的绝望，在"霜吹四壁破，苦痛不可逃"的情况下，冻得半死的人们只有"半夜皆立号"，宁愿为飞蛾，"烧死彼华膏"……因此，作为审美对象，岑参诗给人的快感是直接的，是不掺杂痛感的；而韩愈、孟郊的诗给人的快感则是间接的，是通过痛感转化而来的。

其次，"险怪派"诗人的美学追求不仅表现在内容上，而且表现在形式上：

师于久不息，农为兵兮民重嗟。骚然县宇，土崩水溃，畹中熟无谷，垅上桑无麻。王春判序，百卉甲含葩。有客避兵奔游僻，跋履险阨至三巴。貂裘蒙茸已敝缕，鬖发蓬肥。雀惊鼠伏，宁遑安处。独卧旅舍无好梦，更堪走风沙。天人一夜剪瑛瑛，诘旦都成六出花。南亩未盈尺，纤片乱舞空纷挐。旋落旋逐朝暾化，檐间冰柱若削出交加。或低或昂，小大莹洁，随势无等差。始疑玉龙下界来人世，齐向茅檐布爪牙；又疑汉高帝，西方未斩蛇。人不识，谁为当风杖莫邪？铿锵冰有韵，的皪玉无瑕……（刘叉《冰柱》）

飞光飞光，劝尔一杯酒。吾不识青天高，黄地厚，惟见月寒日暖，来煎人寿。食熊则肥，食蛙则瘦。神君何在？太一安有？天东有若木，下置衔烛龙。吾将斩龙足，嚼龙肉，使之朝不得回，夜不得伏。自然老者不死，少者不哭。何为服黄金，吞白玉？谁是任公子，云中骑白驴？刘彻茂陵多滞骨，嬴政梓棺费鲍鱼。（李贺《苦昼短》）

这里对于诗歌格律的突破，较之盛唐更进了一步。我们知道，与近体诗相比，古体诗的格律原本就不太严格，而盛唐李白等人虽在此基础上有所变通，但还保持了七言、五言等基本形式。但是刘叉和李贺的上述诗篇，从字数上已很难说是七言、五言，还是四言、三言了；在韵律上也很难说是诗歌、辞赋，还是散文了。如果说李白的诗歌还只是根据内容的需要而对形式进行必要的扩大或修正，而李贺、刘叉的作品则是内容压倒形式，趋于无形式了。从而在美学的意义上讲，前者还属于壮美，后者则近于崇高了。值得注意的是，刘叉、李贺的上述尝试并不是偶然的、孤立的。在险怪诗派中，此类作品大量存在，像韩愈的《醉留东野》《嗟哉董生行》，卢仝的《月蚀吟》《与马异结交诗》，皇甫湜的《出世篇》等，都是很好的例证。

最后，"险怪派"诗人不仅追求崇高，而且追求丑：

> 赤地炎都寸草无，百川水沸煮虫鱼。定应焦烂无人救，泪落三篇古《尚书》。（马异《贞元旱岁》）

> 蛤蟆蟆，叩头莫语人闻声。扬州蛤蚬忽得便，腥臊
> 臭秽逐我行。我行化作青泥坑。（卢仝《客请蛤蟆》）

在"险怪派"诗人笔下，什么妖魔鬼怪，什么腥臊恶臭，都可以成为审美观照的对象。这种做法，既是对道家"厉与西施，恢诡谲怪，道通为一"（《庄子·齐物论》）思想的具体实践，也是对道教谱系中神仙鬼怪形象的着意发挥。

险怪诗风的形成，既与当时社会风气的怪异有关，也与这批诗人生活经历的坎坷相关联。与官至宰相、刑部尚书、尚书省左丞等显要位置的李绅、白居易、元稹等"浅切派"诗人不同，"险怪派"诗人大都出身贫苦、仕途蹭蹬。韩愈自幼丧失父母，唯赖兄嫂抚养成人，好不容易在政治上有了起色，又因上疏谏迎佛骨而触怒皇帝，险些掉了脑袋。孟郊一生缺衣少食，46岁才中进士。李贺出身于皇室宗亲，本可以施展一番抱负，可仅因其父李晋肃的"晋"字与进士之"进"同音，遂因"避讳"的礼法而被剥夺了参加吏部考试的资格，终身只做了一个从九品的奉礼郎。刘叉少年时代因酒杀人，遇赦后折节读

书，后归齐鲁，不知所终。卢仝干脆隐居少室山，过着穷困潦倒的生活。如此说来，他们的经历与"位卑而才高，官小而名大"的"初唐四杰"倒有几分相似之处。然而不同的是，处在国力上升时期的王、杨、卢、骆，只是不满于自己的政治抱负无法施展罢了；而处在国力下降时代的韩、孟诸子，却要眼睁睁地看着挽救大唐的最后机遇从身边错过，"中兴"的希望化成泡影。在这种情况下，他们那一腔爱国之志、报国之心，又怎能不激扬愤怒、鼓荡而出呢？正像韩愈所说的那样：

> 大凡物不得其平则鸣。草木之无声，风挠之鸣。水之无声，风荡之鸣。其跃也或激之，其趋也或梗之，其沸也或炙之。金石之无声，或击之鸣。人之于言也亦然：有不得已者而后言，其歌也有思，其哭也有怀。凡出乎口而为声者，其皆弗平者乎！（《送孟东野序》）

> 夫和平之音淡薄，而愁思之声要妙；欢愉之辞难工，而穷苦之言易好也。（《荆潭唱和诗序》）

于是便有了呕心苦吟、独辟蹊径、神出鬼没、磊落不平的"险怪派"。

李贺

需要指出的是，虽然当时的韩愈以其文坛领袖的号召力量为奠定此派诗风做出了巨大的贡献，然而在艺术造诣上，真正代表"险怪派"最高水平的却不是韩愈，而是比韩愈小22岁的李贺。据《唐摭言》记载，李贺早慧，7岁便以诗歌名动京师。韩愈、皇甫湜闻讯走访，李贺便当面赋《高轩过》令"二公大惊"，并"亲为束发"。而后来的李贺也确实不负厚望，将前辈的诗歌探索融会贯通，形成了诡谲瑰丽并富有梦幻色彩的"长吉体"：

> 吴丝蜀桐张高秋，空山凝云颓不流。江娥啼竹素女愁，李凭中国弹箜篌。昆山玉碎凤凰叫，芙蓉泣露香兰笑。十二门前融冷光，二十三丝动紫皇。女娲炼石补天处，石破天惊逗秋雨。梦入神山教神妪，老鱼跳波瘦蛟舞。吴质不眠倚桂树，露脚斜飞湿寒兔。（《李凭箜篌引》）

> 黑云压城城欲摧，甲光向日金鳞开。角声满天秋色里，塞上燕脂凝夜紫。半卷红旗临易水，霜重鼓声寒不起。报君黄金台上意，提携玉龙为君死。（《雁门太守行》）

老兔寒蟾泣天色，云楼半开壁斜白。玉轮轧露湿团光，鸾佩相逢桂香陌。黄尘清水三山下，更变千年如走马。遥望齐州九点烟，一泓海水杯中泻。(《梦天》)

茂陵刘郎秋风客，夜闻马嘶晓无迹。画栏桂树悬秋香，三十六宫土花碧。魏官牵车指千里，东关酸风射眸子。空将汉月出宫门，忆君清泪如铅水。衰兰送客咸阳道，天若有情天亦老。携盘独出月荒凉，渭城已远波声小。(《金铜仙人辞汉歌》)

从审美格调上讲，如果说韩愈的诗歌富有嚣张、狂野的气势，孟郊的诗歌具备枯索、凄寒的风格，那么，李贺的诗歌则更有瑰丽、神秘的效果。换言之，他把韩愈的奇思怪想发展成惝恍迷离的境界，他把孟郊的峭刻饥寒引向了凄怆幽凉的道路。因此，李贺多采用那些感情色彩很浓的词，如"啼竹""泣露""老鱼""瘦蛟""寒兔""酸风""金鳞""夜紫""秋香""花碧"等来表达他对青春的体验和死亡的渴望，因此，他所创造的审美境界于幽冷之中又显得浓艳逼人。进一步讲，李贺的诗不仅用词大胆，而且想象奇特。在这里，李凭的箜篌可比做"昆山玉碎凤凰叫，芙蓉泣露兰香笑"；雁门的城池可以比做"黑云压城城欲摧，甲光向日金鳞开"；在这里，诗人可以从高空中俯瞰地球，以获得"遥望齐州九点烟，一泓海水杯中泻"的空间视角；诗人可以将历史人物化为现实图景，以产生"茂陵刘郎秋风客，夜闻马嘶晓无迹"的时间纬度。这里的险怪奇谲，已不再是故作惊人之语的美学姿态，因为它本身就是惊人之语；这里的光怪陆离，也已不再是破坏意象的创作策略，因为它本身就是瑰丽的意象。它的语言、它的技巧已完全内化于诗人的情感之中了。正像杜牧在《李长吉歌诗叙》中所评论的那样，"云烟绵联，不足为其态也；水之迢迢，不足为其情也；春之盎盎，不足为其和也；秋之明洁，不足为其格也；风樯阵马，不足为其勇也；瓦棺篆鼎，不足为其古也；时花美女，不足为其色也；荒国陊殿，梗莽丘垅，不足为其恨怨悲愁也；鲸呿鳌掷，牛鬼蛇神，不足为其虚荒诞幻也。"

尽管在以后漫长的诗歌史上，以韩愈为代表、以李贺为最高成就的"险怪诗派"并不能为大多数读者所接受，然而在道家、道教文化的影响下，他们确实为古典诗歌开辟了新的道路，提供了新的可能。他们使后人认识到，诗歌居然是可以这样写的。

刘、韦"隐逸派"

中唐时代，佛道并兴。从外部原因看，皇室贵族佞佛严重，不仅广造佛寺，而且迎接佛骨，社会各界无不响应。从内部原因看，此时的佛教各派已基本上完成了其中国化的改造，尤以禅宗一支最为发达，以压倒其他各派之势进入全盛时期。

禅宗乃是印度佛教的中国化，民族化，是印度形而上思辨精神与中国实用理性精神的巧妙结合。一方面，禅宗保持了佛教空、幻、寂、灭的出世思想，对现实世界的各种诱惑采取超然和蔑视的态度；另一方面，禅宗又扬弃了佛教本身原有的逻辑推理和修行戒律，从而使宗教信仰成为一种心灵化、生活化、艺术化的审美活动。因此，此一流派不仅深受各界人士的广泛欢迎，而且对诗歌创作也产生了更为直接的影响。一方面，由于禅宗打破了传统教义的封闭观念，使一大批才华横溢的僧人走上诗歌创作的道路，成为著名的诗僧。另一方面，由于禅宗特别适合封建士大夫的口味，使许多身存宦海、心系禅门的文人居士，也写出了体现佛禅美学特色的诗篇。于是，正如道教的兴旺给中唐诗坛带来一大批闪耀着道教美学色彩的诗歌一样，佛教，尤其是经中国传统文化精神同化而成的禅宗一派的兴起，同样给中唐诗坛带来朵朵奇葩。

据《全唐诗》载，中唐诗僧近四十人，僧诗约八百首。无论是诗僧数量，还是僧诗数量，都远远超出初、盛唐时期的总和。与此前的僧诗相比，中唐僧诗有着鲜明的时代色彩：就诗歌内容而言，已从阐述佛理向创造禅境转换；就诗歌形式而言，也从乡村的俚词俗语转向富有文人气息的典雅形式。具体来说，中唐僧诗表现出以下艺术特色：其一，任运随缘的僧人形象；其二，空寂清冷的诗歌格调；其三，圆通澄澈的诗歌意境。

几乎在所有的宗教派别中，禅宗的信仰方式是最为自由的。但它也并非不讲修炼，不讲宁神静气。"禅"，梵语称"禅那"，本意就指坐禅或静虑，有时还须相当长的时间，正所谓"水滴石穿，绳锯木断"，要有相当顽强的毅力。据说，南北朝时期由天竺东渡而来的菩提达摩，就曾在嵩山九年"面壁而坐，终日默然"，才终于悟得了新禅法，成为中国禅宗的始祖。到了唐代的六祖慧能那里，又于渐修之外开辟了顿悟之门，进一步加大了禅宗修行的自由度。然而，无论是渐修也好，顿悟也罢，都必须排除私心杂念，使主体去蔽澄明，获得自性的觉醒。因为在禅宗看来，"佛"并不在十万八千里外的天竺净土，而是安坐于众生心头；求佛证性也不必去青灯黄卷中寻觅，滚滚红尘中就掩映着一个光华圆满、天机湛如的涅槃境界。自此，不仅那些老朽如棺、粘湿似苔的禅房寺院，甚至于佛界律令、禅门清规也无法将人们拘束。解放了的禅僧投身于自然的怀抱，在潮起潮落、草长莺飞中体悟佛法；解放了的禅僧走进世俗的生活，在挑水搬柴、穿衣吃饭中体悟禅机。于是，一向形如槁木、心若死灰的僧人形象发生了质变，而代之以任运随缘、无拘无束的面貌：

> 近夜山更碧，入林溪转清。不知伏牛事，潭洞何纵横。野岸烟初合，平湖月未生。孤舟屡失道，但听秋泉声。（灵一《溪行即事》）

> 爱杀柴桑隐，名溪近讼庭。扫沙开野步，摇舸出闲汀。宿简邀诗伴，余花在酒瓶。悠然南望意，自有岘山情。（皎然《九月十日》）

> 西塞长云尽，南湖片月斜。漾舟人不见，卧入武陵花。（法振《月夜泛舟》）

真正的禅僧不怕寂寞枯燥，但也不必刻意地追求寂寞枯燥。从外表上看，他们往往可以和常人一样摇舸出汀、泛舟月下，甚至倚石听泉、饮酒赋诗。但在内心深处，他们与常人又有着很大的区别：在单纯、静谧而又鲜活的大自然中，一切属人的愿望、情感、思虑、意识在他们这里都已经被清除了。放弃了凡俗之念的僧人，就像是蓝天里的飞翔的小鸟一样，任意东西而不作计较；就像是原野里生长的花草一样，任其枯荣而无须思虑。因此，"孤舟屡失道"没有什么可怕，"但听秋泉声"就是了；"漾舟人不见"没有什么要紧，"卧入武陵花"就行了。正所谓"郁郁黄花，无非般若。青青翠竹，尽是法身。"融身于宇宙生命的禅僧似乎已经忘却了自我，在荡漾着月光的千里平湖上，已不知道是他卧入莲花与水天一色，还是莲花入舟与人同载了。在超越物我界限的同时，禅僧们实现了个体与自然的融合，成就为一个虚空而又永恒的存在。同时，也便在诗歌中塑造了新一代僧侣的形象。

从人格上讲，佛教的诗僧与道教的文士都有超凡脱俗、遗世高蹈的一面，有其共同的美学特征。然而相比之下，由于他们属于两种不同的信仰体系，其诗歌创作又有着个性的不同。从哲学的角度上讲，道家相信外在于主体的"道"的存在，属于客观唯心主义。因此，他们虽然认为这个草长莺飞的现实世界是变幻莫测的，但却并不是彻底虚无的。他们之所以要在现实世界的背后发现"道"的存在，并不是为了摒弃这个世界，而恰恰是为了尽情地占有、长久地享受这个世界，以成为"乘云气，御飞龙，而游乎四海之

外"的至人、真人、神人。禅宗则认为外在于
"自性"的万事万物都是虚幻的，毫无意义可言，
因而属于主观唯心主义。因此，对于佛教尤其是
禅宗而言，真实只意味着一种"悟"的心境，一
种物我两忘、四大皆空的幻境，除此之外，世道
空空。所以，相比之下，如果说道士的人格有其
逍遥、豪放，甚至享乐的一面，那么禅师的人格
则更具朴素、淡漠，甚至懒散的一面。

与这种朴素、淡漠，甚至懒散的人格特征相
一致，禅师们不太喜欢道士们那汪洋恣肆、险怪
奇异的美学追求，而偏爱闲适、空寂而又充满禅
意的诗歌格调。

日照西山雪，老僧门始开。冻瓶粘柱础，宿火陷炉
灰。童子病归去，鹿麋寒入来。斋钟知渐远，枝鸟下生
台。（景云《老僧》）

敛履入寒竹，安禅过漏声。高杉残子落，深井冻痕
生。罢磬风枝动，悬灯雪屋明。何当招我友，乘月上方
行。（无可《寄青龙寺原上人》）

秋风落叶满空山，古寺残灯石壁间。昔日经行人去
尽，寒云夜夜自飞还。（皎然《秋晚宿破山寺》）

无论是寒冷的冬天，还是凄凉的夜晚，无论是落叶的空山，还是寂寞的古寺，禅僧都能独享这一份自然的恩赐，于斋钟渐远、童子病归、乘月访友、枝鸟下台等动静变化中感悟佛法，谛听妙音。这里是空，这里是静，这里是没有自我的生命，这里是充满禅意的温馨。

无论是道士，还是禅僧，古代诗人都讲究境界的和谐、圆融。但由于佛、道文化自身的差异，使其诗境圆融的程度或有不同。从理论上讲，道教虽然主张"人"与"道"的统一，但由于"道"是外在于主体的客观存在，因而"人"与"道"的关系仍然是外的。这种外在的关系便难免发生冲突和摩擦，从而引起诗境的动荡。而禅宗却倡导"自性即佛""梵我如一"，客观世界的万事万物只不过是佛、我的化身和幻相，彼此之间的关系是内在的。在这种思想的支配下，禅僧笔下的境界便常常比道士歌咏的诗篇更加晶莹剔透，澄澈圆通。

由于主张"自性即佛"，诗僧的内心须得空明净澈，他们以无喜不嗔、无贪不怒为原则，以达到"梵我如一"的境界。具体说来，禅宗诗人一般不用过分的想象夸张，也不用险怪的手法，他们常常用素朴的语言、淡泊的笔触，在平凡的一山一水一草一木中发掘禅意，使之成为一粒遍照万象的明珠。

> 一片雨，山半晴。长风吹落西山上，满树萧萧心耳清。云鹤惊乱下，水香凝不然。风回雨定芭蕉湿，一滴时时入昼禅。（皎然《山雨》）

一半雨光，一半阳光；雨光迷蒙，阳光透澈。小雨俨然是赶来为山光助兴的精灵，借来自天际的长风轻轻浸湿了青山的衣领，在树梢上喔弄出萧萧的清音。天空里，与云共舞的白鹤也沉迷于这份美妙的山光物态，从半天里敛翅急下，翻飞于雨雾、阳光之间。风回雨定后，美妙的景色凝聚成一粒阳光普照的明珠，以其温润光泽反射着整个世界。这真是"一花一世界，一草一天国"。虽然这里云鹤的"惊"与"乱"似与诗境不谐，然而，在其凝定于诗境的整体画面之后，反而产生了以动衬静的美学效果。这类例子在中唐禅师那里还有很多，如灵一和尚的"月影沉秋水，风声落暮山。稻花千顷外，莲叶两河间。"(《酬陈明府舟中见赠》)似乎可以让读者听到月影与秋水的呢喃，闻到轻风与暮山的耳语了。

中唐诗歌受禅宗的影响，当然不会仅限于佛门弟子，事实上，一些半出家，甚至未出家的知识分子在诗歌创作中也自觉或不自觉地表现出了共同的审美倾向，并于"浅切派"和"险怪派"之外形成了第三个诗歌群体。这第三批诗人大致包括刘长卿、韦应物、贾岛、钱起、柳宗元、司空曙、戴叔伦等，我们称之为"隐逸派"。与元、白和韩、孟诸子不同，刘、韦等人并未提出共同的创作纲领，也没有掀起明确的诗歌运动，而大多是在不相往来的情况下分别进行着各自的创作和探索。但是，由于受佛教文化的共同影响，他们在创作手法和美学趣味上，又的确是在不知不觉地形成了一个共同的潮流。与"浅切派"不同，他们的诗歌虽然平易，却不直露，不仅自然，而且含蓄；与"险怪派"不同，他们的诗歌毫不晦涩艰深，也绝不怪诞离奇。也许，他们是在精神上最先进入封建社会后期的一批知识分子。在他们身上已经见不到盛唐艺术家们昔日那饱满的热情和阔大的胸襟，同时又有着前人所不具有的细腻的手法、敏锐的心灵、恬淡的情趣。此时的诗人往往以日常的生活物象来寄寓其复杂的情思，并力图通过这些琐细平凡的生活来达到对禅的亲近：

> 尘襟一潇洒，清夜得禅公。远自鹤林寺，了知人世空。惊禽翻暗叶，流水注幽丛。多谢非玄度，聊将诗兴同。（韦应物《夜偶诗客操公作》）
>
> 一路经行处，莓苔见履痕。白云依静渚，春草闭闲门。过雨看松色，随山到水源。溪花与禅意，相对亦忘言。（刘长卿《寻南溪常山道人隐居》）

这些人对禅宗的心仪绝非酒醉饭饱之后的无聊消遣，也不是宦海生涯中的风雅点缀。当一切理想与希望都被"安史之乱"摧毁后，他们义无反顾地投入释迦牟尼的怀抱，为心灵平衡、生命存在寻求支撑点。如果说韦应物的《夜偶诗客操公作》一诗还只是在字句表面上表达对佛禅的理解与向往，那么，刘长卿的《寻南溪常山道人隐居》已将佛禅精神渗透到人格深处。诗中那个一路行来遍睹莓苔、履痕、白云、春草、松色、溪花的游客作为诗人的写照，已然是因色悟空的禅僧了。司空曙更为我们奉上一个无思无虑、大彻大悟的诗人形象："钓罢归来不系船，江村月落正堪眠。纵然一夜风吹去，只在芦花浅水边。"（《江村即事》）曾出家做了半辈子和尚的贾岛对佛禅境界更是难以忘怀："近来惟一食，树下掩禅扉。落日寒山磬，多年坏衲衣。"（《崇圣寺斌公房》）"清磬先寒角，禅灯彻晓峰。旧房闲片石，倚著最高松。"（《送慈恩寺霄韵法师谒太原李司空》）"出逢危叶落，静看众峰疏。冷露常时有，禅窗此夜虚。"（《丹阳精舍南台对月寄姚合》）正如韩孟诗派心怀"不平之气"，凡目之所触、笔之所及之物尽染"险怪"之色一样，刘、韦诸人久经禅光浸淫的心灵使之周围的一切自然分有了"禅"的光辉：那扇通往绿林野岸的柴门，诗人视之为"禅扉"；那盏燃青了石壁的孤盏，诗人称之为"禅灯"；那邀来白云青山、引来冷耳清音的木牖，诗人则看成是"禅窗"……当诗人将禅心推及一切外物，他自己也就无往而不在禅中了。

皎然

在此，我们需要特别提及那位既是诗僧、又是文学理论家的皎然，其诗歌理论著作《诗式》恰好可以为"刘韦诗派"弥补创作纲领的不足。

在皎然看来，艺术作品中所真正值得追求的，不是眼前的形象，而是形象背后的韵味和情趣。而这一点恰恰是元、白、韩、孟等大多数中唐诗人所普遍忽略的。他们往往重视艺术作品的外在形象与价值，而忽略了形象背后的意趣。皎然则另辟蹊径，为美的艺术开拓出一片崭新的天地。

> 两重意已上，皆文外之旨。若遇高手如康乐公，览而察之，但见情性，不睹文字，盖诣道之极也。向使此道尊之于儒，则冠六经之首；贵之于道，则居众妙之门；精之于释，则彻空王之奥。（《诗式·重意诗例》）

这里的"情性"，既是指佛教的"自性"，也是指作品的"诗性"，它是形象背后的情趣和韵味；这里的"文字"，则只是指借以表达"自性"和"诗性"的媒介而已，其本身并没有独立的价值和意义。由于参禅要通过"文字"来启悟"自性"，作诗要通过"文字"来领悟"诗性"，即在有形之中把握无形、在有限之中达到无限，所以才有了"两重意已上，皆文外之旨"的见解。尤其是遇到如谢灵运这样的诗家高手时，更要能透过辞表，弃滓存精，直造文外之旨、言外之情，达到"但见情性，不睹文字"这样一个于儒于道于释皆堪称至道的诗歌境界。皎然认为，艺术作品的好坏，不在于篇幅的短长，内容的多少，反映生活的粗细，而在于韵味的强弱，境界的有无，表现情趣的浓淡。所以，他在《诗式·辨体有一十九字》中对"静"与"远"二体有这样的论述："静，非如松风不动，林狖未鸣，乃谓意中之静。""远，非谓渺渺望水，杳杳看山，乃谓意中之远。"不难看出，在皎然看来，"静"与"远"并非指那些寂静渺远的具体外在的物象，而是特指诗歌意象背后所传达出来的心境的恬静与情致的高远。后者远在前者之外，并引发读者进入自由想象的王国，因此，这是一个更加自由的审美境界。在这里，主体不是通过外向的追求来实现与对象的拥抱与合一，而是通过心灵的内省、直觉的感悟达到物我两忘、意境相融，亦即在对象的超越（即不执著）中达到同对象的冥合统一。显然，这是一个没有动荡与冲突的审美过程，主体所得到的是一种单纯的、平和的愉悦与享受。此时，艺术与审美不再为对象的有限特征（形象、色彩、体积、外貌等）所制约、所局限，而是自由地超越它们，在它们有限的特征之外寻求无限的韵味、神趣、意兴等。

如果说，皎然是这种"文外之旨"的理论探讨者，那么"刘韦诗派"则是这种"超然之美"的艺术实践者。他们的追求大致表现在两个方面：就物象选取而言，多为与主观意趣相契合的清淡之象、幽渺之音、浸凉之色；就诗境营造而言，则追求空寂朦胧，含不尽之情思于字表言外的佛禅境界。

诗歌意象往往有质实拙大与清淡虚空之分。前者如铁马冰河、惊雷怒电、金绳铁锁、古鼎宝刹、狂山狠谷、巨象鲸鲵……此等意象，非胸怀壮阔、情感炽烈、胆力超拔如杜甫、岑参、李白、韩愈者不足以自由地调度和驱遣。而刘韦诗派是一群在佛禅影响下冷却热情、淡化理想的文人。其眼界由执著进取转向任运随缘，因而他们的情感自然由粗重豪放转向细腻淡泊。特殊的精神状态，使他们更倾向于后一种似实似幻、飘渺不定、把捉不着的物象：一片飞来飞去的闲云，一缕游走不定的轻烟，几枝疏影婆娑的翠竹，几声似有似无的远磬，以及那浅浅的苔痕，淡淡的月影，蒸腾的水汽，朦胧的远山：

> 犬吠寒烟里，鸦鸣夕照中。（刘长卿《赠西邻卢少府》）

> 孤灯寒照雨，湿竹暗浮烟。（司空曙《云阳馆与韩绅宿别》）

> 石泉远逾响，山鸟时一喧。（柳宗元《中夜起望西园值月上》）

> 萝木静蒙蒙，风烟深寂寂。（刘长卿《奉陪萧使君入鲍达洞寻灵山寺》）

第一句诗很容易使人联想起陶渊明的"狗吠深巷中，鸡鸣桑树巅"（《归园田居》其一）。同样是犬吠、鸡鸣，但因所处背景不同，一为深巷、树巅，一为寒烟、夕阳，所产生的艺术效果也就随之而异。前者多为指实，给人以田园生活般的温馨；后者则竭力务虚，使本来就无形无象的犬吠、鸦鸣迅速在背景中淡化，所能给人的只有冷寂、空幻与缥缈。物象的空虚性、绵延性与不定性将人的主观情思由实变虚，由浓变淡，由近变远。此时的诗句缺少了前人面向世界所具有的广阔外在的物理空间，但内在的精神空间却得到前所未有的开拓与延展。外在时间中的动，转化为内在空间的静；物理学意义上的远，转化为精神意义上的无……至于孤灯照雨，湿竹浮烟，石泉远响，山鸟时喧，萝木蒙蒙，风烟寂寂，同样使人于流动中见寂静，于充斥中见虚无，于近摹中见深远。这便是"超然之美"的魅力所在。说它是佛教的"因色悟空"，应不为过。

由于文化背景的不同，"刘韦诗派"不仅在取境上与"韩孟诗派"有着虚实之分，而且在用色上与"韩孟诗派"也有着浓淡之别。现代物理学证明，色彩并不具有实体意义，它只是长短不一的光波在人类视网膜上所造成的映像，或者可以说是人类以光波为基础的经验感受，从而带有很大程度的情感性、虚拟性、主观性。从主观的感受出发，色调可分为两类：一为暖色调，如红、黄、紫、橙等，往往给人以温和、扩散，甚至于热烈的感受；一为冷色调，如黑、蓝、绿、白等，往往给人以清冷、平淡、甚至于内敛的感受。就深受佛禅影响的"刘韦诗派"而言，虽不避讳任何一种色彩，但其意识底层更倾向于后者。这便与李贺等着色浓艳的诗作形成了鲜明的对比：

> 青山空向泪，白月岂知心。（刘长卿《赴新安别梁侍郎》）
>
> 寒潭映白月，秋雨上青苔。（刘长卿《游休禅师双峰寺》）
>
> 青冥台砌寒，绿缛草木香。（韦应物《游琅琊山寺》）
>
> 白波连雾雨，青壁断兼葭。（司空曙《送卢使君赴夔州》）
>
> 绿田通竹里，白浪隔枫林。（司空曙《送乐平苗明府》）

在这里，诗人借助于青、白、绿等清淡的物象、寒冷的色调，创造出诸多空寂、朦胧、淡远而又含不尽之禅香于其内的诱人诗境，给人以象外之象、景外之景的美感享受。与杜诗相比，刘、韦诸人不再有跌宕起伏、深沉凝重的饱满热

情；与李诗相较，不再有高蹈长空、挥戈驻景的
理想主义信念；与韩诗相较，则更不具备其轩昂
多变、冤怪频出的动荡与恐怖。从文学史的角度
上看，"刘韦诗派"在很大程度上得益于王维诗
歌的滋养。在新的历史条件下，这种具有佛教文
化内涵的诗歌创作，导引人走向更加平淡、更加
自然，更加生气流转的空灵之境，从而在超越自
然物象的基础上，达到对超然之美的追求。正像
后来的《诗品二十四则》中所说的那样，"超以
象外，得其环中"了。

　　日暮苍山远，天寒白屋贫。柴门闻犬吠，风雪夜归
人。(刘长卿《逢雪宿芙蓉山主人》)

　　松下问童子，言师采药去。只在此山中，云深不知
处。(贾岛《访隐者不遇》)

　　共爱芳菲此树中，千跗万萼裹枝红。迟迟欲去犹回
望，覆地无人满寺风。(司空曙《咏古寺花》)

　　桃红复含宿雨，柳绿更带春烟。花落家童未扫，莺
啼山客犹眠。(皇甫冉《闲居》)

仅就题材而言，这些诗均为生活琐事，简单之
极，平淡之极。然而，诗人偏偏就从这些不足

挂齿的小事入手，寥寥数笔，平实如话，将一个辽远、空寂的诗境呈现在读者面前，并于这诗境背后蕴含着悠长绵远的意趣与情思。刘长卿在起笔处就展现出一个阔远之境：暮色茫茫，山色苍苍，继之而起的数声犬吠又为其添加了无限寂寥，更有漫漫飞雪以其灵动之姿、莹洁之色为诗境抹上一层空幻，带来无限苍凉。此时此刻，独有一位远行游子披一身风雪，于其中偶偶而行……这是一个空的境界，寂的境界，又是一个禅的境界。然而，于空寂中，我们总能体味出隐藏于诗境之下的那虽然平淡、却又不绝如缕的情思：或许是天涯孤旅的愁怀，或许是日暮路远的感叹，或是对主人白屋之清贫的同情，或是对行者归家的期待。这些本自浓烈的情感经佛禅精神淘洗之后，不仅平淡而且朦胧，不仅绵远而且流亮，仿佛是秋日的晴空，仿佛是冬日的雪景，只能靠读者去慢慢地品味了。相比之下，贾岛起笔之处，写得极为活泼生动，使人可以亲眼看见一位长者于松下细向童子发问的情景。童子不经意的回答却将人引入一个无窒无碍的禅趣之境。那里白云飘飘，清泉结响，无限的幽缈和冷寂。采药其中的隐者也仿佛化为一缕白云、一线泉韵在山间自由舒卷、任意东西，让人有神龙见首不见尾的感叹。这感叹也许包含着诗人对隐者与白云为友之无限高洁的仰望，也许包含有诗人造访而不遇的惋惜，也许有知其去而不远"只在此山中"的欣慰，也许有其觅而不至"云深不知处"的再度兴叹。诗虽短小，意韵丰赡；语虽淡泊，情思悠长。司空曙则将读者由"有我之境"进一步引向了"无我之境"：古寺中的千树万花自然显示出了大自然的无限禅意，而当人去寺空，"覆地无人满寺风"时，更向人们展现出一个空虚而寂寥的佛禅境界。皇甫冉的作品则明朗得多：一番春风春雨的洗礼，世界再也掩饰不住其姹紫嫣红的面貌。红桃带雨娇若羞面，绿柳含烟犹胜黛眉，又兼落花满地、莺啼声声，真是一幅"山光物态弄春晖"的勃勃景象。春光本弥足珍贵，却有山客迟迟不肯醒来，不免让人为之惋惜。表面看来，这位贪睡的山客似与斑斓的春色不相协调，其实不然，这位脱却俗虑、万念俱无的山客本是春光一景。他之犹眠，正如莺啼花落一样顺乎本性，合于自然。山客犹眠之"静"恰与落花、春鸟之"动"相对照，揭示出世界的本原。此时此刻，山客倒仿佛已经顿悟成佛，正以其静默之姿呵护着这一片己身所化而成的无限春光，并报之以渊默的微笑。

"刘韦诗派"在对盛唐王维禅宗美学继承的同时，又表现出自己新的努力。尤其是在诗境创造方式上与王维有着明显的分野。王维与盛唐诗人保持一致，讲求"缘起"，即诗人与自然物象不期然而遇，客观物象在刹那间触发诗人早已酝酿胸中的某种情感，以此为基础，主观情感与客观物象两相契合，形成圆融之境。"刘韦诗派"就不同了，他们讲究以心造境，常常为涌动于心中的某种情思去刻意寻找相关的物象，并在意识之中完成物象间的层次构造、位置排列。物象的来源也不必非是此时此地的客观现实，更多是来自诗人主观的心理表象。

> 或云，诗不假修饰，任其丑朴，但风韵正、天真全，即名上等。予曰：不然。无盐阙容而有德，曷若文王太姒有容而有德乎？又云，不要苦思，苦思则丧自然

之质。此亦不然。夫不入虎穴，焉得虎子？取境之时，
须至难至险，始见奇句。成篇之后，观其气貌，有似等
闲，不思而得，此高手也。(皎然《诗式·取境》)

或曰：诗不要苦思，苦思则丧于天真。此甚不然。
固须绎虑于险中，采奇于象外，状飞动之趣，写冥奥之
思。夫希世之珠，必出骊龙之颔，况通幽含变之(文)
哉？但贵成章之后，有其易貌，若不思而得也。(皎然
《评诗》)

皎然在理论上的表现与他本人作为禅僧的身份不
无关系，其创作态度与佛禅的影响亦有千丝万缕
的联系。佛禅认为，客观物象并非实有，乃是心
灵的幻象。世间万物不在心外而在心内，千载
万代也只是一瞬。正所谓："心量广大，犹如虚
空……能含万物色像，日月星宿，山河大地……
自性能含万法是大，万法在诸人性中。"(《坛
经·般若品第二》)所以，在皎然看来，取境不
必向外搜求，执著于物象，反观内照就可以获得
一个生气流转的形象世界。与外部世界相比，这
个心造的寰宇反而更真实，更有生机。这种通过
人工努力而达到自然之境的想法，不仅为皎然所

独有，而且也是"刘韦诗派"的共识。从积极的方面讲，这种创作更加自觉；从消极的方面讲，此类创作常失于生硬。

按照这一原则，刘、韦诸人的确留下几首此种类型的好诗，除却前面提到的《逢雪宿芙蓉山主人》《访隐者不遇》外，柳宗元的《江雪》同样是一首"因心造境"的超拔之作。诗人仅寥寥几笔，就横空点染出一个清空、孤绝的寂灭之境："千山鸟飞绝，万径人踪灭。孤舟蓑笠翁，独钓寒江雪。"高山千座不见一点鸟影，小径万条难觅一线人踪。偌大的世界，唯白雪纷纷。独有一位钓翁于无限苍茫之中披蓑戴笠，驾一叶扁舟兀自在寒江之上垂钩下钓。这真是寂灭中有生命，消逝中有永恒。诗境虽然激烈孤绝，与上述诸诗的悠远平淡大异其趣，但同样为"因心造境"之作。这可从字面上揣知：目睹千座高山中飞鸟绝迹，察遍万条小径上人踪无存，不仅为诗人目力所不及，亦为诗人体力所难支。诗人只是借此孤绝之境来表达涌动胸中的一股情绪：或许是对理想的执著，或许是对操行的坚守，或许是对生命的珍爱与礼赞，或许是对世俗的不屑与厌弃……除此之外，像贾岛的那首因"推""敲"而著名的《题李凝幽居》，也是一首"苦心"经营的"自然"之作。然而，毋庸讳言，由于人为的努力过于明显，使得刘、韦诸人的不少作品留下一些刀劈斧凿的痕迹，而不似王维的圆融、自然。

制策与奏议

作为两种不同的文学样式，诗与文之间有着紧密的联系。与元、白"浅切派"、韩、孟"险怪派"和刘、韦"隐逸派"的诗歌分野大致对应，中唐的散文创作也出现了三种不同的美学追求。正是这三种思潮的共同努力，使得内容充实、句式灵活的古体散文在中唐异军突起，横扫了两汉、六朝以来赋文的泛滥、骈文的绮靡。

我们知道，作为一种文学样式，散文可谓古已有之，其产生的时间远远早于赋文和骈文。但是，自先秦散文衰落之后，赋文和骈文却因其辞藻的华美和音律的和谐而先后在两汉和六朝受到了人们的青睐。在这相当长的时间里，赋文和骈文得到了长足的发展，也取得了显著的成就，从而对审美文化的发展做出了应有的贡献。但是，在一种文体的美学因素被发掘、利用的过程中，也往往会出现僵化、异化的表现。于是，赋文由辞藻的华美蜕变为文字的堆砌，骈文由音律的和谐蜕变为句式的呆板。当这些形式的因素已限制了审美的自由而需要重新突破的时候，沉寂了多年的古体散文便再次获得了新生。于是，著名的"古文运动"出现了。

唐代"古文运动"的先驱，可以上溯到陈子昂、萧颖士、李华、颜真卿、贾至、元结、独孤及等人，及至中唐的柳冕、梁肃、权德舆、欧阳詹、李观等人也取得了一些成就。但是，真正使这场运动取得了历史性的成功并使得散体古文重新占据主导地位的，还要数白居易、韩愈、柳宗元等人的理论和实践。

作为"新乐府运动"的倡导者，元稹、白居易的古文创作仍沿袭其浅显易懂、切中时弊的"浅切派"风格。他们于策、书、奏、表、序、记、启、议、碑铭、制诰、行状、祭文等各种文体中显现自己的才华，改革昔日的弊端。长庆年间，元稹首倡改良制诰，"文格高古，始变俗体，继者效之也"（白居易《余思未尽加为六韵重寄微之》自注），受到白居易的高度评价。而白居易本人的奏议更是名动京师，为人传颂。《旧唐书·元白传》说："元之制策，白之奏议，极文章之壶奥，尽治乱之根荄。"因此，他们被视为古文运动之劲健者，对宋代平易文风的形成产生了不可低估的影响。从文化根源上看，元、白的古文创作主要还是受经世致用之儒家思想的影响，不去追求音律的和谐和辞藻的雕饰，文理自然，言之有物，明白晓畅，生动活泼。或许在今人看来，这些优点算不了什么，只有将其放在深受六朝遗风影响的时代背景下考察，才会发现其难能可贵之处。

相比之下，白居易的散文成就似比元稹更大一些，他不仅写了一些很有影响的公文，而且一些随手而就的书信、游记也写得十分漂亮。如他在给元稹的一封信的开头写道："微之！微之！不见足下面已三年矣，不得足下书欲二年矣，人生几何，离阔如此？况以胶漆之心，置于胡越之身，进不得相合，退不能相忘，牵挛乖隔，各欲白首。微之！微之！如何？如何？天实为之，谓之奈何？"（《与微之书》）思念之情，溢于言表。他的《养竹记》是一篇清新隽永的小文章，既表达了对竹子的喜爱，又表达了对人生的理解：

> 竹似贤，何哉？竹本固，固以树德，君子见其本，则思善建不拔者；竹性直，直以立身，君子见其性，则思中立不倚者；竹心空，空以体道，君子见其心，则思应用虚受者；竹节贞，贞以立志，君子见其节，则思砥砺名行、夷险一致者，夫如是，故君子人多树之，为庭实焉。
>
> 贞元十九年春，居易以拔萃选及第，授校书郎，始于长安求假居处，得常乐里故关相国私第之东亭而处之。明日履及于亭之东南隅，见丛竹于斯。枝叶殄瘁，无声无色。询于关氏之老，则曰："此相国之手植者。自相国捐馆，他人假居。由是，筐篚者斩焉，篲帚者刈焉。刑余之材，长无寻焉，数无百焉。又有凡草木杂生其中，菶茸荟郁，有无竹之心焉。"居易惜其尝经长者之手，而

见贱俗人之目，剪弃若是，本性犹存。乃芟翳荟，除粪壤，疏其间，封其下，不终日而毕。于是日出有清阴，风来有清声，依依然，欣欣然，若有情于感遇也。

嗟乎！竹，植物也，于人何有哉？以其有似于贤，而人犹爱惜之，封植之，况其真贤者乎？然则竹之于草木，犹贤之于众庶。呜呼！竹不能自异，惟人异之；贤不能自异，惟用贤者异之。故作《养竹记》，书于亭之壁，以贻其后之居斯者，亦欲以闻于今之用贤者云。

文章首段先以"君子比德"的儒家思想对竹子这种独特的植物进行了一番人格化的描绘，次段引出自己在京城定居时所遇已故关相国手植竹林的遭遇，末段发出了"竹不能自异，惟人异之；贤不能自异，惟用贤者异之"的慨叹，既表达了自己登科拔萃之后的感遇之情，也抒发了贤者见用之难的人生哲理。不用典故，不假雕琢，通篇文字明白如话，却又令人回味无穷。真可谓绚烂之极归于平淡。

与元、白同时代的刘禹锡也是古体散文的行家里手，其脍炙人口的《陋室铭》同样清新隽永，至今为人传颂：

> 山不在高，有仙则名；水不在深，有龙则灵。斯是陋室，惟吾德馨。苔痕上阶绿，草色入帘青。谈笑有鸿儒，往来无白丁。可以调素琴、阅金经。无丝竹之乱耳，无案牍之劳形。南阳诸葛庐，西蜀子云亭。孔子云："何陋之有？"

从形式上看，全文仅81字，在规则的句式中尽量寻求节奏的变化，不呆板，不生硬，既有铭文的章法，又得散文的神韵。从内容上看，文章则既有实景，又有虚景，既有说理，又有抒情，以"陋"名室，以"何陋"言志，表现出儒家学者洁身自好的高贵品质。

政论与随笔

众所周知，中唐时代真正称得上"文起八代之衰，而道济天下之溺"的散文家还不是元稹、白居易，而是韩愈。在审美风格上，韩愈的散文与其诗歌创作既有相同的一面，亦有不同的一面。其相同处在于，韩愈的散文能喜能怒，宜长宜短，"不专一能，奇奇怪怪"（韩愈《送穷文》），表现出一定的"险怪"特色；其不同处在于，韩愈的散文并不以"险怪"为能事，而是以充实的内容、浩大的气势为主要追求。导致这不同之处的原因主要有两个方面：从文体功用上讲，与古代不少文人一样，韩愈把文章的写作看成是"经国之大业，不朽之盛事"，因而不仅写作态度认真，而且强调一种谠正不阿的文风；而诗歌则被其视作"释恨佐欢"的游戏之作，是表达个人情感的手段，因而不仅写作态度自由，而且也尽量表现出与众不同的审美个性。从文化背景上讲，韩愈主张"文以载道"，是要用儒家的思想来抵御佛、道两教的影响，因而儒气较重，道气较轻；反之，韩愈主张"余事作诗人"，是要借道教的思想来排遣生活的郁闷，因而道气较重，儒气较轻。正像白居易用"讽喻诗"和"闲适诗"来分别体现其儒、道分裂的文化人格一样，韩愈则用"文"和"诗"来分别体现其儒、道分裂的文化人格。我们不会忘记，"分裂"正是中唐审美文化的最大特征。

尽管韩愈的诗、文之间存在着分裂的一面，但仅就其文章本身而言，却有其统一而完整的审美追求。在当时佛、道两教甚嚣尘上，对民族的血脉、国家的完整造成不利影响的情况下，韩愈高擎"古文运动"的大旗，确乎不是一件儿戏之事。他做古文，是为了求古道。"斯吾所谓道也，非向所谓老与佛之道也。尧以是传之舜，舜以是传之禹，禹以是传之汤，汤以是传之文、武、周公，文、武、周公传之孔子，孔子传之孟轲，轲之死，不得其传焉。"（韩愈《原道》）因此，韩愈对自己的文化定位，就是要继承孟轲的衣钵，将已被佛、道阻断的正统文化延续下来，以恢复华夏文明的主导地位。于是，他不仅强调孟子以"内圣"为主的人格气节，而且也赞美孟子以"养气"为主的文章功夫：

> 气，水也；言，浮物也。水大而物之浮者大小毕浮。气之与言犹是也，气盛则言之短长与声之高下者皆宜。（《答李翊书》）

在此之前，不少散文家已看到了赋文、骈文形式主义的局限。但是他们尚没有找到取代这些外在形式的内在根据。而到了韩愈这里，便不再将外在的声韵辞藻视为撰写文章的关键，而在先秦"养气说"和魏晋"文气说"的基础上将注意力转向创作主体内在的精神气质。惟其如此，他才真正找到了打破赋文、骈文之形式主义文风的有力武器，从而既保障了行文的自由，又保障了文气的畅达，使"言之长短与声之高下者皆宜"。当然了，要真正达到这一境，绝不是一件容易的事情。在《答李翊书》中，韩愈根据自己二十余年的写作经验，总结了这个由必然而走向自由的创作过程：这既是一个文化积累的过程，也是一个人格修养的过程。只有"行之乎仁义之途，游之乎《诗》《书》之源"（《答李翊书》），才能够由"戛戛乎其难哉"，到"汩汩然来矣"，再到"浩乎其沛然矣"的境界。显然，这与孟子"其为气也，至大至刚，以直养而无害，则塞于天地之间"（《孟子·公孙丑》）的"浩然之气"是一致的。不同之处只在于，孟子更多地注重于由外而内的人格修养，而韩愈则更关心由内而外的文章写作。

　　读韩愈的文章，确实能使人感到一种贯穿始

终的内在气势，有了它，行文才可以不避艰险，用词才可以随意铺张。且不说《原道》《原毁》之类的政治论文，也不论《送孟东野序》《送高闲上人序》之类的艺术随笔，就连《进学解》之类的学术小品也写得那样神采飞扬，有声有色：

国子先生晨入太学，招诸生立馆下，诲之曰："业精于勤荒于嬉，行成于思毁于随。方今圣贤相逢，治具毕张。拔去凶邪，登崇畯良。占小善者率以录，名一艺者无不庸。爬罗剔抉，刮垢磨光。盖有幸而获选，孰云多而不扬？诸生业患不能精，无患有司之不明；行患不能成，无患有司之不公。"

言未既，有笑于列者曰："先生欺余哉！弟子事先生，于兹有年矣。先生口不绝吟于六艺之文，手不停披于百家之编；记事者必提其要，纂言者必钩其玄；贪多务得，细大不捐；焚膏油以继晷，恒兀兀以穷年。先生之业，可谓勤矣。抵排异端，攘斥佛、老；补苴罅漏，张皇幽眇；寻坠绪之茫茫，独旁搜而远绍；障百川而东之，回狂澜于既倒。先生之于儒，可谓有劳矣。沉浸醲郁，含英咀华。作为文章，其书满家。上规姚、姒，浑浑无涯，周《诰》、殷《盘》，佶屈聱牙，《春秋》谨严，

《左氏》浮夸，《易》奇而法，《诗》正而葩，下逮《庄》《骚》，太史所录，子云、相如，同工异曲。先生之于文，可谓闳其中而肆其外矣。少始知学，勇于敢为；长通于方，左右具宜。先生之为人，可谓成矣。然而公不见信于人，私不见助于友。跋前踬后，动辄得咎。暂为御史，遂窜南夷。三年博士，冗不见治。命与仇谋，取败几时。冬暖而儿号寒，年丰而妻啼饥。头童齿豁，竟死何裨？不知虑此，而反教人为？"

　　先生曰："吁！子来前！夫大木为杗，细木为桷，榑栌侏儒，椳闑扂楔，各得其宜，施以成室者，匠氏之工也。玉札丹砂，赤箭青芝，牛溲马勃，败鼓之皮，俱收并蓄，待用无遗者，医师之良也。登明选公，杂进巧拙，纤余为妍，卓荦为杰，校短量长，惟器是适者，宰相之方也。昔者孟轲好辩，孔道以明，辙环天下，卒老于行；荀卿守正，大论是弘，逃谗于楚，废死兰陵。是二儒者，吐辞为经，举足为法，绝类离伦，优入圣域，其遇于世何如也？今先生学虽勤，而不繇其统；言虽多，而不要其中；文虽奇，而不济于用；行虽修，而不显于众。犹且月费俸钱，岁靡廪粟。子不知耕，妇不知织。乘马从徒，安坐而食。踵常途之促促，窥陈编以盗窃。然而圣主不加诛，宰臣不见斥，兹非其幸欤！动而得谤，名亦随之，投闲置散，乃分之宜。若夫商财贿之有亡，计班资之崇庳，忘己量之所称，指前人之瑕疵：是所谓诘匠氏之不以杙为楹，而訾医师以昌阳引年，欲进其豨苓也。"

从语言上看，一般的赋文和骈文都拙于口语，而本文的三段均为对话。这种对话的语言很贴近生活，但又不是生活语言的照搬。不难看出，韩愈并不是"非三代两汉之书不敢观"（《答李翊书》)，而有着很好的赋文和骈文的基础。只是韩愈有赋、骈的笔法，却不受赋、骈的限制。在他这里，赋、骈之句只是随时摘取的工具而已，适之则用，不适则弃，一切以文气的需要为转移，不穿靴戴帽，不削足适履。所以，他的语言虽然有章有法，却似脱口而出，极为自然，也极为自由。正像苏轼所评价的那样："其必有不依形而立，不恃力而行，不待生而存，不随死而亡者矣！"(《潮州韩文公庙碑》) 从结构上看，本文以立论、驳论、再立论的三段式来造成"文似看山不喜平"的效果，给人以一波三折、跌宕起伏的审美感受。从修辞技巧上看，本文有反讽，有夸张，有驳难，也有自嘲。真可谓是庄谐并用，妙趣横生。而从意义上看，本文至少有三重内涵：粗粗看去，文章似乎肯定了国子先生有关"诸生业患不能精，无患有司之不明"的正面主张，然而这只是作品的表层含义；稍加品味便不难发现，文章似誉而贬，实际上却讽刺了国子先生的冬烘之气，这是作品的第二层含义；如果我们在此基础上深入思考的话，则又会发现，文章真正讽刺的并不是国子先生本人，而是这个比他更为腐朽、更为荒唐的时代。正像林纾所评价的那样，"说到极谦处，愈显得世道之乖，人情之妄"（《韩柳文研究法》）。一篇小小的短文竟有如此之多的手法和讲究，实非大家所莫能为之。

对于韩愈的历史贡献，后人多有论述，其最精到者，还要数苏轼《潮州韩文公庙碑》中的那段话："自东汉以来，道丧文弊，异端并起。历唐贞观、开元之盛，辅以房、杜、姚、宋而不能救。独韩文公起布衣，谈笑而麾之。天下靡然从公，复归于正。盖三百年于此矣。文起八代之衰，而道济天下之溺，忠犯人主之怒，而勇夺三军之帅，此岂非参天地、关盛衰，浩然而独存者

乎！"韩愈之所以成为中唐"古文运动"的一大
重镇，不仅由于他有理论，有实践，还由于他敢
于抗颜为师，从而影响了李翱、皇甫湜、樊宗
师、张籍、李汉等一大批追随者。从文化背景上
看，韩愈的散文虽以弘扬儒学为主，但并不完全
排斥道家思想。他抨击佛、老，一般并不包括庄
子。尽管他在《送王秀才序》一文中曾将"杨、
墨、老、庄、佛之学"相提并论，但同时又把庄
子看成是与孟子、荀子并列的第三派儒学传人，
而他的文章中也不难看到《庄子》的汪洋恣肆。
继韩愈之后，李翱、皇甫湜等人的文风愈发险
怪，进一步偏离了儒家的美学传统，而向道家和
道教靠拢。下面是皇甫湜《唐故著作左郎顾况集
序》的主要片段：

> 吴中山泉气状，英淑怪丽，太湖异石，洞庭朱实，
> 华亭清唳，与虎丘、天竺诸佛寺，钧号秀绝。君出其中
> 间，禀轻清以为性，结泠汰以为质，煦鲜荣以为词。偏
> 于逸歌长句，骏发踔厉，往往若穿天心、出月胁，意外
> 惊人语，非寻常所能及，最为快也。李白、杜甫已死，
> 非君将谁与哉？

> 君字逋翁，讳况，以文入仕，其为人，类其词章。常从韩晋公于江南为判官，骤成其磊落大绩。入佐著作，不能慕顺，为众所排。为江南郡丞，累岁，脱麿无复北意。起屋于茅山，意飘然若将续古三仙，以寿九十卒。

> 湜以童子见君扬州孝感寺，君披黄衫，白绢韜头，眸子瞭然，炯炯清立，望之真白圭振鹭也。既接欢然，以我为扬雄、孟子。顾恨不及见三十年于兹矣；知音之厚，曷尝亡诸？

在内容上，文章不取顾况早年的仕途业绩，而突出其晚年隐居茅山、学道炼丹的经历，其道教意味极为浓郁；在形式上，文章也从韩愈的"文从字顺"演变成了"险怪奇绝"，其庄子文风愈发明显。这或许正是韩愈在《与孟尚书书》中所担心的："籍、湜辈虽屡指教，不知果能不叛去否？"事实上，另外一位追随者樊宗师也确实将韩愈的"言必己出"发展为"不袭蹈前人一言一句"的极端，形成了"层叠怪语""类不可读"的"涩体"，在当时也产生了不小的影响。李肇《唐国史补》云："元和已后，为文笔则学奇诡于韩愈，学苦涩于樊宗师。"从环境上讲，这与元和年间崇尚怪诞的社会风气相吻合；从文化上说，这与道家、道教的传统则有着或隐或现的联系。

寓言与游记　　相对于赋文、骈文而言，散体古文只是一种形式，它可以为儒家服务，也可以为道家服务，还可以为佛家服务。而这后者的代表，则是与韩愈齐名的柳宗元。

柳宗元"自幼好佛，求其道积三十年"（《送巽上人赴中丞叔父召序》），尤其是"永贞革新"失败后，他从权力核心被贬到永州、柳州等荒蛮之地，佛教的出世思想更成为其排遣郁闷的精神寄托。在散文创作上，柳宗元主张"文以明道"，但这里所说的"道"，不纯是韩愈的"孔孟之道"，而是"统合儒释"的"中道"。我们知道，儒家的"中庸"思想是从社会范围内调和阶级矛盾的产物，佛家的"中道"

思想是在宗教的范围内调和"空""有"派别的产物。而柳宗元却试图将二者统一起来，认为"圣人之为教，立中道以示于后"（《时令论下》）；"浮图诚有不可斥者，往往与《易》《论语》合"（《送僧浩初序》）。表现在创作实践上，柳宗元一方面写下了《封建论》《六逆论》等充满儒家社会思想的政论之作，一方面又写下了不少表现佛家智慧的寓言和具有出世思想的游记，而尤以后者的艺术价值为高。

古代天竺国的寓言极为丰富，释迦牟尼为了传教普法，也常常利用流传于民间的寓言作比喻。这种教理与寓言的渗透，对于熟读佛经的柳宗元显然产生了很大的影响。他的一些寓言如《东海若》，就是沿袭《百句譬喻经》而用来宣传佛教思想的。在佛教传入中国之前，先秦的诸子散文中也有一些寓言的成分，但真正使寓言成为一种独立的文学体裁，恰恰是柳宗元的贡献。他的寓言不独与佛教有关，而是集合了先秦散文和天竺寓言的优点，结构精巧、语言生动，常常能达到寓理于事、寓理于情的效果：

蝜蝂者，善负小虫也。行遇物，辄持取，昂其首负之。背愈重，虽困剧不止也。其背甚涩，物积因不散，卒踬仆不能起。人或怜之，为去其负；苟能行，又持取如故，又好上高。极其力不已，至坠地死。

今世之嗜取者，遇货不避，以厚其室，不知为己累也，唯恐其不积。及其怠而踬也，黜弃之，迁徙之，亦以病矣。苟能起，又不艾。日思高其位，大其禄，而贪取滋甚，以近于危坠，观前之死亡不知戒！虽其形魁然大者也，其名，人也，而智则小虫也。亦足哀夫！

这篇《蝜蝂传》先以形象的语言描绘了"善负小虫"的行为举止，再引申到"今世之嗜取者"与之相同的生存状态，最后以"其名，人也，而智则小虫也"作结。言简意赅，发人深省。在俗人眼里，人生不外乎"名利"二字。而佛教认为，名乃虚妄，利乃虚福，一切都像蝜蝂背上的身外之物一样，只能给人增加额外的负担。而世人之所以汲汲于名利之途，就像贪得无厌的蝜蝂一样，"亦足哀夫"！其实，这个观点并不难理解，如果仅是申述一番，也许不会引起人的重视。但是，读了这篇寓言之后，谁也不会忘记那只"极其力不已""昂其首负之"的蝜蝂，它以极其鲜明的形象，使人们看到了自己的悲惨处境，不禁毛骨悚然，不寒而栗了。由此可见，寓言的意义并不在于图解概念，而是为人们提供一种比概念更为强烈、更为深刻的形象图景。正是由于这一特点，使得柳宗元的寓言深受人们的喜爱，除上面提到的《蝜蝂传》之外，像《黔之驴》《罴说》等，至今仍被人们传诵不已。

　　如果说柳宗元的寓言更多是在形式和观念上受佛教的影响，那么他的山水游记则体现了一种更为内在的出世精神。人们常说"文如其人"，而柳宗元眼中的山水，都有其特有的高洁、幽雅、静谧的趣味；柳宗元笔下的游记，都有其特有的孤傲、凄清、闲雅的格调：

　　　　从小丘西行百二十步，隔篁竹，闻水声，如鸣珮环，心乐之。伐竹取道，下见小潭，水尤清洌。全石以为底，近岸卷石底以出，为坻为屿，为嵁为岩。青树翠蔓，蒙络摇缀，参差披拂。

　　　　潭中鱼可百许头，皆若空游无所依。日光下澈，影布石上，怡然不动，俶尔远逝，往来翕忽，似与游者相乐。

　　潭西南而望，斗折蛇行，明灭可见。其岸势犬牙差互，不可知其源。

　　坐潭上，四面竹树环合，寂寥无人，凄神寒骨，悄怆幽邃。以其境过清，不可久居，乃记之而去。

　　自东晋以来，我国已出现了以山水景物作为描写对象的文学作品，然而不少作者或选择名山大川以写真，或引出玄言、隐逸的话头以自况，并未形成独立而完整的游记体裁。到了柳宗元这里，情况发生了根本性的变化。同"永州八记"中的其他几篇一样，这篇《至小丘西小石潭记》既没有选择什么名山大川，也不用作什么"出世状""隐逸科"，而只是根据自己的所见所闻，信笔随步，如实道来，用不着借景抒情，用不着托物言志。然而此情此景，又安能与心无关呢？正像作者在《钴鉧潭西小丘记》中所说的那样，"清泠之状与目谋，瀯瀯之声与耳谋，悠然而虚者与神谋，渊然而静者与心谋。"这里，人与自然的联系是内在的，不是通过概念而外加的。只有在主、客"相谋"的情况下，才能够实现心、物"两忘"，于是

"情"即在"景"中了。在这里，鱼在水中的怡然自得与人在岸边的悄然独坐形成了一幅不可分离的图景，"凄神寒骨，悄怆幽邃"，从而禅意益然了。可以想象，一个没有受过佛教文化熏染的人，一个世俗欲念过于强烈的人，是不可能写下这样的山水游记的。

在当时的文化环境下，像这样受佛教文化影响的游记，也并非只有柳宗元一家，此外如陆羽的《游慧山记》等，亦为流传至今的名篇。

因此，正像儒、释、道对中唐诗歌的发展各有贡献一样，儒、释、道对中唐散文的发展也各具功劳。过去，学者们常常仅站在儒家的立场上来评价这一时期的"古文运动"，其结果不仅忽视了道家、道教文化对韩愈一派的艺术影响，也无法解释柳宗元散文的独特贡献。从表面上看，韩、柳均以"载道""明道"而自诩，而实际上，韩文的雄奇、柳文的幽丽，却不是一个"道"字所能说尽的。

晚唐：夕阳西下

"**永**贞革新"失败了，"中兴幻影"破灭了，大唐帝国真的不行了。"藩镇割据"没有解除，"朋党之争"日趋严重，"宦官当政"又直接威胁到了这个国家的最高统治者。在武宗、宣宗、懿宗、僖宗、昭宗当政的六十余年里，不仅国家内忧外患，而且皇帝受制于家奴，大臣们你争我夺，百姓们生灵涂炭。直至黄巢揭竿而起，彻底动摇了大唐帝国二百多年的历史根基。接下去，中华大地上出现了半个多世纪的分裂动荡局面：中原地区像走马灯一样相继出现了后梁、后唐、后晋、后汉、后周五个朝代，它们虽自称"正统"，却没有能力统一中国；与此同时，中原南北则出现了吴、南唐、吴越、闽、楚、前蜀、后蜀、荆南、南汉、北汉等十个政权，他们虽偏安一隅，有的却国祚较长。这个分裂动荡的时期，就是历史上的"五代十国"。由于在审美文化的总体风貌上，它们与唐代后期的基本走势大体一致，故而宜放在一起加以论述。

政治上的瓦解和分裂、经济上的凋敝和动荡，使得这一时期的意识形态也处在一个相对混乱的阶段。武宗灭佛，标志着儒、释、道三足鼎立局面的结束，而解体之后的任何一家思想都无法独立承载起这个社会的世道人心。于是，作为华夏正统的儒家思想又不得不慢慢地吸收和融会佛、道两教的学说，以便向宋明理学这种新的意识形态过渡。与此相适应，审美文化领域中儒、释、道并驾齐驱、并分秋色的局面渐渐消退，一种在融合中不分彼此、共同消沉的势态成为主流。当然了，这消沉中不仅有感伤的旋律，也有动人的乐章；不仅有亡国的体验，也有遗世的绝响。无论如何，那颗曾经行走中天、普照万物的红日正在沉沦，这便是"夕阳西下"的晚唐。

1

『曲终人不见，江上数峰青』

绘画、书法

　　绘画和书法艺术在盛唐达到高峰，不仅气势恢弘，而且绚烂备至。波及中唐的周昉、柳公权，仍仪态万方、骨力劲健，不乏大家气象。及至晚唐、五代，由于国力的锐减，社会的动荡，艺术成就似有衰落迹象。然而由于南唐和西蜀相对安定，且皇室贵族雅好书画，汇集了不少由中原避难而来的艺术家，因而在衰落中亦有精微之处。遂形成唐、宋之间的过渡环节。

在绘画实践方面，这种过渡主要表现在三个方面：在题材上，唐代是一个崇侠尚武的时代，其意识形态的特色是儒、释、道三家并举，因而在绘画上以人物（尤其是佛道人物）和鞍马胜；宋代是一个崇理尚文的时代，其城市经济和理学思想使得画家将更多的注意力集中到山水和花鸟上来；而晚唐五代的绘画恰恰完成了由人物、鞍马向山水、花鸟的转移和过渡。在艺术技巧上，唐代画家注重创新而不拘小节，宋代画家态度矜持而重视技巧，而晚唐五代的画家则恰恰完成了由前者向后者的转变。在风格方面，唐代画家注意营造恢弘的气势和强烈的效果，宋代画家更加讲究装饰的效果和淡雅的情怀，而晚唐五代的画家也恰恰实现了这一转变。

人物画：孙、贯"写意"，周、顾"写实"

总的来说，晚唐五代的人物画是沿着尉迟乙僧、吴道子和张萱、周昉这两条线索发展下来的，但前者有更加主观化的倾向，后者有更加客观化的倾向。从理论上说，绘画艺术无非是具有写意和写实两种功能，只是唐以前的画家没有自觉地意识到自己的追求，因而是以个人风格的形式出现的；宋以后的画家则有了明确的理论意识，因而是以群体流派的方式出现的。而处在过渡阶段的晚唐五代，画家们开始了朦胧的探索，以尝试着使绘画具有更加主观的写意性和更加客观的写实性。我们知道，尉迟乙僧、吴道子的人物画并不以写意为最终目的，而是追求一种神采奕奕的表情，一种惊心动魄的势态，一种气壮山河的力量；张萱、周昉的人物画也并不以写真为最高原则，而是追求一种雍容典雅的皇家品格、一种端庄大度的贵族气派，一种丰腴安详的富贵情调。然而到了晚唐五代，情况便开始有了变化。

孙位是唐末随僖宗逃到四川的画家，曾在应天寺、昭觉寺作画，题材由山石竹木到天王众部，其人鬼交杂处颇得吴道子的风范。在技法上，他"拙规矩于方圆，鄙精研于彩绘"（《益州名画录》）被誉为"笔简形具"的"逸格"画家。据说他的《春龙起蛰图》描绘二龙自高山腾空而出，波涛震撼，涧谷弥漫，云烟气雨，溢于画面，聚观之老小居民俱现惊畏之状，笔势趋轶，不同凡响。其《高逸图》流传至今，借魏晋名士表达了画家的主观意象。

僧人贯休是由唐末入前蜀的画家，号禅月大师，兼擅诗、书，有《禅月集》二十五卷。他的绘画取材于佛教，尤以画**罗汉像**（030）著名。在当时即已流行的"胡貌梵像"的基础上，贯休进行了进一步的想象和夸张，使得罗汉宽眉阔目、大耳隆鼻，造型愈发奇特。他自言这些奇怪的罗汉造型多为梦中所得，可见其主观化的色彩较之孙位更为强烈。当然了，在作为造型艺术的绘画实践中，主观化的实现并不能仅仅凭借大胆和想象，还要有精湛的笔法和娴熟的技巧。从现存的作品中可以看出，贯休正是继承并发展了尉迟乙僧的"曲铁盘丝"的线描手段，才创造出了比吴道子更加大胆的人物造型，即由夸张发展到了变形的地步。仅从再现生活的角度上看，这些形象并不真实，但他们却又栩栩如生、生动传神。正像张彦远所说的那样，"以形似之外求其画，此难可与俗人道也"（《历代名画记·论绘画

030　贯休《罗汉像》(局部)

六法》）。而这种移形写神的创作方法，显然已有
了宋人"尚意"的美学倾向。

如果说孙位、贯休是尉迟乙僧、吴道子的延
续，那么周文矩、顾闳中则是张萱、周昉的传
人。周文矩是南唐后主时期的翰林待诏，其绘画
题材显然受了前代"绮罗人物"的影响。在《宣
和画谱》所记载的他的七十多幅作品中，有一多
半是描绘宫廷生活和贵族妇女的，如皇帝下棋、
贵戚游春、捣衣、烫帛、煎药、烹茶、绣花等，
生活气息极为浓郁。现存宋摹本的《宫中图》分
12 段，共有 81 个人物，通过奏乐、画像、簪花、
扑蝶、戏婴、调犬等细节来展现宫廷妇女的生活
内容。我们知道，为了创造强烈而丰满的视觉形
象，张萱、周昉的作品有着重色彩而轻线条的艺
术特点。而周文矩一方面将后主李煜书法中的
"战笔"引入绘画，使线条更加纤细；一方面用
傅粉来补充施朱，使着色更加淡雅。这一切都表
现出了由唐入宋的美学发展趋势。比张萱、周昉
的写实倾向更进一步，在现存故宫博物院的《重
屏会棋图》中，周文矩为我们留下了一幅皇帝李
璟与其三个弟弟下棋的真实场景：对弈者全神贯

注，观棋者凝神不语，构图动中取静，人物神态逼真。或许这里的构图不如张萱的《虢国夫人游春图》那样生动、流畅，但其真实的空间感和充分的细节描绘则有过之而无不及。

顾闳中是与周文矩同时代的南唐画院待诏，因奉后主李煜之命绘成《**韩熙载夜宴图**》（彩图19）而闻名，此外见于画史著录的作品还有《明皇击梧桐图》《荷钱幽浦图》《游山阴图》《雪村图》等。韩熙载原为北方著名的贵族士人，在战乱中来到南方，后主欲以重用，他却看透了南唐命运而无意为官，整日在家中纵情声色，以"避国家入相之命"。李煜欲探虚实，派顾闳中潜入韩府，于是便有了这幅长达3.35米的历史名作。我们知道，这种世俗化、生活化的场景在张萱、周昉的作品已开始出现了，但张、周二人为了突出人物造型而常常有意舍弃与人物动作无关的生活背景，而到了顾闳中这里，不仅人物造型活灵活现，而且生活背景也一丝不苟，真实地再现了"典型环境中的典型人物"。或许这些作品的格调和气度尚不及张萱、周昉的绘画，但其生活化的客观程度显然比前人又进了一步。

山水画：荆、关"北水"，董、巨"南山"

与人物画类似，唐代的山水画也分为两大走势：一派以吴道子、项容为代表，用水墨勾勒渲染，注重气势的营造并富有书卷气息；一派以李思训、李昭道为代表，用青绿着色衬托，注重细节的真实并富有装饰效果。在此基础上，晚唐五代的画家继承发展、推陈出新，从而形成了以荆浩、关仝为代表的北方山水和以董源、巨然为代表的南方山水。

晚唐五代时期，中原战乱频繁，荆浩隐居于太行山的洪谷，自号洪谷子。在绘画方面，他不仅有创作，而且有理论。在《笔法记》一文中，他对山水画中的美学规律进行了深入的探寻："夫病有二：一曰无形，一曰有形。有形病者，花木不时，屋小人大，或树高于山，桥不登于岸，可度形之类也。是如此之病，不可改图。无形之病，气韵俱泯，物象全乖，笔墨虽行，类同死物。以斯格拙。不可修删。"可见在形、神的关系上，他是要求二者并重的。与此相关，在笔、墨的关系上，他也要求两者并重："吴道子有笔而无墨，项容有墨而无笔。吾将采二子之所长，自成一家。"因此，他既没有完全沿袭吴道子的手法，一味疏放下来；也没有完全沿着项容的路线，走向泼墨山水。而真正实现了笔墨两得、皴染兼备，完成了中国山水绘画的一大突破。

关仝早年师承荆浩，勤学苦练，立意高远，得到"青出于蓝而胜于蓝"的美誉。同荆浩一样，他的作品也反映了北方山水的特点，所谓"石体坚凝，杂木丰茂，台阁古雅，人物幽闲者，关氏之风也"（郭若虚《图画见闻志》）。关仝传世的作品有《关山行旅图》和《山溪待渡图》等，继荆浩之后进一步实现了严谨的笔触和浩大的气势之间的完美融合，对宋代的山水画产生了直接的影响。

如果说荆浩、关仝的北方山水表现的是一种壮美景象，那么董源、巨然的南方山水体现的则是一种优美韵致。董源曾任南唐的后苑副使，有《潇湘图》《夏景山口待渡图》《龙宿郊民图》等作品传世。郭若虚认为，董源的绘画有两个源头："水墨类王维，著色如李思训。"（《图画见闻志》）其实，正像荆浩将吴道子的笔和项容的墨融会到一起一样，**董源**（031）则集合了李思训精湛的技法和王维淡雅的韵味。这一切，都旨在表现南方山水的秀丽和婉约。正如米芾所评价的那样，"董源平淡天真多，唐无此品，在毕宏上，近世神品，高格无与比也。峰峦出没，云雾显晦，不装巧趣，多得天真。岚色郁苍，枝干劲挺，咸有生意。溪桥渔浦，洲渚掩映，一片江南。"（《画史》）入宋之后，人们先以荆浩、关仝为首的北方山水为范例；而在米芾的提倡和追随下，董源山水的魅力随着时间的推移反而越来越大，元末的四大家和明代的吴门派均奉董源为楷模，明末的"南北宗"论者虽在理论上尊王维为"南宗画祖"，但在实践上却取法董源。

僧人巨然是董源最早的追随者，他在南唐降宋后来到开封，也将南派山水带入了北方。巨然不仅长于描绘江南山林葱茏俊秀的植被，而且善于营造烟岚气雾，笔墨润泽，似带水气。流传至今的作品有《万壑松风图》《秋山问道图》《山居图》。如果说董源的山水以清疏取胜，那么巨然的作品则以葱郁见长，二者同为南方画派，却又同中有异。

观董源山水，非以高山险谷、茂林幽涧壮其形色，而以芦汀沙洲、江水行船写其韵致。

031 董源《寒山重汀图》

晚唐五代的山水画家很多，除荆、关、董、巨之外，后周的李成、南唐的赵幹亦为高手，他们的作品风格大约在南、北画派之间，却共同表现出尚意的美学特征。

花鸟画：黄筌富贵，徐熙野逸

晚唐五代不仅是山水画的成熟时期，而且是花鸟画的繁荣阶段。中国花鸟画的历史，比山水画要悠久，早在新石器时代的彩陶、殷周时代的铜器、秦汉时代的墓石上，就有花鸟鱼虫、蝉蛙龙凤之类的纹样，但这些纹样多为点缀，尚没有成为普遍的绘画主体。及至南北朝时期，已经出现了一些画花画鸟的作品，也有了以此为专长的画家，但花鸟画作为独立的画科，尚处在萌芽状态。入唐以后，出现了一些有开创意义的花鸟画家，除前面所提到的薛稷外，有两个人物特别值得注意，一个是盛唐时代的殷仲容，一个是中唐时代的边鸾。据《历代名画记》载：

"闻礼子仲容，天后任大仆秘书丞，工部郎中，申州刺史。善书画，工写貌及花鸟，妙得其真。或用墨色，如兼五彩。"可见，殷仲容至少有一部分花鸟是用水墨画成的，这与张彦远"山不待青空而翠，凤不待五色而綷"（《历代名画记·论画体工用拓写》）的理想是一致的。另据汤垕《画鉴》记载："唐人花鸟，边鸾最为驰誉。大抵精于设色，浓艳如生。"可见，与殷仲容不同，边鸾的特点是色彩艳丽。到了晚唐五代，这两种花鸟画技法都得到了发扬光大，从而形成了判然有别的两大画派。

唐末蜀地相对安定，花鸟名家滕昌祐和刁光胤因避中原之乱而相继来到四川，从而也将由边鸾开创的工笔花鸟技法带到了蜀地。黄筌从 13 岁起就从刁光胤学画，"全该六法，远过三师"（郭若虚《图画见闻志》），将工笔花鸟提升到一个很高的境界。加之他官运亨通，从翰林院待诏，做到上柱国、如京副使等职，以其精湛的技艺和显赫的地位成为宫廷画家的领袖人物，从而开创了中国绘画史上第一个重要的花鸟画派，例可见**写生珍禽图**（彩图 20）。从题材上看，此一画派最爱描绘常人罕见的珍禽瑞兽、奇花异草，以显示皇室的奢华、贵族的气派。根据《图画见闻志》记载，黄筌等人善画的题材有金盆鹁鸽、纯白雉兔、桃花鹰鹘、孔雀龟鹤之类，具有鲜明的宫廷特色。从技法上看，此派重色轻墨，"画花妙在傅色，用笔极新细，殆不见墨迹，但以轻色染成，谓之写生"（沈括《梦溪笔谈》）。在完善前人"勾填"法的基础上，黄筌还首创了"没骨"法。这是一种不用墨线勾勒轮廓，仅凭色彩晕淡而成的画花技巧。据钱牧斋《初学集》记载："赏有一图，独梭绢，乃蜀黄筌画榴花百合，皆无笔墨，惟用五彩布成。榴花一百余花，百合一本四花，花色如初开，极有生意，倍采其神妙也。"从格调上看，珍禽异草的题材加上工笔重彩的技法自然会营造出神态逼真的图景和富贵吉祥的氛围，从而使其具有很高的装饰效果，故有"黄筌富贵"之称。正是由于上述特征，此一画派甚得皇家的赏识和贵族的推崇，在当时影响甚大、波及甚广。黄筌的儿子黄居寀、黄居宝，以及黄惟亮、刘赞、丘文晓、夏侯延佑等人都直接或间接地学习了黄筌的画法，并将这一流派延续到了宋代。

在黄筌等人继承并发展了边鸾工笔重彩的同时，徐熙等人则继承并发展了殷仲容的水墨熏染。据郭若虚《图画见闻录》记载，"徐熙，江南处士，志节高迈，放达不羁"，其生活态度显然与黄筌不同，因而他所创立的画派也刚好与之形成鲜明的对比。在题材上，他不去描绘皇家园林中的珍禽瑞兽，也不去选择贵族花园中的奇花异草，而偏偏喜爱大自然中随处可见的汀花野竹、水鸟渊鱼、园蔬药苗，追逐一种天然的豪情和江湖的野趣。在技法上，他不重彩而重墨，不求工而求意。"徐熙以墨笔画之，殊草草，略施丹粉而已，神气迥出，别有生动之意。"（沈括《梦溪笔谈》）与黄筌一丝不苟地精心描绘不同，徐熙顺势挥洒，落墨不拘。在格调上，江湖花鸟的题材加上水墨写意的技法自然会形成一种超凡脱俗的隐逸情怀和远离权贵的乡野志趣，从而为士大夫阶层所欣赏，故有"徐熙野逸"之称。当时江南的郭乾辉、钟隐、唐希雅、丘庆余，甚至后主李煜均属于徐派阵营的画家。他们虽在宋初的影响不如黄派，但经张仲、王若水，到明代的沈周、陈道复、文徵明、徐渭等人手中均有所发展，从而形成了与工笔花鸟画相并行的写意花鸟画，具有很高的审美价值。可惜的是，徐熙的真迹已不复存在，我们从后人摹拟的《雏鸽药苗图》中已无法领会那"江南绝笔"的风格与技法了。

晚唐五代的花鸟画极为盛行，除上述论及的黄、徐两派外，著名的画家还有善于画羊的罗塞翁、善于画鱼的袁羲、善画松石的姜道隐、善画牡丹的于兢、善画竹子的刘彦齐、李坡、善画斗鸡的梅行思、善画野禽、生菜、水族的唐垓等。真可谓名家四起，各显神通。

画论：景玄"画录"，彦远"画记"

除创作实践之外，晚唐五代的绘画尚有两件值得注意的事情。首先，值得提及的是制度建设。我们知道，唐代虽有画官应奉禁宫的习惯，但并无专门的绘画机构。而到了五代的西蜀和南唐，则始建画院。正式将专业画家集中到一起，每日切磋、按月拟议。这一制度的确立，既有利于画家专业分工的明细，亦有利于画家艺术技巧的提高，同时也对宋代以后"院体画"的形成埋下了伏笔。

其次，值得称道的是理论建设。我们知道，唐代画论，代不乏人，初唐李嗣真的《画品》《续画品录》，盛唐王维的《山水论》《山水诀》，中唐张璪的《绘境》，都曾享誉一时，但或因篇章短小，或因真伪难辨，或因述多论少，或因后世失传，均有不尽如人意之处。而到了晚唐时期，却先后产生了朱景玄的《唐朝名画录》和张彦远的《历代名画记》。尤其是后者的出现，在中国画论的历史上树立了一块丰碑。该书共有十卷，大致分为三个部分：一是画史的评述，二是画家的传记，三是作品的收藏与鉴赏。其涉及的画家"自轩辕至唐会昌凡三百七十二人"，是我国最早的一部绘画史书，因而被誉为"画史之祖"。该书不仅史料丰富，而且理论精深，既总结了前人的画论思想，亦有作者独到的见解，其地位颇似文论史上的《文心雕龙》。

如果说晚唐五代的制度建设有助于宋代以工笔为特色的"院体画"的发展，那么这一时期的理论建设则有利于宋代以写意为特色的"文人画"的发展。朱景玄生卒年代不详，我们只知道他是"会昌时人"，当属晚唐画论家，他将平生所见绘画分类著录，"以张怀瓘《画品断》神、妙、能三品，定格上、中、下，又分为三。其格外有不拘常法，又有逸品，以表优劣也。"（《唐朝名画录》序）在神、妙、能三品之外增加逸品，这是一个值得注意的迹象，这表明了审美趣味的变化。与此同时，他还认为绘画不仅可以表现有形的物象，而且可以表现无形的物象：

> 盖以穷天地之不至，显日月之不照。挥千毫之笔，则万类由心；展方寸之能，而千里在掌。至于移神定质，轻墨落素，有象因之以立，无形因之以生。（《唐朝名画录》）

我们知道，早在东晋顾恺之那里，即已明确谈到了"传神写照"的问题，但还只是"以形写神"，而这里对于"象外之形"的重视，与皎然对"文外之旨"的渴望是一致的，都是要通过对外在物象的超越，去追求含蓄之美、朦胧之美和阴柔之美。

张彦远出身于颇富收藏的宰相世家，不仅见多识广，而且学养深厚，除成书于大中元年的《历代名画记》之外，他还著有《书法要录》《闲居受用》《彩笔诗集》等。在朱景玄主张用有形的物象来表现无形的韵味的同时，张彦远则主张用无色的水墨来表现有色的物象：

> 夫阴阳陶蒸，万象错布。玄华亡言，神工独运。草木敷荣，不待丹绿而采；云雪飘扬，不待铅粉而白。山不待空青而翠，凤不待五色而綷。是故运墨而五色具，谓之得意。意在五色，则物象乖矣。夫画物特忌形貌彩章，历历具足，甚谨甚细，而外露巧密。所以不患不了，而患于了。既知其了，亦何必了，此非不了也。若不识了，是真不了也。(《历代名画记·论画体工用拓写》)

我们知道，从南齐谢赫的"随类赋彩"到盛唐王维的"水墨为上"，中国绘画一直存在着两条路线，及至五代花鸟画中的黄家"富贵派"和徐家"隐逸派"也还存在着重色和重墨的区别。然而此前此后的画家们都没有像张彦远那样将这一技巧性的问题提升到理论、甚至哲学的高度来加以认识。在他看来，绘画的意义并不是要一板一眼地再现大千世界的万事万物，如果真是那样的话，客观世界本来就有着不可超越的真实性，又何劳画家枉费心机呢？因此，绘画的目的不在于似，而在于不似，若能用不似的材料来体现相似的物性，其韵味也就随之而呈现出来了。这种在似与不似之间获得主观表现的可能性，实为中国绘画的精髓所在。从根本上讲，张彦远的用无色来体现有色与朱景玄的以有形来表现无形，实为一种思想的两个方面。这种思想的要义是将绘画从写实的努力转向写意的追求，以开通宋人"尚意"的新途径。

书法：柳书"重法"，杨书"尚意"

晚唐五代，不仅是绘画的过渡时期，而且是书法的转折阶段。此一时期，跨越了中唐的柳公权进一步将唐书"重法"的精神推向了极致，而五代时期的杨凝式则开启了宋书"尚意"的先河。

柳公权成名于中唐，成熟于晚唐。早在穆宗时期，他就因擅长书法而被皇帝任命为翰林院侍书学士，后官至中书舍人、翰林书诏学士、太子太保，封河东郡公。他一生创作甚丰，流传至今的有《平西郡王李晟碑》《羲阳郡王苻璘碑》《魏公先庙碑》《高元裕碑》《复东林寺碑》《何进滔德政碑》《起居郎刘君碑》《冯宿碑》《苏夫人墓志》《李石神道碑》《大唐回元观钟楼铭》《清净经》《临十三经》《心经》《度人经》，以及传世墨迹《送梨帖题跋》等，其最有代表性的《玄秘塔碑》和《神策军纪圣德碑》拓本均为会昌以后的晚年作品。精湛的艺术造诣、显赫的社会地位和漫长的创作生涯，使他成为中晚唐时代最有影响的书法大师，甚至可以同盛唐时代的颜真卿相媲美。

同颜真卿一样，柳公权也以楷书名世，刘熙载《艺概》云："柳书**《玄秘塔》**（032）出自颜真卿《郭家庙》。"确乎点明了二者之间的承继关系。然而时代变了，人们的精神状态变了，即使是一脉相承的书法创作也不可能不发生变

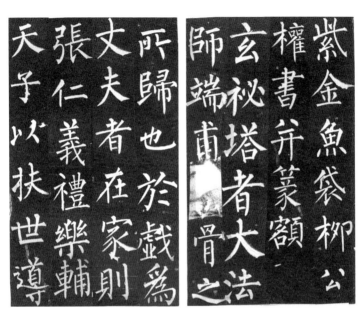

032　柳公权《玄秘塔碑》(局部)

化。从创作的角度上看，颜书肥硕丰满、气势
开张，充分显示出盛唐的气象和活力；柳书则
骨力劲健、法度严谨，虽雄风犹在而气有未逮，
只能看做是盛唐精神的延续。从欣赏的角度上
讲，"颜筋柳骨"，各有千秋，两相媲美，难分
轩轾。然而从历史的角度上看，柳书的风神气
度不足而法度严谨有余，恰恰表现出他将唐书

的"法度"推向了极端。直到今天，学书者仍然常将柳书作为入门的途径，因为它太严谨、太规范了，容易掌握而难以发挥。这一切，似乎都说明唐代书法已走到了一个尽头，它孕育着、要求着一种新的变化。

当柳公权作为唐代书坛上的最后一颗巨星陨落之后，动荡不安的晚唐五代确乎显得昏暗多了。书坛亦如战乱中的旷野，凄凉而寒冷，唯有一颗宝石在熠熠生辉，那便是闪烁着新时代光泽的杨凝式。《唐诗外传》云："凝式笔迹遒放，宗师欧阳询、颜真卿，加以纵逸。久居洛，多遨游佛道祠。遇山水胜概辄流连赏咏。有垣墙圭缺处，顾视引笔且吟且书若与神会。其号或以姓名，或称癸巳人，或称杨虚白，或称希维居士，或称关西老农。其所题或真或草不可原诘，而论者谓其书自颜中书后一人而已。"传世书迹有《**韭花帖**》（033）、《神仙起居法帖》《夏热帖》等。在今人眼里，这位历经五代，官至太子少师，而又常常佯疯自晦的"杨风子"的作品实在好不到哪儿去。然而这种删繁就简、破方为圆、楷不像楷、隶不像隶、今

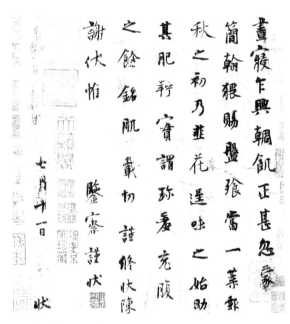

033　杨凝式《韭花帖》

草不像今草、狂草又不似狂草的作品却得到了宋人众口一词的赞誉，就连对历代书家颇为苛刻的米芾也不敢怠慢，视之为"天真烂漫"的经典之作。这究竟是什么原因呢？

　　从理论上讲，一切艺术形式都是客观再现与主观表现的辩证统一，那么作为抽象符号的书法艺术，它所再现和表现的内容是什么呢？我们知道，尽管汉字属于象形文字，但随着符号的演变，高度抽象的文字越来越不反映任何实际的生活内容，它要再现的只是标准字体的间架结构而已。而书法之所以成为一种艺术，又不能仅仅反映标准的符号信息，它恰恰要在艺术线条与文字符号的似与不似之间获得一种主观表现的可能性。从这一意义上讲，如果说唐书"重法"，强调的是书法艺术的"再现"内容；那么宋书"尚意"，则强调的是书法艺术的"表现"内容。进一步讲，当柳公权将"重法"的唐书推向极致以后，留给杨凝式的便是如何为"尚意"的宋书开辟道路的问题了。董其昌说得好："少师《韭花帖》略带行体，萧散有致，比少师他书欹侧取态者有殊，然欹侧取态，故是少师佳处。"如果仅仅是萧散有致，还只是回到王羲之的风格，而欹侧取态，即有意背叛原有的结字规则和运笔法度，在似与不似之间获得主观表现的可能性了。这和当时"在形似之外求其画"的绘画追求是异曲同工的。所以，少师的佳处，正是宋人的去处。正当宋人既不想重步唐人之后尘，又不能再现晋人之风度的时候，杨凝式的出现便有了特殊的意义。正如黄庭坚诗中所说的那样，"世人尽学兰亭面，欲换凡骨无金丹。谁知洛阳杨风子，下笔便到乌丝阑"。就像绘画中的"移形写神"一样，书法中的"欹侧取态"反映了一种新的审美趣尚。或许杨凝式的艺术成就远不如以后的苏、黄、米、蔡，然而他在书法史上的开创地位确是无法低估的。如果这一时期书法理论也像朱景玄的绘画理论那样，在神、妙、能之外增添"逸品"的话，那么创作中的"逸品"非"加以逸纵"的杨凝式而莫属了。"谓其书自颜中书后一人而已"，似为过誉；但说他是"由唐入宋一大枢纽"，则极为确当。

2

『夕阳无限好，只是近黄昏』

诗词、杂文

如果说晚唐五代的绘画、书法处在由唐代"重法"向宋代"尚意"的转折之中，那么这一时期的诗歌、杂文则处在由唐代"诗境"向宋代"词境"的转变过程之中。正像曲式中的大调转入小调一样，恢弘壮阔的盛唐气象经过丰富多彩的中唐风采，最终转变为哀婉深沉的晚唐之韵。

随着儒、释、道三足鼎立局面的被打破，与三重旋律的盛唐气象及三部合唱的中唐之响不同，晚唐之韵重新趋向于一种新的统一，即走向更为细腻的心灵感受和更为含蓄的情感体验。在这一时期里，诗歌的成就以杜牧等人的"咏史诗"、李商隐的"无题诗"、温庭筠等人的"花间词"为标志，它们分别在题材、意境和体裁三个方面进行了新的探索。

杜牧：

难以割舍的"六朝情结"

正像一个人到了垂暮之年便喜欢怀旧一样，一个王朝到了垂暮之年便喜欢咏史。从这一意义上说，咏史诗在晚唐诗坛的大量涌现，并不是一个偶然的现象。早在中唐时期的刘禹锡，就以其敏锐的政治嗅觉闻到了唐王朝的腐烂气息，写下了不少脍炙人口的咏史诗。"朱雀桥边野草花，乌衣巷口夕阳斜。旧时王谢堂前燕，飞入寻常百姓家。"（《乌衣巷》）"山围故国周遭在，潮打空城寂寞回。淮水东边旧时月，夜深还过女墙来。"
(《石头城》) 这些诗从诗境和题旨上为后人开辟
了道路。晚唐以降，咏史诗蔚然成风，除最为著
名的杜牧外，李商隐、许浑、李群玉、刘沧、皮
日休、韩偓等人也都悉心咏史，各有千秋。如同
身逢文治武功盛况空前的初、盛唐文人几乎无人
不或多或少写下几首班马萧萧、旌旗猎猎的"边
塞诗"一样，晚唐文人面对风雨飘摇、日之将西
的危难时局，也无不或多或少地写下几首怀古咏
史之作。

晚唐的咏史诸家，既是忧国忧民、宏图欲展
的志士，又是才能卓越、苦心为诗的诗人。当现
实生活以其冰冷的铁拳残酷地敲碎了其政治理想
后，他们就逃避到幻想的诗的王国寻求安慰，借
助艺术的力量获取生命的支撑。诗人既可以思接
千载、凝古今于一瞬，又能够视通万里、撮万物
于笔端，最终将复杂的情思寄托于诗歌的审美意
象之下。他们往往能借古喻今、发人深省，同时
又避免简单的影射、生硬的比附，使诗歌得以深
文隐蕴、余味曲包，给人以丰富而又悠长的审美
感受。在这里，我们不妨先看一看杜牧的绝句

《江南春》：

> 千里莺啼绿映红，水村山郭酒旗风。南朝四百八十寺，多少楼台烟雨中。

咏春者代不乏人，李贺有"春水初生乳燕飞，黄蜂小尾扑花归"；白居易有"日出江花红胜火，春来江水绿如蓝"；韩愈则有"天街小雨润如酥，草色遥看近却无"……无不于美丽如画的春景描摹中表达对春天的喜爱和生命的礼赞。杜牧却能独出一格，在景色的描摹之中巧妙地渗入史实的感慨，不仅清新流利，而且寓意深远。据《南史·郭祖深传》载："都下佛寺，五百余所，穷极宏丽。僧尼十余万，资产丰沃。所在郡县，不可胜言。"可见，诗人的描写是有史实根据的。可如今，这些耗费巨资修建起来以为封建帝王礼佛祈福的寺院其意义何在呢？尽管它们依然在风烟雨雾中矗立着，但那些陆续修建佛寺的宋、齐、梁、陈诸朝却一个接一个地覆灭了。表面上看，诗人意在怀古，其实，怀古的目的乃在于伤今。中唐以来，佛教大盛，在会昌灭佛之前，全国有佛寺四万余所，僧尼四十万余人，已成为一个庞大的食利阶层。而继承武宗帝位的唐宣宗又反对武宗的灭佛措施，重新兴建佛寺、招募僧尼，给国家带来更加深重的危害，有识之士无不为之扼腕叹息。不过，诗人的感慨并不是用一两句话所能够穷尽的，在这幅烟雨空濛的画面之下包含着更多朦胧而又难以言明的情思：既有对南朝覆灭于顷刻的伤悼，也有对其穷奢极侈、昏聩无能的谴责；既有对当朝君王佞佛的不满，也有对唐王朝前景的担忧。同时，也许还包含着诗人更为深刻、更为隐约的情绪：一种物是人非的历史沧桑之感。

杜牧的另一首咏史诗《泊秦淮》被清人沈德潜推为唐人七绝的"压卷之作"：

> 烟笼寒水月笼沙，夜泊秦淮近酒家。商女不知亡国恨，隔江犹唱《后庭花》！

与《江南春》相比，这一首诗的境界似乎更为朦胧凄迷，意旨更为沉婉曲折，情思也更为丰厚、悠长。时值深秋，夜幕已临，诗人泊舟秦淮河畔的酒家附近。凄清寒冷的河面上弥漫着如烟似雾的水汽，两岸的沙滩也笼罩在迷离苍茫的月色之中。就在这种空虚朦胧之中，酒楼上依稀传来歌舞喧闹之声，那是对岸的歌女正在有滋有味地唱着前朝的名曲《后庭花》。《后庭花》是《玉树后庭花》的简称。此曲为陈后主所作，凄艳哀婉，闻之令人黯然神伤。正因陈后主整日沉溺于声色歌舞，荒废朝政，终至亡国。所以，后人就将《玉树后庭花》看做亡国之音。表面看来，诗人似在谴责不知亡国之恨的歌女还在无休止地唱着靡靡之音，实则寄予了更多的人生感慨。商女固然不知亡国之恨，可那些饱读诗书、厚食俸禄的帝王将相难道不知从历史的兴亡中汲取教训吗？诗人自我固然知道以史为鉴，也想挽狂澜于既倒，无奈人微言轻、势单力孤，能有什么办法呢？……这里有谴责，有悲伤，有无奈，有担忧，有伤悼。它们像迷雾一样，同水气、月色交织成无形的大网，不仅笼罩了秦淮河畔的山川景物，也笼罩着诗人的心灵以及唐王朝的历史命运。

　　从文化的角度上讲，这里有儒家的忧患意识，但这意识并不能转化为建功立业的社会行动；这里有道家的出世情怀，但这情怀并不能彻底摆脱亲情故国的尘世烦恼；这里有佛教的虚幻体验，但这体验并不能真正达到六根清净的空彻澄明。它们是杂糅的，又是一体的，这种有机的杂糅就构成了晚唐咏史诗歌无穷的韵味、特有的伤感。从某种程度上讲，晚唐诗歌的味外之旨，象外之致，就是经佛、道两家广阔的宇宙意识冲淡、提升、冷却了的儒家情感。如将其与《春江花月夜》式的初唐诗歌加以比较的话，真有恍若隔世之感。

由于东吴、东晋、宋、齐、梁、陈转瞬即逝的朝代变更最能体现历史的教训，也最能体现人生的幻灭感，因而为晚唐五代的咏史诗人所瞩目，以至于形成了一种剪不断、理还乱的"六朝情结"：

六朝文物草连空，天澹云闲今古同。鸟去鸟来山色里，人歌人哭水声中。深秋帘幕千家雨，落日楼台一笛风。惆怅无因见范蠡，参差烟树五湖东。（杜牧《题宣州开元寺水阁，阁下宛溪，夹溪居人》）

六代兴衰曾此地，西风露泣白蘋花。烟波浩渺空亡国，杨柳萧条有几家。楚塞秋光晴入树，浙江残雨晚生霞。凄凉处处渔樵路，鸟去人归山影斜。（刘沧《经过建业》）

野花黄叶旧吴宫，六代豪华烛散风。龙虎势衰佳气歇，凤皇名在故台空。市朝迁变秋芜绿，坟冢高低落照

439

红。霸业鼎图人去尽，独来惆怅水云中。（李群玉《秣陵怀古》）

江雨霏霏江草齐，六朝如梦鸟空啼。无情最是台城柳，依旧烟笼十里堤。（韦庄《台城》）

北湖南埭水漫漫，一片降旗百尺竿。三百年间同晓梦，钟山何处有龙盘？（李商隐《咏史》）

然而，同样是咏史之作，同样是表达物是人非的沧桑感，盛唐诗人与晚唐诗人却有着很大的差别。李白也写过金陵怀古诗，其"苍苍金陵月，空悬帝王州"（《月夜金陵怀古》）的文句，其"空余后湖月，波上对江州"（《金陵三首》其一）的景致虽然也包含着迷茫和感叹，但在全诗中，我们感到更多的是一种挥斥方遒的理想主义信念，一种努力外拓，建功立业的乐观主义精神。盛唐诗人的意志与情感是指向外部世界的，甚至于连他们的感叹都充满了力量，激人向上。晚唐诗人则不同了，外部世界的点点滴滴都可能触发他们诸种不同的人生感受，但他们又无法改造和征服这个世界。他们不再是外拓，而是静守，不再是批判，而是伤悼。因为批判不仅需要社会力量的坚强后盾，也需要人生信念的有力支撑，而既失去社会力量又失落人生信念的杜牧等人只能将批判化作无可奈何的哀叹，或是一种连自己也说不清楚的情绪。然而，作为艺术家，晚唐诗人虽不及李白潇洒豪迈，却有李白所不具备的敏感和多情。深秋帘幕，落日楼台，鸟来鸟去，人歌人哭，西风泣露，杨柳萧条，楚塞秋光，浙江残雨，野花黄叶，龙虎势衰，市朝迁变，坟冢高低，霏霏江草，梦鸟空啼，一片降旗，百年同梦……它们既是历史的场景，又是现实的心境。在这些意境朦胧、意旨含蓄的诗句中，我们时时可以通过一些复杂的暗示和微妙的象征来体验诗人所特有的那种迷离惆怅的情绪。

晚唐咏史诗的内容是广泛的，诗人们不但擅长于从六朝吸取素材，而且往往能从逝去不远的本朝史实中择题入诗，寄托复杂的人生感慨。杜牧的《过勤政楼》一诗就十分典型："千秋佳节名空在，承露丝囊世已无。唯有紫苔偏称意，年年因雨上金铺。"诗中的"勤政楼"乃是当年唐玄宗处理朝政的地方，现在却紫苔丛生，荒凉之极。这景象象征着唐王朝的没落，也暗含了诗人悲凄、无奈、失落、留恋等复杂的人生感慨。唐玄宗为政前期曾一度使王朝走向封建社会的顶峰，这一不可重现的历史阶段往往成为后世文人建功立业、济世安邦的最高理想。对此，不少诗人都怀有向往与留恋的情绪。在当时的情况下，这种向往和留恋并非无病呻吟。历史是一面镜子，如果人们不从这面镜子中反观自身，必将有重蹈覆辙之苦："故都遥想草萋萋，上帝深疑亦自迷。塞雁已侵池籞宿，宫鸦犹恋女墙啼。天涯烈士空垂涕，地下强魂必噬脐。掩鼻计成终不觉，冯驩无路学鸣鸡。"韩偓笔下的"故都"已不再是六朝时代的金陵了。天祐元年（904），宣武节度使朱温控制了朝廷，为了实现其夺权的野心，强迫唐昭宗由长安迁都洛阳。同年八月，弑昭宗，立哀帝。自此，"山河千里国，城阙九重门"的长安已沦为"故都"，而唐王朝的气数也只剩下三年了。

晚唐咏史诗无一例外地表现出哀婉幽怨、反躬自悼的忧伤情绪，这一方面是优美理想重抒情写意的表现，另一方面乃是社会与时代走向没落的必然哀响。初盛唐诗歌所具有的乐观向上、气势开张的情怀，已被低沉颓废、纤柔脆弱的心绪所代替。如果说，中唐文人虽身处逆境，仍有一线光明给他们以温暖和鼓励的话，晚唐诗人则是连这最后的微光也看不到了。"细推今古事堪愁，贵贱同归土一邱。汉武玉堂人岂在？石家金谷水空流！光阴自旦还将暮，草木从春又到秋。闲事与时俱不了，且将身暂醉乡游。"（薛逢《悼古》）"春日在天涯，天涯日又斜。莺啼如有泪，为湿最高花。"（李商隐《天涯》）时代的困窘在诗人心头打下痛苦而绝望的印痕，不可避免地使晚唐咏史诗染上悲哀的色调和伤悼情绪。它们仿佛是一支支挽歌，为走上覆灭之路的唐王朝送行。

李商隐：

"制造诗谜的专家"

尽管晚唐五代的"咏史诗"也有其复杂、朦胧的特点，但还主要是浮现在意识层面上的内容。与之相比，这一时期的"无题诗"就更为晦涩、难懂了，因为它进一步触及了诗人潜意识的层面，表现出一种更深刻、更隐蔽的时代情绪。

一般说来，诗之有题犹如文之有目，起到提纲挈领、画龙点睛之目的。但是，当诗人本身的思想不太清晰、目的不太明确、情感不太单纯的时候，为作品设题目便成了一件困难的事情。过去，有人将同一情感类型的诗篇排在一起，用一个笼统的名字一以贯之，就是为了解决这一问题。如阮籍的《咏怀诗八十二首》，陈子昂的《感遇诗三十八首》。但是，真正大张旗鼓地以《无题》为题，并创作出极有特色之诗篇者，还要数晚唐那位"制造诗迷的专家"李商隐。在中国古代诗歌的历史上，恐怕没有谁比李商隐的"无题诗"更加婉曲幽深、隐晦含蓄，让人猜不透、想不清、坐不实了。然而这些难以索解的诗篇却同样让人牵肠挂肚，难以割舍，爱不释手：

> 来是空言去绝踪，月斜楼上五更钟。梦为远别啼难唤，书被催成墨未浓。蜡照半笼金翡翠，麝熏微度绣芙蓉。刘郎已恨蓬山远，更隔蓬山一万重。

飒飒东风细雨来，芙蓉塘外有轻雷。金蟾啮锁烧香入，玉虎牵丝汲井回。贾氏窥帘韩掾少，宓妃留枕魏王才。春心莫共花争发，一寸相思一寸灰。

重帷深下莫愁堂，卧后清宵细细长。神女生涯原是梦，小姑居处本无郎。风波不信菱枝弱，月露谁教桂叶香。直道相思了无益，未妨惆怅是清狂。

斜挂楼角的一弯明月，缥缈悠远的寺院钟声；微黄跃动的烛光，灵虚游走的麝香；细雨迷蒙的夜景，轻雷浮动的隐响；低垂半掩的帷幕，愁梦初醒的清宵；再加上刘郎的传说、宓妃的故事、神女的生涯……这一切在若隐若现的光泽、似有似无的烟雾中更显得虚无飘渺、神秘莫测。可想而知，这些朦胧轻柔的物象在诗人情感周围聚合重叠后所形成的诗境又该是多么的迷离虚幻。前一首诗好像写一个来去匆匆的梦。五更时分，更鼓晨钟将诗人从梦中惊醒。回想梦中与"情人"远别，更觉梦后杳无人迹，孤处一室的寂寞与失落，使之禁不住潸然泪下。敏感脆弱的心灵使他最终将目光落在象征昔日美好爱情的锦帷绣被之上。而此时，暗淡而摇曳着的烛光以及隐隐约约

的麝香更给往昔的欢娱涂上一层如梦似幻般的色
彩。沉浸于回忆与想象王国的诗人已彻底打通了
自己的各种感官。他不仅看到了帷帐上成双成对
的金翡翠，嗅到了"情人"留下的余香，同时
也产生了一种挥之不去、刻骨铭心的相思。在
这里，我们用"情人"指代诗歌所喻指的对象，
但并不能坐实。冯浩以为，此为"言志"之作，
"盖恨令狐绹之不省陈情也。首章二句谓绹来相
见，仅有空言，去则更绝踪矣……"（冯浩《玉
谿生诗集笺注》）对于这种解释，我们也不必信
以为真。也许诗人乃喻指他事，也许根本就是一
股复杂情绪的凝聚升华，其中既包含了诗人功业
不就的哀叹、爱情难得的惆怅、亦有青春不再的
绝望与伤感。而这些复杂的、令人捉摸不透的情
绪正构成无题诗无穷的韵味和醇美。中一首诗起
笔处就将读者置于一个心造的幻境：东风飒飒、
细雨绵绵，碧绿的荷塘外又有隐隐约约的轻雷之
声传来。接着，诗人将"金蟾""玉虎"等一系
列很美的意象组织在一起，却让人揣摩不透他的
意思。何焯认为"三句言外之不能入，四句言内
之不能出，防闲亦可谓密矣"。将其看成是爱情

诗，意谓虽相思已苦，却难与恋人谋面。冯浩则认为，"三句取瓣香之意，四句申汲引之情。"将其看成是言志诗，意谓希望得到贵人的扶持，施展才华。这里的歧义已让人见出诗歌的含蓄，而接下来的两句更使人臆测纷纷，王汝弼以为是诗人在幻想中与恋人言笑晏晏，冯浩以为是诗人谓己之长为幕官，幸有才华，方不至于将相高官与他彻底断绝往来。似乎都能说得通，但又都不能使人满足。也许，诗人故意隐去了意旨，不愿把内心的情感与意思明白地袒露出来；也许，是诗歌形象的本身已大于思想，读者尽可以以自己的人生阅历与审美经验做基础进行多种多样的解读与破译；也许，诗人的用意本不是让人弄明白他说了些什么，更愿意让一股浓烈的、不可抑制的情绪包围着你，故而拆断了由"能指"通向"所指"的桥梁，将人们的目光胶着于诗歌的色彩、声律等外在形式之中。后一首诗撇开具体情节，从女主人公所处的环境入手，空室幽兰，夜不能寐，于是便展开了无尽的遐想。借用巫山神女梦遇楚王的传说和"小姑所居，独处无郎"的典故，说明一切美好的爱情只不过是一场梦境而已，到头来仍像清溪小姑一样，终身无托。这种爱情的失落或许只是人生的比喻，在"风波"之横暴，"月露"之无情的摧残下，又有谁来怜惜和呵护这娇弱馨香的玉体呢？末尾一句，诗情陡然一转：尽管相思全然无益，也不妨在惆怅中沉溺下去，全当是一种清狂的人生态度好了。从内容上看，全诗既像是讲述爱情，又像是诉说命运，或许是合二为一吧。从格调上看，诗人既像是哀挽，又像是洒脱，也许兼而有之吧。

从总的格调上看，这些无题诗似在可解与不可解之间。如果我们对它们进行理性的分析，常常感到云山雾罩，无从下手，不管我们付出多大的努力，思想与理性的力量总不能穿透它的外壳。但倘若我们放弃了这种思想的努力，而是用感情去体验它、用心灵去拥抱它时，它却又毫不犹豫地向你敞开自己全部的心扉。这里有缤纷艳丽的色彩、和谐圆润的音律，这里有精深华美的意境、瑰丽绵密的物象，这里有迷离堂皇的氛围、一往情深的韵致……总之，这里琳琅满目，一应俱全。保证让你体会不尽，回味无穷。

从表面上看，晚唐出现的这类无题诗似乎又

走上了六朝求缛丽、重雕琢的老路，仿佛是在恢复那种浅吟低唱、刻意求工的形式主义文风。其实并非如此。历史的发展是螺旋式上升的。正像陈子昂崇尚风骨并不是要退回到建安时代一样，李商隐推崇阴柔也不是要重蹈六朝的老路。前者摆脱了建安的质朴，而充实了内在的精神；后者扬弃了六朝的绮靡，而加深了内在的韵致。

司空图：
"语不涉难，已不堪忧"

其实，从前面的论述中我们可以看到，这种阴柔之美的种子早在中唐诗苑中就已经萌生，其悄然绽放的第一支花朵，便是刘韦诗派的创作和皎然的诗论。究其原因，也许正如我们曾指出的那样，他们是在精神上最先进入封建社会后期的一批知识分子。而当时代真正跨入晚唐以后，优美理想在创作上被迅速催成满庭芬芳的局面，其理论上的代表人物则是司空图。尽管近来学术界有人怀疑，一向被视为司空图之代表作的《诗品二十四则》可能是后代人的伪作，但在没有拿到足够的证据之前，我们仍将沿用传统的观点。更何况，除《诗品二十四则》之外，他还有《与李生论诗书》《与王驾评诗书》《与极浦书》《题柳柳州集后序》《诗赋赞》等充满美学见解的诗文作品，这一切已足以使其成为晚唐诗歌美学理论的代表了。

司空图在皎然"文外之旨"的基础上建立了著名的"韵味"说：

> 文之难，而诗之难尤难。古今之喻多矣，而愚以为辨于味，而后可以言诗也。江岭之南，凡足资于适口者，若醯，非不酸也，止于酸而已；若鹾，非不咸也，止于咸而已。华之人以充饥而遽辍者，知其咸酸之外，醇美者有所乏耳。……噫！近而不浮，远而不尽，然后可以言韵外之致耳。（《与李生论诗书》）

> 盖绝句之作，本于诣极，此外千变万状，不知所以神而自神也，岂容易哉？今足下之诗，时辈固有难色，倘复以全美为工，即知味外之旨矣。（《与李生论诗书》）

在司空图看来，真正好的作品应该像美味佳肴一样，不是一味地酸、甜、咸、辣，而要含醇美于咸酸之外,给人以咀嚼不尽、回味无穷的感受。这便是味外之味、言外之情、韵外之致。达到这种境界的诗歌既近且远:近则鲜明亲切,远则余音袅袅。只有如此,方可给人一个言有尽而意无穷的美学境界。对此,司空图在《与极浦书》中明白地指出:

> 戴容州云:"诗家之景,如蓝田日暖、良玉生烟,可望而不可置于眉睫之前也。"象外之象,景外之景,岂容易可谈哉?

这里第一个"景",第一个"象",是实景、实象;第二个"景",第二个"象",是虚景、虚象。前者是能够感知的,可产生强烈的感官效果,然而又是有限的;后者不能感知,只能想象、神遇,带有很大的朦胧性和不确定性,然而却又是无限的。有了前者,审美才有了观照的对象;有了后者,审美才不拘泥于有限的对象。无前者,诗歌就不能有滋有味;无后者,艺术就不能有韵外之致、味外之旨,给人以无穷无尽的滋味。因此,有学者认为,在《诗品二十四则》中,"含蓄"一品尤为重要:

> 不着一字，尽得风流。语不涉难，已不堪忧。是有真宰，与之沉浮。如绿满酒，花时返秋。悠悠空尘，忽忽海沤。浅深聚散，万取一收。

　　如果说司空图是这股含蓄之风在理论上的代表，那么李商隐则是实践上的楷模。在内容上，这种既似抒发政治情怀又似抒写爱情经验的无题之作，真正实现了"两重义以上，皆文外之旨""可望而不可置于眉睫之前"的含蓄之美；在趣味上，这种既似温馨的回忆又似痛苦的咀嚼的无题之作，也真正实现了"味在咸酸之外"的含蓄之美。

　　广义地讲，李商隐的无题诗不仅包括以"无题"命名的作品，而且泛指那些以诗歌首句前两字做题目的作品，比如《碧城》《如有》《相思》《东南》《昨日》等，以及那首脍炙人口而又令人费解的《锦瑟》：

> 锦瑟无端五十弦，一弦一柱思华年。庄生晓梦迷蝴蝶，望帝春心托杜鹃。沧海月明珠有泪，蓝田日暖玉生烟。此情可待成追忆，只是当时已惘然。（《锦瑟》）

　　与其他"无题诗"相比，《锦瑟》诗似乎更具有扑朔迷离的朦胧美。就其所选取的意象而言，无论是庄生之梦为蝴蝶、望帝之化为杜鹃，无论是沧海遗珠、鲛人泣泪，也无论是蓝田日暖、良玉生烟，都带有不可指实的朦胧性与模糊性，它们之间的排列也没有明显的必然联系。因此，诗境之下究竟隐藏着什么样的秘密，真是很难揣知了。我们所能感知的只是笼罩弥漫于诗境之上的那层浓重复杂、挥之不去的人生情绪：伤感、迷惘、惆怅、无奈、悲伤……不过，这已足以使我们心荡神摇了。近代学者梁启超曾说："义山的《锦瑟》等诗，讲的什么事，我理会不着。拆开一句一句叫我解释，我连文义也解不出来。但我觉得他美，读起来令我精神上得一种新鲜的愉快。须知美是多方面，美是含有神秘性的；我们若还承认美的价值，对于此种文字，便不容轻轻抹煞。"[1] 在我们看来，梁启超所谓的神秘性的美，是儒、释、道三家交融汇合后，在诗歌中所表现出来的必要的艺术张力。

作为封建文人，李商隐具有儒家学者积极入世的精神。他执著于人生、理想、功名、事业、爱情、亲情等，并将之升华为一种人间至美，甘愿为之泣血生烟。甚至于明知无望，仍然要"一寸相思一寸灰"地不懈追求，真正凸现了儒家"知其不可为而为之"的悲剧精神。从而，为诗歌提供了内在的、深层次的情感动力，并呈现出深挚真纯的精神面貌。与这种入世精神相反，佛教恰恰要求超越一切人生执著，超越是非、毁誉、美丑、善恶等一系列价值标准，甚至于要求泯灭物质与精神二者的界限，让人走进清澈澄明的佛禅之境。因而李商隐在遭遇到一系列人生打击之后，便终于走上了佛禅之路。用他的话说，"三年已来，丧失家道。平居忽忽不乐，始克意事佛。方愿打钟扫地，为清凉山行者"（《樊南乙集序》）。无疑，这两种截然相反的人生态度，恰似两股巨大的激流在诗人心底不期然而遇了。诗人力图在儒、佛之间找到出路，寻求于执著中实现超越，超越中坚持执著的途径。这种极难实现的努力在给诗人内心带来激烈痛苦的同时，更给诗人以排遣不尽的诸种人生情绪：迷惘中有伤感，无奈中有惆怅。而此时，道家与道教恰恰为这种复杂的人生情绪提供了升华为诗歌艺术的审美意

象。所谓庄生化蝶、望帝啼鹃、鲛人泣泪、良
玉生烟等都来自道家或道教的神话故事。这些
意象本身又具有空幻、神秘、模糊、美丽、纯
洁等特质，更给复杂缥缈的人生情绪带来迷离
美，朦胧美，其馥郁芬芳处引得历代学者纷纷
提出自己的臆测之词。或曰，自伤身世之作，
虽身负凌云之志，无奈仕途蹭蹬，只做成几任
幕府书记，官小位卑，能不伤感？或曰，"锦
瑟"本令狐楚家婢女姓名，善于弹瑟鼓琴，此
乃艳情之作也！或曰，瑟有适、怨、清和四调，
诗歌中间四句每句各咏一调，此乃摹状音乐之
作。或曰，李商隐与妻子情深意笃，不料婚后
仅十二年，妻子去世，怎能不忆念良深，此乃
伤悼亡妻之作。或曰，该诗既言做诗的方法，
又叙诗成之后的风格境界，此乃李商隐自题其
诗之作……诸如此类，不一而足。

"诗家总爱西昆好，独恨无人作郑笺。"(《论
诗绝句》) 元好问曾感叹于李诗的扑朔迷离，索
解不易，希望有人像郑玄为《诗经》作笺注一
样，能为李诗解谜。此后，果然有不少人诱于无
题诗的巨大魅力，苦心求证。此风绵延千载，至

今不衰。然而，每一次新释义的增加非但没有使
这些作品的读解更加明晰，反而又带来了意想不
到的朦胧美与神秘感。就像一条不断延长的解释
链一样，其韵味也变得更加丰厚、更加绵长。或
许，无题诗不仅言志，而且言情，它包含了更为
复杂微妙的人生体验与生命感受。就像在"锦
瑟"与"五十弦"之间，李商隐巧妙地加入的
"无端"二字一样，有些情绪和感受本来就是没
有端倪的。或许，正是这种说不清、道不明的东
西在缠绕着诗人。以"无题"为题，这难道没有
什么特殊的意味吗？

　　就作者的经历而论，李商隐创作无题诗并
不是偶然的。他聪明早慧，很早就有"欲回天
地入扁舟"（《安定城楼》）的远大政治抱负。在
一段少年得志之后，他不幸被卷入牛李党争，
虽屡次上书投表请求汲引，却终遭冷遇，致使
一生辗转各地做幕府书记，官小位卑，潦倒不
堪，心中自有抑制不住的郁闷忧伤。与此同时，
他的情感经历也颇为坎坷，尤其是中年丧妻之
后，郁郁寡欢，常常沉湎于回忆之中，发而为
诗，本是极为自然的事。加之中国诗歌自屈原

以来就有"托芳草以怨王孙，借美人以喻君子"的比兴传统，因而哪些诗是"言志"，哪些诗是"缘情"便难以分清了。从社会的角度上看，无题诗在晚唐的崛起也不是偶然的，此一含蓄幽深、晦涩难懂的诗风正是衰变时代特有的表现。如果换上盛唐诗人，无论是写仕途，还是写爱情，都会比这明快健朗、直露坦诚得多。我们知道，若就仕途的坎坷而言，李白并不比李商隐更幸运。但李白对自己的抱负与苦恼却从不隐晦：得意的时候，他高唱"仰天大笑出门去，我辈岂是蓬蒿人"（《南陵别儿童入京》）；失意的时候，他狂呼"大道如青天，我独不得出"（《行路难》之三）。诗中表现的只是大悲大喜，丝毫没有凄凄惨惨的情调。由于他对命运的不满是建立在充分自信的基础上，因而，他不但敢出怨言，而且企图进行抗争："我欲攀龙见明主，雷公砰訇震天鼓"；"阊阖九门不可通，以额扣关阍者怒"（《梁甫吟》）。这种悲剧性的搏斗，充分显示了盛唐士人昂扬的气质和蓬勃的生机。至于说到性爱方面，李白不仅有过娇妻美妾、骏马名妓的生活，而且竟想入非非地将天上的仙女也拥入自己的怀抱："玉女三五人，飘摇下九垓。含笑引素手，遣我流霞杯。"（《游泰山》）如此潇洒风流的举止，鲜明地烘托出盛唐士人视世界为己有的自信心和向外开拓的生活态度。然而，在李商隐这里，我们感到的却是欲言又止的表露，毫无希望的执著，充满痛苦的深情，无能为力的慨叹。爱情的失意、仕途的蹭蹬以及时局的混乱，使诗人失去了对外部世界的兴趣。他宁愿沉浸于内心狭小的一隅，不再希望高飞远举了。正所谓，"雌去雄飞万重天，云罗满眼泪潸然；不须长结风波怨，锁向金笼始两全"（李商隐《鸳鸯》）。诗人就像金笼锁鸟一样，将自己的心事紧紧地锁在意识的底层，使人捉摸不透。从这一意义上讲，如果说盛唐诗歌是行至中天的太阳，将光芒向广袤浩大的宇宙间泼洒，强烈而充沛；那么晚唐诗歌则是静静燃烧的烛火，只给很小范围内的事物涂上一层微黄玄妙的光泽，柔和而宁静。如果说盛唐诗歌如同一望无际的大海，汹涌澎湃；那么晚唐诗歌恰似跳跃在山涧之中的潺潺小溪，幽微曲折。如果说盛唐诗歌像一首气势磅礴的

交响乐；那么晚唐诗歌则似一曲低回婉转的小
夜曲。前者固然以其特有的劲健沉雄给人带来
高亢昂扬的审美感受，后者也因其独到的柔美
幽深、含蓄细腻而具备了特殊的魅力。

与这种时代精神相一致，李商隐的无题诗不
仅朦胧、隐晦，而且绝望、痛苦：

> 相见时难别亦难，东风无力百花残。春蚕到死丝方
> 尽，蜡炬成灰泪始干。晓镜但愁云鬓改，夜吟应觉月光
> 寒。蓬山此去无多路，青鸟殷勤为探看。

> 昨夜星辰昨夜风，画楼西畔桂堂东。身无彩凤双飞
> 翼，心有灵犀一点通。隔座送钩春酒暖，分曹射覆蜡灯
> 红。嗟余听鼓应官去，走马兰台类转蓬。

> 凤尾香罗薄几重？碧文圆顶夜深缝。扇裁月魄羞难
> 掩，车走雷声语未通。曾是寂寥金烬暗，断无消息石榴
> 红。斑骓只系垂杨岸，何处西南任好风。

如果说"悲"可以转化为一种"美"的话，那
么古今中外的诗歌恐怕无过于李商隐的这几首
《无题》诗了。在这些作品中，我们感受到一
种不可企及而又刻骨铭心的爱，一种万念俱灰
而又至死不移的情，一种无法言传而又心心相

印的思。人生是宝贵的，也是短暂的，然而在
这宝贵而短暂的一生中，人们又将留下多少刻
骨铭心的遗憾呢？相爱而不能遂愿，相思而难
以谋面，但诗人耿耿此意，拳拳此心，至死不
渝。他就像一只春蚕，一生一世都在吞吐着不
尽的丝（思）；他就像一支红烛，每天夜晚都有
流不尽的泪。早晨起来，他常常面对镜中新添
的白发空自叹息；夜幕降临，他常常不忍离开
眺望远方的楼台；夜晚的睡梦里，往往出现与
挚友重逢的场面；落日的余晖中，每每记起与
恋人约会的情景……然而这一切的一切，只能
加深那日渐绝望的爱，那无法延续的情。这种
深挚真纯、凄艳哀婉的情感与盛唐诗人是多么
的不同！我们知道，李白即便是在生命弥留之
际，仍有"大鹏飞兮振八裔，中天摧兮力不济"
（《临终歌》）的遗世绝响；杜甫即使是在穷途末
路，仍有"无边落木萧萧下，不尽长江滚滚来"
（《登高》）的慷慨悲歌。不可否认，他们的诗
歌中也有悲观的成分，但并非凄凄惨惨、悲悲
切切，而是悲中有壮、惨中有烈！以李商隐为
代表的晚唐诗人却已失去了改造世界的信心与

勇气，面对猝然而至的悲剧命运只好抱有一种近乎宿命的绝望情绪。在这里，诗人已经失去了"欲穷千里目，更上一层楼"（王之涣《登鹳雀楼》）的勇气，有的只是"夕阳无限好，只是近黄昏"（李商隐《乐游原》）的叹息了。然而，细细想来，这种自我信念的失落不正是时代的夕阳投在诗人身上的暗影吗？因此，我们在李商隐无题诗中听到的不仅是求偶的苦闷，也不仅是求仕的抑郁，而有着一种世纪末的声响。这声响宣告着大唐帝国的毁灭，这声响也预示着中国封建社会开始走下坡路了。

温庭筠：
从"诗余"到"艳科"

如果说"咏史诗"的大量写作表明晚唐文人并没有完全放弃其拯时救世的"兼济"之志，而"无题诗"的晦涩难懂表明晚唐文人的济世情怀已变得幽暗深重，那么"花间词"的集中出现则表明晚唐五代的文人们越来越倾向于个体感性生命的沉醉与满足了。

在中国古代，词作为一种独立的文体，应晚于古体诗和近体诗。和早期的乐府诗一样，词的最初产生，与音乐的发展也有着极为密切的联系。我们知道，唐朝是一个民族融合的时代，也是一个音乐融合的时代。当时的燕乐，就是以中原民间音乐为主体，在汲取前朝清乐、边地民乐以及外国音乐元素的基础上，出现的一种极富抒情特色的新型音乐。新的音乐曲调要求新的文学内容，于是，"依已成曲谱作出歌词"（徐师曾《文体明辨》）的"词"便应运而生了。词，最初只是配合音乐的歌词，因而也叫"曲词"或"曲子词"。由所配乐曲而决定，词的字句要求参差有序、平仄相宜。这种极富乐感的文字形式即使离开了所配乐曲，也同样具有很高的音乐美，读起来不仅比古体诗歌更为上口，而且比近体诗歌富于变化，因而也就渐渐脱胎为一种独立的文学形式。

同绝大多数艺术形式一样，词作为一种新的文学体裁，最初也是由民间产生的。近代所发现的敦煌曲子词就证实了这一点。现经汇辑起来的敦煌曲子词有一百六十余首，多为盛唐至晚唐五代时期的作品，有的可能更早一些。它们绝大部分为民间的歌词，思想质朴，感情真挚，而文字也相对粗浅。在民间创作的同时，文人也间或染指这种新的文学样式，初唐时期的长孙无忌已有长短句新曲；盛唐则有传为李白的《忆秦娥》《菩萨蛮》和李隆基的《好时光》等作品；进入中唐以后，填词的文人渐为增多，今存中唐文人词作二百余首，如元结、顾况、刘禹锡、白居易、王建、张籍等都有作品传世。然而，文人真正大量介入这种文学样式，还要数晚唐五代时期以温庭筠为首的"花间派"和以李煜为代表的南唐词人。

知识分子介入原属民间的词曲创作，一方面有助于提高词作的艺术水准，一方面也有助于引导自己接近日常生活。在传统的封建士大夫眼里，文章的地位最高，次者为诗，再次为词。直到后世，仍有"以文章余事作诗，溢而作词曲"的说法。因此，这种"诗之余"的词作常常被视为"艳科"。这固然表明了当时的文人对词作的蔑视，同时也使得他们打破正襟危坐的诗教传统，将个人的悲欢离合、喜怒哀乐、欲望烦恼一股脑儿地纳入这种新的文学形式，为私人的情感世界开辟了一个新的空间。

作为这个新空间的开拓者，晚唐的温庭筠也和李商隐一样，因政治的腐败、朋党的纷争而空怀壮志、报国无门。然而，他却不像李商隐那样，将一切的苦闷都埋在心里，如春蚕吐丝一般呕心沥血地编织着那颗最终将自己也包围起来的艺术之"茧"。外向的性格，使他常常做出一些惊世骇俗的举动：他曾因凭借自己的文才，代人科试而引起弹劾主试官的轩然大波；他曾经有意泄露令狐绹托他代为作词以讨好皇帝的隐私，来嘲讽达官贵人的不学无术；他曾因放荡狎邪而遭到亲友们的答逐；他也曾酒后犯夜而被纠察官败面折齿……总之，在当时的"正人君子"眼里，他是一个"有才无行"的落魄文人。事实上，也正是由于这种放浪形骸的生活态度，使得温庭筠不仅习惯于淫词艳曲，在酒醉粉香中讨生活，而且使他更喜欢在词曲这种前代文人们不屑为之或只是偶尔为之的"诗余""艳科"中下功夫，从而成就了中国文学史上第一个以词名世的文学家。

> 梳洗罢，独倚望江楼。过尽千帆皆不是，斜晖脉脉
> 水悠悠。肠断白蘋洲。(《忆江南》)
>
> 千万恨，恨极在天涯。山月不知心里事，水风空落
> 眼前花。摇曳碧云斜。(《忆江南》)
>
> 小山重叠金明灭，鬓云欲度香腮雪。懒起画蛾眉，
> 弄妆梳洗迟。　照花前后镜，花面交相映。新帖绣罗
> 襦，双双金鹧鸪。(《菩萨蛮》)
>
> 玉楼明月长相忆，柳丝袅娜春无力。门外草萋萋，
> 送君闻马嘶。　画罗金翡翠，香烛销成泪。花落子规
> 啼，绿窗残梦迷。(《菩萨蛮》)

在这里，我们既看不到盛唐诗歌那广阔无垠的边塞风光和色彩缤纷的自然景物，也听不到中唐诗人那针砭时弊的血泪控诉和寄语圣上的劝谏讽喻，有的只是日常生活、身边琐事、爱的苦恼、闲的寂寥。一句话，大唐帝国该完就完，与我无关！从政治情绪上讲，这或许是晚唐知识分子在绝望之后的一种心理转移。从艺术性质上讲，这或许代表了一种更加个体化、阴柔化的审美趣味正在悄然崛起。正像李泽厚指出

的那样："这里的审美趣味和艺术主题已完全不同于盛唐，而是沿着中唐这一条线，走进更为细腻的官能感受和情感色彩的捕捉追求中……时代精神已不在马上，而在闺房；不在世间，而在心境。……不是对人世的征服进取，而是从人世的逃遁退避；不是人物或人格，更不是人的活动、事业，而是人的心情意绪成了艺术和美学的主题。"[2]

沿着这一新的美学主题，以"温韦"齐名的韦庄将这种作词的风尚由中原带到了西蜀，从而引发了牛峤、牛希济、毛文锡、李珣、欧阳炯等一批填词高手，由于他们的作品和温词一起被后蜀的赵崇祚收入了著名的《花间集》，遂成为中国历史上第一个词曲派别——"花间派"。

> 四月十七，正是去年今日。别君时，忍泪佯低面，含羞半敛眉。　不知魂已断，空有梦相随。除却天边月，没人知。(韦庄《女冠子》)
>
> 春山烟欲收，天澹星稀小。残月脸边明，别泪临清晓。　语已多，情未了，回首犹重道。记得绿罗裙，处处怜芳草。(牛希济《生查子》)

休相问，怕相问，相问还添恨。春水满塘生，鸂鶒
还相趁。 昨夜雨霏霏，临明寒一阵。偏忆戍楼人，
久绝边庭信。（毛文锡《醉花间》）

乘彩舫，过莲塘，棹歌惊起睡鸳鸯。带香游女偎伴
笑，争窈窕，竞折团荷遮晚照。（李珣《南乡子》）

路入南中，桄榔叶暗蓼花红。两岸人家微雨后，收
红豆，树底纤纤抬素手。（欧阳炯《南乡子》）

　　每况愈下的社会风气和偏安一隅的政治格局不但束缚住封建文人向外伸展的精神触角，也给个体生命带来了从未有过的窒息感与压迫感。他们既无法运筹帷幄、施展自己的智慧和才能，也难以驰骋疆场、表现自己的决心和勇气。然而，生命能量毕竟要求释放，精神触角也渴望得到伸展，迫不得已的西蜀文人便将目光由江山朔漠、楚塞荆门等阔大的境界收回，转向了闺阁绮楼、花鸟池塘等狭小的生活天地。因此，正像这一时期花鸟画的繁荣一样，"花间词"的兴起便不是一件偶然的事情了。从表面上看，这些以男欢女爱为内容的作品颇似六朝风行的宫体诗，仿佛诗歌创作在经历了三百

年来的艺术波澜之后又回到了原来的起点。但是，历史只能反复而不可重复。仔细分析，便不难看出，这种貌似"回归"的发展进程仍然是一种"螺旋"式的上升路线。在内容上，这些作品已扬弃了六朝诗风的虚情假意，而融入了五代时期的人生感慨。与"人人眼角里是淫荡""人人心中怀着鬼胎"的宫体诗人不同，花间词人往往在微妙迷离的男女之情中融入排遣不尽的家仇国恨、漂泊无依的羁愁旅苦以及贫困潦倒的身世悲欢。尽管他们的作品仍不离男女之情，但已包含进更为广泛复杂的人生情感与生命体验。在形式上，这些作品已经扬弃了宫廷文学的浮华绮靡，而渗透了民间艺术的清新自然。与闭门造车、朝夕献纳的侍从文人不同，五代词人从先行发展起来的民间词曲中汲取了新的艺术营养。他们的作品细腻而不纤弱，婉约而不绮靡，不再是无病呻吟，不再是花里胡哨。因此，即便说它们处在"花间"，也不再是人工雕琢的室内盆景，而是田野乡间的奇花异草。

李煜：末世的绝响

其实，真正成为这种"否定之否定"的逻辑和历史终点的还不是西蜀的"花间派"，而是南唐的李璟、李煜和冯延巳等末代君臣。作为那些雕梁画栋的真正主宰者，他们还不能像温庭筠那样置身事外，到个人的情感世界中去寻找寄托，而要眼睁睁地看着这座大厦倾倒在自己身上。因此，他们的诗词才真正成为末世的绝响：

> 谁道闲情抛掷久？每到春来，惆怅还依旧。日日花前常病酒，不辞镜里朱颜瘦。 河畔青芜堤上柳，为问新愁，何事年年有？独立小楼风满袖，平林新月人归后。（冯延巳《鹊踏枝》）

> 几日行云何处去？忘了归来，不道春将暮。百草千花寒食路，香车系在谁家树？ 泪眼倚楼频独语，双燕飞来，陌上相逢否？撩乱春愁如柳絮，悠悠梦里无寻处。（冯延巳《鹊踏枝》）

> 手卷真珠上玉钩，依前春恨锁重楼。风里落花谁是主，思悠悠。 青鸟不传云外信，丁香空结雨中愁。回首绿波三峡暮，接天流。（李璟《浣溪沙》）

> 菡萏香销翠叶残，西风愁起绿波间。还与韶光共憔悴，不堪看。 细雨梦回鸡塞远，小楼吹彻玉笙寒。多

少泪珠无限恨，倚阑干。（李璟《浣溪沙》）

帘外雨潺潺，春意阑珊，罗衾不耐五更寒。梦里不知身是客，一晌贪欢。　独自莫凭阑，无限江山，别时容易见时难。流水落花春去也，天上人间！（李煜《浪淘沙》）

春花秋月何时了，往事知多少？小楼昨夜又东风，故国不堪回首月明中！　雕阑玉砌应犹在，只是朱颜改。问君能有几多愁，恰似一江春水向东流。（李煜《虞美人》）

不再是初唐的发扬蹈厉，不再是盛唐的博大弘深，不再是中唐的风起云涌，而是接着晚唐的浅吟低唱，把这场惨不忍睹的苦戏演完。由于他们既不是看客，也不是演员，而实实在在就是角色本身，所以真有一种撕心裂肺的痛苦，一种不堪回首的绝望。从艺术上讲，这些词曲不仅吸收了李商隐式的含蓄，而且汲取了温庭筠式的委婉，用一种剪不断、理还乱的情感具体而微妙地拨动着读者的心弦，给人以咀嚼不尽、回味无穷的艺术享受。这就是所谓的"阴柔之美"，也就是以后的宋词不同于唐诗的关键所在。从这一意义上讲，南唐君臣们的艺术创作，不仅构成了隋唐五代文学的逻辑终点，同时也构成了宋代艺术的逻辑起点。事实上，李煜的一些名作，正是其国破家亡、沦为宋朝阶下囚时的作品。与此同时，一个新的时代帷幕已经悄悄拉开了⋯⋯

小品："一榻胡涂的泥塘里的光彩和锋芒"

在拉开新的历史帷幕之前，让我们先来看看晚唐五代的杂文创作。

"文变染乎世情，兴废系乎时序。"（刘勰《文心雕龙》）在唐代文风的演变过程中，我们在初唐介绍的是骈文，在盛唐介绍的是赋文，在中唐介绍的是散文。到了晚唐五代，骈文虽有死灰复燃的迹象，但因失去了龙腾虎跃的社会节奏而流于形式主义的唯美倾向；赋文则因缺乏值得"润色"的宏图大业也没了朝夕献纳的用武之地；以单行散体为特征的"古文运动"在中唐达到顶峰之后亦有萎缩、回落的迹象，"载道"的雄心和"浩然"的正气都因政治的腐败和国力的锐减而变得今不如昔了。在此期间，唯一值得称道的便只有杂文、小品了。正像鲁迅所说的那样："唐末诗风衰落，而小品放了光辉。但罗隐的《谗书》，几乎全部是抗争和激愤之谈；皮日休和陆龟蒙自以为隐士，别人也称之为隐士，而看他们在《皮子文薮》和《笠泽丛书》中的小品文，并没有忘记天下，正是一榻胡涂的泥塘里的光彩和锋芒。"〔3〕这一时期的散文创作虽然缺乏鸿篇巨制，但杂文、小品则言辞激烈，以嬉笑怒骂的形式表达了知识分子对现实的不满与失望的情绪。

皮日休出身寒微，仕途坎坷，是唐代历史上唯一参加黄巢农民起义的著名文人，仅此一点，就可以看出他对大唐帝国的失望与不满。当这种失望和不满达到一定的极限之后，便会转化为激烈的言辞和无情的嘲讽：

> 古之取天下也，以民心；今之取天下也，以民命。
>
> （《读司马法》）

> 古之杀人也，怒；今之杀人也，笑。
>
> 古之置吏也，将以逐盗；今之置吏也，将以为盗。
>
> 古之官人也，以天下为己累，故己忧之；今之官人也，以己为天下累，故人忧之。（《鹿门隐书》）

读了这些愤世嫉俗的文字，我们便不难理解皮日休何以会走上那条反抗的道路，与李唐王朝彻底决裂了。

与皮日休锋芒毕露、剑拔弩张的文风略有不同，陆龟蒙一般不在文章中发表议论，而是寓理于情，寓情于事，通过具体的实例来挖苦、讽刺、嘲笑当政者的贪婪、腐朽和无能。例如，在《记稻鼠》一文中，他以天灾人祸为线索，先写天旱鼠害，次写官贪赋重，然后亦鼠亦官，层层推进，自然而然地推导出贪官如鼠、苛政如虎的结论，其所爱所憎，同样分明。

罗隐将自己的杂文小品名之为《谗书》，其意取自《庄子·渔父》"好言人之恶，谓之为谗"，可见其锋芒之锐利。在藩镇叛乱、民不聊生的晚唐社会里，各路"英雄"都以"救国于水火""救民于涂炭"为名，趁机扩大势力，夺取政权。对此，罗隐以《英雄之言》一文，借刘邦、项羽的片言只语，揭穿了历代野心家们惯用的把戏：

> 物之所以有韬晦者，防乎盗也。故人亦然。
>
> 夫盗亦人也，冠履焉，衣服焉；其所以异者，退逊之心，贞廉之节，不恒之性耳。视玉帛而取之者，则曰牵于寒饿；视国家而取之者，则曰救彼涂炭。牵于寒饿者，无得而言矣；救彼涂炭者，则宜以百姓心为心。而西刘则曰："居宜如是。"楚籍则曰："可取而代。"意彼未必无退逊之心，贞廉之节，盖以士视其靡曼、骄崇，然后生其谋耳。
>
> 为英雄者犹若是，况常人乎？是以峻宇、逸游，不为人之所窥者，鲜矣。

二百来字的小文章，却讲述了一个大道理。这里面既有对那些以百姓名义来攫取国家权力的野心家的讽刺，又有对当政者奢侈腐败必然引起争夺的告诫。尽管对于那些以"英雄"自诩的人来说，这种讽刺和告诫是无济于事的。然而在当时的情况下，头脑清醒的知识分子除了讽刺和告诫还能做些什么呢？

继皮日休、陆龟蒙、罗隐等晚唐文人之后，五代时期的不少作家将杂文小品融入笔记小说，或寓言托讽，借古喻今，形成了一道富有批判性、战斗性的艺术景观。然而社会的阴霾终于压倒了艺术的光芒，当这最后一缕理性的微亮也被遮盖殆尽之后，这个时代自身也就不可避免地随之而灭亡了。

〔1〕　《中国韵文所表现的情感》,《梁启超文选》下册,第 82 页,中国广播电
　　　　视出版社,1992 年版。
〔2〕　李泽厚《美学三书》第 154 页,安徽文艺出版社,1999 年版。
〔3〕　《鲁迅全集》第 4 卷,第 575 页,人民文学出版社,1981 年版。